# 漢城期 百濟의 물류시스템과 對外交涉

이 책은 2002년도 한국학술진흥재단의 지원에 의하여 연구되었음.
(KRF-074-AS1509)

# 漢城期 百濟의 물류시스템과 對外交涉

한신대학교 학술원

학연문화사

# 서 문

　지난 10여 년 간 인문학의 전반적인 침체 분위기 속에서도 한국 고대사와 고고학은 상호간에 깊은 관련성을 가지면서 괄목할만한 성장을 보여왔다. 그 가운데에서도 최근 몇 년 사이 서울·경기·충청·전라 지역의 급속한 개발과정에서 새로운 성격의 백제 유적들이 속속 조사되면서 백제의 역사와 문화에 대한 이해의 폭이 예전에 비교할 수 없을 정도로 넓어지고, 그에 기초하여 전문연구자와 관련 論考들이 크게 증가하고 있는 점은 일단 고무적이라고 할 수 있다. 하지만 양적인 증가에 비례하여 연구의 질적인 수준도 함께 향상되어 왔는가에 대해 현재 냉정히 평가해야 할 시점에 서 있으며, 그에 대해 결코 긍정적이지만은 못하다는데 우리의 고민이 있다.

　이 분야의 새로운 지평을 여는데 있어 특히 한신대학교 박물관에 의해 1999년~2000년에 실시된 풍납토성의 발굴은 결정적으로 중요한 轉機를 마련해주었지만, 조사 참여 연구자들이 후속 정리작업과 연구에 우여곡절을 겪는 과정에서 외부의 지원이 절실한 상황이 되었고, 때마침 한국학술진흥재단에서 기초학문육성지원사업이 추진되어 그에 응모하게 되었던 것이다.

　일단 우리나라 고대의 역사와 문화에 대한 연구에 다년간 매진하여온 중진 연구자들을 중심으로 풍납토성의 문제에서 더 확장하여, 한성기 백제와 관련된 공동연구를 추진하기로 하고, 의견을 수렴하여 제목을 '한성기 백제의 물류시스템 변화과정과 대외교섭의 전개 : 과학적 토기분석을 통한 가설 검증과 모델수립(과제번호 : 074-AS1509)'으로 정하였다.

　2002~2003년의 1년간 과제로 진행된 연구에 있어, 이제까지는 별로 쓰이지 않던 물류시스템이라는 용어에서 알 수 있듯이, 단편적 이해 보다는 체계적·이론적 접근을 지향하므로써, 새로운 이해의 시각과 방법론을 제시하고자 하였으며, 충분하지는 않지만 상당한 부분에서 그 목적을 달성했다고 할

수 있다.

  이번 연구에서 얻어진 결과들은 한신대학교 학술원이 주최하고, 한신대학교 박물관이 주관하여 2003년 9월 26일 서울역사박물관 강당에서 '漢城期百濟의 물류시스템과 對外交涉'이란 제목하에 개최된 한신대학교 학술원 제1회 국제학술대회에서 발표되어 학계의 좋은 반응을 얻은 바 있으며, 本書는 바로 그 내용들을 보완하여 정리한 것이다.

  그간 국제학술대회와 本書의 발간이 원활히 이루어질 수 있었던 것은, 본 연구의 전임연구자·공동연구자들은 물론 영국·그리스·중국·일본의 연구자들 및 동참해준 국내의 연구자들 모두가 성심성의껏 노력해준 덕분이라 생각되어 이에 대해 먼저 깊은 감사를 드리고자 한다.

  또한 본 연구와 국제학술대회의 개최가 가능하도록 적극 지원하여주신 한신대학교 오영석 총장님, 김경재 학술원장님 및 한국학술진흥재단과 학내의 관계자 여러분들께도 심심한 사의를 표하는 바이다.

  그리고, 출판을 쾌히 승낙하여주신 학연문화사의 권혁재 사장님께도 진심으로 감사를 드리는 바이다.

  끝으로 본서의 내용에서 보다 확대, 심화된 후속연구가 한국학술진흥재단 기초학문육성지원사업으로 계속 진행중이며, 그에 대한 결과도 차후 이와 같은 저서로 발간할 예정임을 밝혀두는 바이다.

2004년 6월

연구책임자 이 남 규

차 례

서문

1. 漢城期 百濟 물류시스템과 對外交涉 硏究의 諸問題 ········ 9
   李南珪(한신대학교 국사학과)

2. 물류시스템과 對外交流의 정치경제학에 대한 考古學的 接近 ········ 31
   발표 : 金壯錫(전남대학교 인류학과)
   토론 : 李盛周(강릉대학교 사학과)

3. 漢城期 百濟 土器에 대한 物理化學的 分析 - 시론적 고찰 - ········ 63
   발표: Peter M. Day(영국 세필드대학 고고학과)
   Vassilis Kilikoglou(그리스 국립자연과학연구소 고고과학 분과)
   趙大衍(영국 세필드대학 고고학과)
   토론 : 崔鍾澤(고려대학교 고고미술사학과)

   Physico-chemical analysis of Hanseong Paekche pottery in Korea
   : some preliminary results ········ 73
   趙大衍, 피터 데이, 바실리스 킬리코글루

4. 漢城期 百濟의 對外交涉 : 3~5세기를 중심으로 ········ 93
   발표 : 林起煥(고구려연구재단)
   토론 : 文東錫(한신대학교 학술원)

5. 南朝時代 建康地域 蓮花紋 瓦當의 變遷 과정 및 관련 문제의 硏究 ········ 131
   발표 : 賀云翺(중국 난징대학교 역사학과)
   토론 : 成正鏞(일본 교토대학교 고고학연구실)

南朝都城建康蓮花紋瓦當的變遷及相關問題研究 ·········· 165
　　賀云翶

6. 土器資料를 통해서 본 3~5세기 百濟와 倭의 交涉關係 ·········· 191
　　　　　발표 : 吉井秀夫(일본 교토대학교 대학원 문학연구과)
　　　　　토론 : 徐賢珠(전남대학교 박물관)

7. 物資·技術·思想의 흐름을 통해 본 百濟와 樂浪의 교섭 ·········· 225
　　　　　발표 : 權五榮(한신대학교 국사학과)
　　　　　토론 : 金武重(기전문화재연구원)

종합토론 ·········· 259
　　　　　사회 : 朴淳發(충남대학교 고고학과)

# 漢城期 百濟 물류시스템과 對外交涉 硏究의 諸問題

李南珪*

## 머리말

선사시대부터 현대에 이르기까지 다양하고 복잡한 형태의 물류시스템[1]에 의해 사회유기체와 그 안에 소속된 인간들의 생존이 유지되어 왔다. 이는 마치 생물체의 생명 유지를 위해 순환체계 내에서 수액이나 피가 지속적으로 공급되어지는 것과 같은 양상으로서, 그러한 물류시스템의 한 부분이 급작스럽게 정지될 경우 심각한 사회적 위협이 발생한다는 사실을 최근의 물류대란에서 온 국민이 크게 절감한 바 있다.

---

* 한신대학교 국사학과 교수.
1) 여기서 사용하는 '物流'라는 개념은 이제까지 보다 많이 사용되어 온 '流通'이라는 용어와 유사한 의미를 갖는 것으로서, 양자를 엄밀히 비교하자면, 前者는 문자 그대로 '物資의 흐름'에 보다 주안점을 둔데 비해 後者는 그보다 다소 포괄적 의미를 내포하고 있다는 점에서 차이를 찾을 수 있다. 宇野隆夫는 이에 대해
 流通 : 물자・정보・사회적 관계 등이 전달되는 현상의 총칭,
 再分配流通 : 교환을 전제로 하지 않고 물질적 가치를 일방적으로 전하는 것,
 交易 : 當事者가 等價로 인식한 가치를 교환하는 것으로서, 상인의 介在 有無에 따라 互惠的 交易과 商業的 交易으로 大別되는 것으로 정의하고 있다(宇野隆夫, 1998).

따라서 이 부문은 인간사회의 본질과 문화과정(culture process)을 탐구하는데 있어, 특히 靜態的 측면보다 動態的 양상을 파악하기 위해 다른 그 어느 것 보다 먼저 다루어져야 할 주요 대상임에도 불구하고, 이에 대한 국내의 기존 연구 수준은 이론적 측면(강봉원, 1998 ; 尹載云, 1999)은 물론 구체적 연구 사례(李道學, 1990·1991·1992·1999 ; 李賢惠, 1998 ; 柳基正, 2002·2003)[2]에 있어서도 극히 초보적인 단계에 머물러 있는 실정이라 하지 않을 수 없다.

주지하다시피 선사시대에 비해 고대사회의 경우는 영역의 확대와 인구 및 사회 복합도의 증가에 따라 생산과 유통의 체계와 규모가 크게 확대되어 이에 대한 체계적 이해 없이 고대의 사회 경제를 논하는 것은 사실상 무리이다. 특히 한반도의 고대사에 있어 대외교류가 가장 빈번했고, 당시 동북아시아 諸國의 문물교류에 있어 중요한 軸의 기능을 하였던 것으로 인식되고 있는 백제(忠南大學校 百濟研究所, 2002)의 경우는 물류시스템이 보다 다각적이고 국제적이라는 점에서 연구의 가치는 크다고 할 수 있다.

하지만 이제까지의 연구들은 주로 대외교섭이나 지방통치 등 정치·외교 분야에 관련된 일부 위세품(prestige goods)의 획득과 賜與 등에 보다 많은 관심을 보여 왔다고 할 수 있다. 사실 사료와 고고학 관련자료가 턱없이 부족한 상황속에서도 지난 10여년간 일부 전공자들(朴淳發, 1999·2001a·2001b·2001c ; 權五榮, 1988a·1988b·2001 ; 成正鏞, 2001·2003 ; 李道學, 1990·1991)의 각별한 노력에 의해 이 분야의 연구가 상당히 진전된 점은 참으로 다행한 일이라고 할 수 있겠다. 이제는 단편적·부분적 자료의 해석에서 한단계 더 나아가 체계적·종합적 연구에 대한 필요성이 증대되고 있다는 사실을 간과해서는 안될 것이다. 이러한 시점에서 이에 대한 문제가 본격적으로 보다 심도 있게 논의되기 시작하였다는 점에서 本書가 갖는 의미는 대단히 크다고 할 수 있다.

이하 한성기 백제의 물류시스템 연구를 대내적인 부분과 대외적인 부분으

---

[2] 그 밖에 도자기나 철기 등을 소재로 한 연구들이 있으나 거의 대부분 본격적 교역의 문제를 거론하기 보다는 부분적인 대외교섭양상을 다룬 것들이다.

로 구분하고, 먼저 주요 물품들을 대상으로 한 국내 생산과 유통의 몇가지 문제를 살펴본 후 대외교섭의 연구현황과 과제들을 검토하면서 대외적 부분에 대해서도 살펴보고자 한다.

## Ⅰ. 對內的 물류시스템 연구의 몇 문제

고대의 경제는 일반적으로 생계경제(subsistence economy)와 위세경제(prestige economy)로 구분된다고 보는 견해(Kim, Jangsuk, 2001)가 제시된 바 있다. 이는 한성기 백제의 상황에 적용될 수 있는 적절한 개념이라고 판단되며 그러한 구분에 유념하면서 물류시스템의 성격을 이해할 필요가 있다고 보여진다.

고대사회의 유지를 위해 이 시기부터 이미 다양한 물자들이 생산되고 유통되었지만, 그와 관련된 역사적·고고학적 자료는 극히 제한되어 있어 상세한 논의는 사실 곤란한 상황이다. 그렇다 하더라도 그 가운데 중요하다고 생각되는 農林생산물·토기·철기 자료들을 먼저 중점적으로 살펴보고 그 밖의 일부 물품들에 대해서는 간략히 언급하면서 당시의 생산과 유통문제에 관한 주요 사항과 문제점들을 자료가 허락하는 범위내에서 검토해 보고자 한다.

### 1. 農林생산물

생계경제에 있어 가장 기본이 되는 것은 식량의 생산과 유통으로서, 당시의 농경에 관해 논한 연구들이 있기는 하지만(金基興, 1995 ; 金在弘, 2000 ; 全德在, 1999), 잉여 농산물의 유통 및 공급과 관련해서는 渼沙里유적의 백제취락과 밭유구에 대한 고찰에서 주변 都城과의 관계하에 단편적으로 언급한 예들(權五榮, 1996 ; 崔鍾澤, 2002)이 일부 있는 정도에 불과하다. 고대사회로 진입한 후 철제농기구의 확대보급 결과 농업생산성이 크게 증대되어 잉여 농산물이 증가하게 되고, 그것이 거래의 대상으로 수요자에게 공급되거나 수취의 대상이 되어 수합되는 물류의 이동현상이 발생하였음은 자명한 사실로서, 이와 관련된 시스템은 1년 주기의 환류체계(feedback system) 형태를 보이는 것이 일반적 현상이므로, 그러한 점에 유념하여 당시의 식량과 관련된 물류시스템을 파악해야 할 것이다.

또한 이 부분에서 함께 다루어야 할 품목이 林産物인 목재와 목탄으로서, 예를 들어 풍납토성과 같은 대규모 도성의 체제를 유지하는데 있어 건축자재, 농업용 혹은 생활용 목기의 재료 및 연료들을 지속적으로 확보하는 일은 식량의 확보만큼 절실한 과제였던 만큼[3] 당시의 물류시스템에서 이 부분을 보다 重視하지 않으면 안될 것이다. 부피와 중량이 과다한 목재나 목탄의 확보와 공급에 있어 풍납토성의 경우는 인근 구릉지대의 목재들이 단기간에 消盡됨에 따라 상당히 먼 곳으로부터 운반해와야하는 상황에 직면하였을 것이고, 이때 인접한 한강을 이용한 운송방식이 주로 채택되었을 가능성이 높다.[4] 하여튼 林産物의 경우는 그 자체의 가격에 비해 운반비용이 과다하게 들어가는 품목이어서 한성시기 백제의 경제체제에서 이에 대한 물류시스템이 어떻게 작동하고 있었는지는 대단히 흥미로운 연구대상이라 할 수 있다.

## 2. 토기

고대 물품의 생산과 유통의 문제에 있어 고고학적으로 가장 많이 거론되어져야 할 유물이 토기이지만, 국내의 백제토기에 대한 기존 연구는 형성과정, 편년 및 일부 기종에 대한 분석에 편중되어 왔다. 다행히 이 부문의 물류시스템 파악에 절대 필요한 당시의 窯址가 일부 확인조사되었고(국립문화재연구소, 2001 ; 崔夢龍·崔秉鉉, 1988 ; 崔秉鉉, 1988·1989), 그 가운데 총 20기

---

3) 그 외에 築城 등에도 사용되고 있음이 성벽에 대한 발굴을 통해 밝혀진 바 있다(국립문화재연구소, 2002).
4) 물론 원거리지역으로부터의 식량 운반도 한강수계를 이용하였을 것으로 보여지며, 홍수범람의 위험을 감수하면서도 풍납토성이 강변에 위치하고 있는 사실은 이러한 물류시스템의 기능적 측면에서 이해되어야 할 것이다. 이는 고대 중국의 도성들이 江邊에 위치하고 있는 점과 유사하다.

의 가마가 발굴된 충북 鎭川 三龍里·山水里유적의 생산품과 유사한 토기들이 충청도와 경기도 지역의 유적들에서 출토되는 사실에 대한 분석을 통해 3단계에 걸쳐 토기의 유통범위가 확대되는 것으로 본 견해(柳基正, 2002·2003)가 제시된 점은 한단계 진전된 극히 최근의 연구성과라 할 수 있다. 하지만 유사한 토기의 광역화된 분포 양상에 대한 해석에 있어서는 中村浩의 지적처럼(中村 浩, 1999) 기술자의 이동문제도 고려해야 할 것이며, 연구방법론적으로는 토기의 단순한 외형적 파악에만 의존하는 것은 곤란하고, 과학적 분석을 통한 산지의 규명 작업이 필수적이라는 점을 지적하지 않을 수 없다. 그러한 점에서 볼 때 한성기 백제토기의 분석적 연구는 대단히 중요한 의미를 갖는다고 할 수 있다.

또한 토기의 물류시스템에 영향을 주는 것 가운데 수요지역의 수준과 성격이 중요한 변수로 작용하는 사실도 간과해서는 안된다. 예를 들어 풍납토성·몽촌토성과 같은 당시의 도성지역과 그곳으로부터 그다지 멀지 않은 용인 서북부 지역의 유적들에서 출토되는 토기들을 비교해볼 때 토기문화 수준의 落差가 확인되는 점(李南珪, 2003)은 공급자가 수요의 수준과 상황에 맞추어 생산하고 유통시킨 결과이거나, 아니면 당시의 중앙에 인접한 한 단위 지역에서 보다 낮은 토기 제조기술 수준의 자체적 생산·공급체계를 갖추고 있었음을 보여주는 것으로 해석될 수 있다.

그리고 당시의 중앙에서는 물론 천안 龍院里유적에서도 출토된 바 있는 위세품적 성격의 흑색마연토기는 그 기원이 칠기에 있다는 견해(朴淳發, 1999a·1999b)와 4세기대에 외부에서 유입되어 다른 백제토기에 영향을 주었다는 견해(李南奭, 2001)로 나뉘고 있는데, 여하간에 중앙으로부터 지방으로 賜與된 대표적 토기 器種일 가능성이 높기는 하지만 이 또한 과학적 분석을 통해 在地産 인지의 여부도 밝힐 필요는 있다고 보여지며, 위세품적 성격을 갖을 수 있는 직구단경호나 삼족기 같은 토기들도 원거리 교역품인지 아니면 在地에서 생산된 것인지에 대해 과학적 분석을 통한 확인작업이 필요하다고 하겠다.[5]

이처럼 토기는 生産地(窯址)와 消費地(주거지나 분묘유적 등)의 출토품을 종합적으로 분석하여 단위지역의 생계경제체제 내에서 자급자족되는 기종과 위세경제체제 내에서 遠隔地까지 유통된 위세품은 구체적으로 어떠한 물류시스템에 의해 공급되었는가 하는 것을 밝히는 것이 차후의 중요한 과제이다.

### 3. 鐵 및 鐵器

한성기 백제의 철 및 철기에 대한 연구 또한 아직 초보적 수준으로서, 지역적 성격에 대한 고찰(成正鏞, 2000 ; 李南珪, 1998·2000·2002), 제작기술에 대한 연구(盧泰天, 1998 ; 신경환, 1995 ; 尹東錫·李南珪, 1985)들이 일부 이루어진 바 있으며, 철생산(철제련)과 관련해서는 원삼국시대의 鍛冶爐나 鎭川石帳里의 제철유적에 대해 논한 예들(尹鍾均, 1998 ; 金權一, 2003 ; 孫明助, 1998)이 있는 정도여서, 생산과 관련된 논의가 어느 정도 있었다고 할 수는 있지만 국내적 유통이나 물류시스템에 대해 본격적으로 다룬 論考는 제대로 없는 실정이다.

이 부문은 생산공정에서부터 재활용에 이르기까지의 물류 양상이 다른 물품들보다 복잡한 편이라고 할 수 있다. 즉 이와 관련된 물류 부문만의 중요한 제 요소들을 a. 원료와 연료의 확보와 공급, b. 주조철기나 단조철기 생산공방으로의 철 소재 공급(단야로나 용해로로), c. 수요자에 대한 철기의 공급, d. 파손된 철기의 수거 및 재활용으로 구분해 볼 수 있겠으며, 당시 영역화된 고대국가 전체의 철기문화를 지속적으로 유지하기 위한 물류시스템은 결코 단순한 형태가 아니었을 것으로 판단된다.

당시 鐵製鍊은 철광석 등의 원료가 근접한 곳에 존재하고 목탄 확보가 용이한 지역에서 행해졌을 터인데, 그중에서도 上記한 바와 같은 운반비용 문제로 후자가 입지 선정에 보다 중요한 결정요인이 된다고 보고 있어,[6] 그러

---

5) 현재 한성기 백제 토기의 산지 추정과 유통 양상 파악을 위한 분석적 연구가 진행중이며, 차후 웅진·사비기의 토기들에 대한 연구도 실시할 예정으로 있다.

한 점을 고려하면서 철제련과 관련된 물류시스템을 파악해야 할 것이다.

경주의 隍城洞유적에서 제련유적이 확인되지 않고 鎔解爐 중심에 일부 精鍊爐·鍛冶爐가 확인된 점은 당시 제련과 철기제조는 한 지역에서의 일련공정이 아니라 지역적인 분리공정 방식을 취했음을 보여주는 것이며,[7] 풍납토성에서도 주조괭이의 제조에 이용되었던 것으로 보이는 용범이 출토된 사실 (李南珪·權五榮 外, 2003)은 신라와 마찬가지로 한성기 백제에서도 주조제품의 농기구가 都城지역에서 官營의 방식에 의해 집중적으로 생산, 유통되는 물류시스템이 존재했음을 말해주는 것으로 판단된다.[8] 풍납토성과 같은 水系에 속하는 용인 수지 주거지들(4세기 후반~5세기 초)의 철제농기구 가운데 압도적 다수가 파손된 채로 폐기된 주조괭이라는 사실에서, 그것들이 지속적으로 공급될 수 있는 물류시스템에 의해 괭이농법 중심의 농경생활이 계속 영위되고 있었음을 알 수 있다. 그리고 이 유적에서 파손된 철기 22점이 옹형토기에 넣어진 채로 발견되어 당시 파손된 철기의 재활용도 체계적으로 이루어지고 있었음을 알 수 있다.

그리고 馬場里·渼沙里·淵陽里·旗安里(畿甸文化財研究院, 2003) 등의 원삼국시대 유적들에서 鍛冶遺構가 확인된 사실은, 당시 어떠한 형태의 철소재가 유통되고 있었는지는 아직 확실하지 않으나, 이미 이 시기부터 각 단위지역별로 그 지역에서 필요한 단조철기의 생산체제가 갖추어지고 있었음을 말해주는 것이고,[9] 이후 신라·가야 지역의 경우와 같이 鐵素材로 鐵鋌이 유통되

---

6) 일본의 경우 철제련에 있어 광석운반과 연료(목탄)운반에 3 : 7 정도 비율의 비용이 드는 것으로 말해지고 있다.
7) 鎭川 石帳里유적에서는 다수의 제련로와 함께 철기 주조에 사용되는 范芯이 출토되고, 단야로도 확인되었으나 본격적 철기 생산 시설이 아니라 자체적으로 필요한 소량의 철기를 제조하기 위한 시설로 보여진다.
8) 중국 戰國時代의 都城 內部에 다수의 제철유적들이 소재하여 당시 官營의 생산방식에 의해 주조제품의 철제 농기구들이 생산·판매되었던 것으로 보고 있으며(李成珪, 1984), 풍납토성의 예로 볼 때 한성시기의 백제도 같은 방식을 취했을 가능성이 높다고 보여진다.
9) 단조철기의 경우는 파손된 철기의 수리와 재활용도 이러한 단위별로 행해졌을 가능성이 높다.

고 있었던 사실은 大田 九城洞·舒川 烏石里·瑞山 明智里 등의 제유적 출토품을 통해 확인된 바 있으나, 아직 경기도 지역에서는 출토례가 없는 실정이다.[10]

그 외에 철기 공급의 수준에 있어 생산지에 인접한 지역과 遠隔地 사이에 상당한 편차가 보여지는 점도 물류시스템에 대한 연구에서 검토되어야 할 사항이다. 예를 들어 3~5세기 금강 유역권의 경우 대체적으로 石帳里와 같은 대규모 철 생산기지에 보다 가까운 상류지역이 하류지역에 비해 철기의 보급도가 높고 종류도 한층 다양한 양상을 보이고 있는 점은(李南珪, 1998) 기본적으로 양 지역간의 사회경제적 여건 차를 반영하는 것이기도 하겠지만, 동시에 교통여건이 열악했던 고대의 물류시스템에 있어 생산 중심지로부터 거리에 비례하여 그 보급도가 떨어지는 현상이 철기의 경우 현저하였음을 보여주는 것이라 할 수 있다.

하여튼 다른 물품도 마찬가지이기는 하지만, 당시의 철 및 철기에 대한 연구에 있어, 생산기술의 파악단계에서 더 나아가 보다 다각적인 諸變數들을 종합적으로 고려한 전략적 개념과 체계이론에 입각하여 물류시스템의 문제까지도 보다 심도 있게 거론되어져야 할 것이다.

### 4. 기타 물품

上述한 세 종류 물품 외에 당시의 물류시스템과 관련하여 유리, 자연산 玉 및 소금의 문제에 대해서도 간략히 살펴보고자 한다.

먼저 원삼국시대와 그 이후의 한성기 백제 유적들에서 頸飾을 중심으로 한 위세품으로서의 유리제품이 상당수 출토되고 있어 이에 대한 생산·유통의 문제도 논의가 필요하다고 보여진다. 유리의 용범은 渼沙里유적과 風納土城에서 출토되어 당시의 都城 뿐만 아니라 그 인근의 단위 聚落에서도 자체적으로 생산되고 있었음을 알 수 있으며, 일반적인 유통의 범위는 그다지

---

10) 용인 수지 주거지에서 소재의 가능성을 보이는 세장방형 철기가 출토되었으나 유사한 예가 없어 확실히 말하기는 아직 곤란하다.

광역화되지 않았던 것 같다. 다만 그 가운데 다양한 색과 문양을 표현한 것들은 상당한 기술을 요하는 것인 만큼 중심지에서 생산되어 광범위하게 교역되었을 가능성은 충분히 있다고 하겠다.

그리고 近東·中國·樂浪 지역 등에 분포하며(崔鍾圭, 1992), 한성기 백제 지역의 鶴谷里유적·淸堂洞유적·斗井洞유적에서 뿐만 아니라 영산강 유역·신라 지역·일본에서도 발견되고 있는 금박샌드위치 유리옥은 낙랑이 개재된 외부로부터의 유입품으로 보고 있다(權五榮, 2003). 아울러 산지가 한정되어 있는 硬玉·瑪瑙·琥珀 등의 自然産 옥석은 원거리 물류이동의 대표적인 물품이라 할 수 있지만, 현재 국내 산지가 제대로 알려져 있지 않은 상태이고, 어쩌면 百濟-倭 사이의 교역품에 포함되어 있었을 가능성도 배제할 수 없다.[11]

한편 당시의 농경사회에서 생리적으로 보다 필요한 물품인 소금(全京秀, 1993)이 伯濟國에 의해 서해안에서 독점적으로 생산되고 보급되면서 사회 분화와 농업생산력의 발달을 촉진하였다는 견해(李道學, 1992)가 제시된 바 있지만 국내에서는 아직 선사시대는 물론 고대의 제염유적이나 제염토기가 고고학적으로 확인된 바 없어 이에 대해 본격적으로 거론하는 것은 시기상조라고 판단되며, 일단 그와 관련된 유적과 유물의 확보가 급선무라 할 수 있다.

## II. 대외교섭 연구의 현황과 과제 -對外的 물류시스템과 관련하여-

백제의 경우는 대외교섭사에 대한 연구가 상대적으로 많이 실시됨에 따라 단편적인 내용들이기는 하지만 당시의 물류시스템에 있어 물자의 이동과 관

---

11) 현재까지 倭-新羅의 硬玉에 대한 과학적인 비교분석 연구가 있었지만(崔恩珠, 1994) 백제지역 출토품과의 과학적 비교분석은 아직 없는 것 같아 이에 대한 연구가 필요하다고 보여진다.

련하여 대내적인 측면보다는 대외적인 측면이 보다 많이 언급되어져 왔던 셈이다. 따라서 먼저 이에 관한 연구의 현황에 대해 중요 論考들을 중심으로 간단히 살펴보고자 한다.

현재까지 한성기 백제의 대외교섭에 관련된 연구가 고고학, 문헌사학에서 뿐만 아니라 부분적으로는 미술사학(주로 도자사 부문) 분야 등에서도 진행되어 왔으며, 연구의 주체는 물론 남한의 백제고고학과 백제사 전공자들이 중심이 되겠으나 백제 주변국가를 전공하는 국내 연구자, 일본학자들 및 중국학자들 상당수도 이 분야에 대한 연구에 동참하여 왔다.

연구내용에 있어서는 먼저 한성기 백제의 성립과 관련된 문제, 즉 원삼국시대 단계의 伯濟로부터 百濟로 성장하는 과정에 있어서의 대외교섭 문제를 다룬 것(姜鳳龍, 1997 ; 權五榮, 2001 ; 金壽泰, 2001 ; 文安植, 1995 ; 박찬규, 2001 ; 朴淳發, 1999b · 2001b ; 兪元載, 1997 ; 尹龍九, 1998 · 1999)과 그 이후부터 熊津遷都 직전까지의 대외관계를 논한 것으로 구분할 수 있다. 前者의 경우는 백제와 대 중국군현 관계 및 주변 마한세력의 복속에 대한 내용이 주류를 이루며, 대다수를 차지하는 後者의 경우는 다시 그 교섭대상별로 분류될 수 있다.

연구분야별로 볼 때 고고학자료를 통해서나(權五榮, 2002) 문헌사학의 입장에서(강봉룡, 2002 ; 金鉉球, 1994 ; 유원재, 1996) 대외관계를 종합적으로 검토한 예가 있기는 하지만 각 교섭대상별로 고찰한 경우가 대부분을 차지하여 이에 대해 세분해서 볼 필요가 있다.

그 가운데 다수를 차지하는 것이 對 中國關係에 대한 것으로서, 고고학적 입장(權五榮, 1998a · 2003 ; 朴淳發, 1999a ; 成正鏞, 2002b · 2003 ; 林永珍, 1988 ; 韓芝守, 2002 ; 門田誠一, 1999 ; 三上次男, 1976)에서 도자기, 金銅銙帶金具, 漆器, 鐎斗와 같은 중국문물의 유입과 그 역사적 의미에 대해 언급한 바 있으며, 이제까지의 연구들은 백제의 중앙세력이 일원화된 대외교섭권을 장악하고 수입된 물품을 분여하는 방식을 통해 지방세력을 통제하는 수단으로 삼았다는 견해가 일반적이다. 그리고 그 가운데 가장 많은 비중을 차지하는 도자기에 대해서는 미술사적 입장(金英媛, 1998 ; 尹龍二, 1988 ; 이정인, 2001 ; 李

鍾玫, 1997)에서도 거론된 바 있으며, 문헌사학 분야(임기환, 2003 ; 崔槿墨, 1971)의 경우는 冊封과 朝貢관계로서의 對 中國 교섭관계를 논하는 것이 주류를 이룬다. 그리고 韓中 학술관계 등을 통해 중국 측의 입장에서 한중관계 혹은 중국과 주변 지역과의 관계를 논한 예들이 늘고 있는 점도 최근에 보이는 고무적인 연구 경향 중의 하나라고 할 수 있다(揚泓, 1989 ; 吳惠蓮, 2000 ; 王仲殊, 1989 ; 王巍, 1996 ; 周一良, 1993 ; 陳捷先, 1995 ; 黃寬重, 1996).

전면적으로 혹은 부분적으로라도 한성기 백제와 倭와의 교섭에 관해 논한 論考들 중 문헌사학분야(강종훈, 2001 ; 金澤均, 2000 ; 金鉉球, 1994 ; 서보경, 2000 ; 沈正輔, 1995 ; 延敏洙, 1997 ; 李基東, 1990)는 주로 近肖古王대 이후 양 세력간 互惠的 관계의 필요성, 백제의 왕족외교적 특징, 가야를 매개로 한 백제와 倭와의 通交, 철을 매개로 한 교섭관계 등을 논하였다. 고고학분야의 연구 소재는 실로 다양한 편이라고 할 수 있는데 최근 연구들(徐賢珠, 2003 ; 吉井秀夫, 1999a · 1999b · 2000 ; 武末純一, 1991 · 2000 ; 田中淸美, 1994 ; 竹谷俊夫, 1995)에서 鳥足文土器를 비롯한 백제토기가 일본에 미친 영향이나, 석실분의 전파, 아궁이 틀 등의 문제가 다루어지기도 하였고, 石上神宮에 소장된 七支刀에 대해서는 이미 50여편의 논문이 발표되면서 연대 등의 문제를 포함한 백제와 왜 간의 외교관계에 대한 논쟁이 지속되고 있는 상태이다(村上正雄, 1996). 그리고 국립공주박물관이 日本에 所在하는 백제문화재들에 대한 조사를 실시하여 양국간의 토기(兩耳附壺, 鳥足文土器, 鋸齒文土器), 금동제품(冠帽, 飾履) 및 大刀 등에 있어서의 공통성을 확인, 정리한 작업(國立公州博物館, 1999 · 2000)은 큰 성과라고 할 수 있으며, 이를 통해 한성기에 이미 양국 사이에 문물교류가 상당히 진전되고 있었음을 재확인 할 수 있었다.

한편 4~5세기대 백제의 가야 지역 정벌내지는 진출의 목적에 대해 교역권 확보, 철산지 확보 등을 중심으로 논하고 있는 문헌사학적 연구(김태식, 1997 ; 文東錫, 1997 ; 李永植, 1995 ; 李熙眞, 1994 · 1996)에 있어 論者에 따라 백제 진출의 범위나 성격에 대해 다소 해석을 달리하고 있다. 고고학 분야에 있어서는 최근 가야와 그 주변 지역간의 관계를 주제로 한 학술회의 등을 통해 한성기 백제와 가야의 비교연구가 실시되어 토기·마구·금공품·철기 등에서 상호 교류가 있었음이 밝혀졌고(權五榮, 2002; 金斗喆, 2000; 朴淳發, 2000; 成正鏞, 2002; 李尙律, 1998; 李漢祥 2000; 洪潽植, 1998), 특히 가야 지역 裝飾環頭大刀·鐵製小形模型農工具·馬具의 기원을 한성기의 백제에서 찾을 수 있게 된 점은 주목되는 주요성과라 하겠다.

그리고 그 외의 지역들과의 관계에 대한 연구들(金承玉, 2000; 文安植, 2001; 朴淳發, 2001a; 梁起錫, 1997; 李賢惠, 2000; 崔鍾澤, 1998)도 최근 증가하고 있는데, 상대적으로 다수를 차지하는 영산강 유역의 문제에 있어 한성기 백제와의 관계에 대한 부분은 연구자들 사이에 상당한 異見이 있는 상태이다.

이상의 내용들을 통해 한성기 백제의 대외교섭 양상이 多角的이고 多變的이라는 사실을 알 수 있으며, 그것은 그만큼 대외교섭 관계에서 다양한 성격의 물품들이 교역되었음을 암시한다고 할 수 있다. 하지만 기존의 연구들 가운데 상당수는 단편적인 일부 유물들에 의존하여 당시의 국제관계를 단순화하여 너무 쉽게 성격규정하는 경향이 있었음을 지적하지 않을 수 없다. 적어도 외교관계에 수반된 대외적 교역을 수행하기 위해서는 대내적 물류시스템에 의한 일정한 성격의 贈物들 확보가 이루어졌을 것이고 對中國의 경우와 같이 朝貢的 성격이든 혹은 인접국가나 세력과의 互惠的이거나 商業的인 관계에서든 대외적으로도 일정한 물류시스템이 형성되어 있었다는 사실을 인지해야 할 것이며, 차후 이에 대한 체계적 파악을 위해 보다 구체적인 연구의 전략이 필요하다는 점을 지적하지 않을 수 없다.

## 맺음말

현재 한성기 백제의 역사와 문화를 보다 體系的이고 力動的으로 파악하기 위해 당시의 물류시스템에 대한 연구가 시급하다는 사실을 인식하는 것이 무엇보다 중요하다. 대내적인 부문과 대외적인 부문으로 구분되는 한 국가의 전체적인 물류시스템은 고대단계부터 이미 상당히 복합적인 구조와 기능을 갖고 운영되었던 만큼 그에 대한 문화복원은 결코 단순한 문제가 아니고, 체계화된 전략적 개념을 갖고 접근해야 될 과제인 것이다.

이에 관한 연구가 원활히 수행될 수 있기 위해서는 위에서 언급하지 못했던 많은 부분들이 우선 해결되어야 할 것이다. 그 가운데 먼저 각종 물품의 원료 산지를 파악하는 작업, 물자들을 제조하던 생산관계 유적이나 유물에 대한 조사, 유물들 산지 확인 등을 위한 과학적 분석연구의 확대 등이 조속히 이루어져야만 한다. 동시에 각 단위지역별로 적정 수준 이상의 유적들이 조사되어 당시의 물류 네트워크를 추정복원 할 수 있을 정도가 되어야 하며 그러한 작업에 있어 대상 유적의 同時性을 확보하기 위한 편년체계의 확립이 무엇보다 급선무라 할 것이다.

아울러 기존에 이미 고대의 지리와 관련된 부분적 論考들(김정호, 2000 ; 閔德植, 1992 ; 禹在柄, 2002 ; 李道學, 1997)이 있었지만 대부분 피상적 수준을 크게 벗어나지 못하는 한계를 보여왔다고 할 수 있으며, 장차는 지리적 이론과 실제 유적들 현황을 접목한 모델의 설정이 필요하며, 또한 고대의 교통로, 운송의 수단과 방법 등에 대한 자료의 확보와 연구도 절실히 요구된다.

그리고 대외교섭과 관련된 대외적 물류시스템 부문에 있어서도 이제까지 일부 단편적 자료들의 국가간에 보이는 유사성 내지 동질성에 기준하여 당시의 국제관계에 대해 針小棒大式의 해석을 하는 경우가 적지 않았음을 반성할 필요가 있으며, 양국간에 진행된 상황인 만큼 一方的 접근이 아니라 兩方的 시각에서의 이해 자세를 갖고 상호간의 문화접변(acculturation) 현상을 객관적으로 규명할 수 있어야 할 것이다.

차후 당시의 對內外 물류시스템을 규명하기 위해 무엇보다 이론적 접근이 필요하다고 보여지며, 이에 체계이론(system theory)과 중심지이론(central place theory)을 비롯한 각종 이론의 도입 혹은 개발과 실제 상황에의 적용을 통해 당시 생산과 유통의 양상 및 대외교섭의 실상을 보다 체계적으로 규명할 수 있도록 노력해야 할 것이다.

또한 문헌사학 분야에서도 당시의 지방통치제도, 수취체제, 대외교섭관계 등에 대해 보다 명확히 규명하여 고고학과 상호 보완적인 연구협력 체제를 강화해 나가야 할 것이다.
 이상과 같은 연구가 정향적으로 이루어져 당시의 물류시스템과 대외교섭에 관한 사항들이 보다 구체적이고 체계적으로 파악되면서 한성기 백제의 고대사적 일반 성격과 함께 지역적 특수성이 동시에 규명될 수 있기를 바라며, 그것이 바로 후기과정고고학(post processual archeology)에서 지향하는 목표와 같다는 사실도 상기할 필요가 있다.

〈참고문헌〉

강봉원, 1998, 「원거리무역의 이론과 방법 -복합사회형성과정연구와 관련하여-」, 『韓國考古學報』39, 韓國考古學會.
姜鳳龍, 1997, 「百濟의 馬韓 倂呑에 대한 新考察」, 『韓國上古史學報』26, 韓國上古史學會.
강봉룡, 2002, 「고대 한·중·일 관계에 있어서 백제의 역할」, 『百濟文化』第三十一輯, 公州大學校 百濟文化研究所.
강종훈, 2001, 「4세기 백제, 왜 관계의 성립과 그 배경」, 『역사와 현실』40, 한국역사연구회.
國立公州博物館, 1999, 『日本所在 百濟文化財 調査報告書Ⅰ-近畿地方-』, 國立公州博物館 研究叢書 第9冊.
國立公州博物館, 2000, 『日本所在 百濟文化財 調査報告書Ⅱ-九州地方-』, 國立公州博物館 研究叢書 第11冊.
국립문화재연구소, 2001, 『風納土城Ⅰ-현대연합주택 및 Ⅰ지구 재건축 부지-』.
국립문화재연구소, 2002, 『風納土城Ⅱ-동벽 발굴조사 보고서-』.
權五榮, 1988a, 「考古資料를 中心으로 본 百濟와 中國의 文物交流」, 『震檀學報』66, 震檀學會.
權五榮, 1988b, 「4세기 百濟의 地方統制方式 一例 -東晋 靑磁의 流入經緯를 中心으로-」, 『韓國史論』18, 서울대학교 인문대학 국사학과.
權五榮, 1996, 「渼沙里聚落과 夢村土城의 비교를 통해 본 漢城期 百濟社會의 斷面」, 『韓國古代史論叢』8, 韓國古代社會研究所.
權五榮, 2001, 「伯濟國에서 百濟로의 전환」, 『역사와 현실』40, 한국역사연구회.
權五榮, 2002, 「풍납토성 출토 외래유물에 대한 검토」, 『百濟研究』第36輯, 忠南大學校 百濟研究所.
權五榮, 2003, 「백제의 對中交涉의 진전과 문화변동」, 『강좌 한국고대사』제4권, 가락국사적 개발연구원.
畿甸文化財研究院, 2003, 「華城 發安里 마을遺蹟·旗安里 製鐵遺蹟 發掘調査」, 現場說明會資料14.
金權一, 2003, 「南韓地域 古代 製鐵爐에 對한 一研究」, 한신大學校 碩士學位論文.
金基興, 1995, 「미사리 삼국시기 밭유구의 농업」, 『歷史學報』第146輯, 歷史學會.

金斗喆, 2000,「馬具를 통해 본 가야와 백제」,『加耶와 百濟』(第6回 加耶史 學術會議), 金海市.
金壽泰, 2001,「百濟의 對外交涉權 掌握과 馬韓」,『百濟研究』33, 忠南大學校 百濟研究所.
金承玉, 2000,「漢城百濟의 形成過程과 對外關係 -스타일과 영역문제를 중심으로-」,『百濟史上의 戰爭』, 忠南大學校 百濟研究所 編.
金英媛, 1998,「百濟時代 中國陶磁의 輸入과 仿製」,『百濟文化』27, 公州大學校 百濟文化研究所.
金在弘, 2000,「農業生産力의 발전단계와 戰爭의 양상-철제 농기구의 발달과 소유를 중심으로」,『百濟史上의 戰爭』, 忠南大學校 百濟研究所 編.
김정호, 2000,「고대항로와 백제인의 해상활동」,『백제생활문화의 복원』(백제역사민속박물관 건립을 위한 학술세미나).
김태식, 1997,「百濟의 가야지역 관계사 -교섭과 정복-」,『百濟의 中央과 地方』, 忠南大學校 百濟研究所.
金澤均, 2000,「4세기말 5세기초의 百濟와 倭와의 관계」,『江原史學』15·16, 江原大學校 史學會.
金鉉球, 1994,「4세기 가야와 백제·야마토왜와의 관계」,『韓國古代史論叢』6, 駕洛國史蹟開發研究院.
盧泰天, 1998,「4世紀代 百濟의 炒鋼技術」,『百濟研究』28, 忠南大學校 百濟研究所.
文東錫, 1997,「4세기 百濟의 加耶 원정에 대하여-철산지 확보문제를 중심으로-」,『國史館論叢』第74輯, 國史編纂委員會.
文安植, 1995,「百濟 聯盟王國 形成期의 對中國郡縣關係 研究:韓·魏間의 武力衝突을 중심으로-」, 동국대학교 석사학위논문.
文安植, 2001,「百濟의 榮山江流域 進出과 土着勢力의 動搖」,『全南史學』16, 全南史學會.
閔德植, 1992,「百濟 漢城期의 漢江以北 交通路에 關한 試考(上) -百濟初期 都城 研究를 爲한 一環으로-」,『先史와 古代』2, 韓國古代學會.
박찬규, 2001,「백제의 마한사회 병합과정 연구」,『國史館論叢』95, 國史編纂委員會.
朴淳發, 1999a,「漢城百濟의 對外關係 : 國家 成立期 對外交涉의 實狀과 意義」,『百濟研究』30, 忠南大學校 百濟研究所,

朴淳發, 1999b,「百濟 國家成立에 대한 理解」,『先史와 古代』12, 韓國古代學會.
朴淳發, 2000,「加耶와 漢城百濟」,『加耶와 百濟』(第6回 加耶史 學術會議), 金海市.
朴淳發, 2001a,「4~5세기 한국 고대사회와 고고학의 몇가지 문제」,『韓國古代史研究』24, 한국고대사학회.
朴淳發, 2001b,「馬韓 對外交涉의 變遷과 百濟의 登場」,『百濟研究』33, 忠南大學校 百濟研究所.
朴淳發, 2001c,『漢城百濟의 誕生』, 書景文化社.
서보경, 2000,「鐵製品을 매개로 한 百濟와 倭의 交涉」,『史叢』52, 高大史學會.
徐賢珠, 2003,「三國時代 아궁이틀에 대한 考察」,『韓國考古學報』, 韓國考古學會.
成正鏞, 2000,「中西部地域 3~5世紀 鐵製武器의 變遷」,『韓國考古學報』42, 韓國考古學會.
成正鏞, 2002a,「大伽倻와 百濟」,『大伽倻와 周邊諸國』(韓國上古史學會研究叢書 5).
成正鏞, 2002b,「陶瓷器로 본 百濟와 南朝交涉 400년」,『古代 東亞細亞 文物交流의 軸-中國 南朝, 百濟, 그리고 倭』, 忠南大學校 百濟研究所.
成正鏞, 2003,「百濟와 中國의 貿易陶磁」,『百濟研究』第38輯, 忠南大學校 百濟研究所.
孫明助, 1998,「韓半島 中·南部地方 鐵器生産遺蹟의 現狀」,『嶺南考古學』22, 嶺南考古學會.
신경환, 1995,「백제의 철기제조기술」,『철강보』240, 한국철강협회.
沈正輔, 1995,「百濟와 倭國과의 初期交涉記事 檢討」,『韓國上古史學報』19, 韓國上古史學會.
梁起錫, 1997,「百濟 近仇首王의 對外活動과 政治的 地位 -高句麗와의 關係를 중심으로-」,『百濟論叢』6, 百濟文化開發研究院.
延敏洙, 1997,「百濟의 對倭外交와 王族 : 百濟 外交史의 一特質」,『百濟研究』27, 忠南大學校 百濟研究所.
禹在柄, 2002,「4~5世紀 倭에서 伽倻·百濟로의 交易루트와 古代航路」,『湖西考古學』6·7, 湖西考古學會.
柳基正, 2002,「鎭川 三龍里·山水里窯 土器의 流通에 관한 硏究(上)」,『崇實史學』第15輯, 崇實大學校 史學會.
柳基正, 2003,「鎭川 三龍里·山水里窯 土器의 流通에 관한 硏究(下)」,『崇實史學』第16輯, 崇實大學校 史學會.

유원재, 1996, 「백제의 대외관계」, 『百濟의 歷史와 文化』, 學研文化社.
俞元載, 1997, 「百濟의 馬韓 征服과 支配方法」, 『百濟論叢』 6, 百濟文化開發研究院.
尹東錫·李南珪, 1985, 『百濟의 製鐵工程과 技術發展-鐵器遺物의 金屬學的 考察을 通하여』, 浦項綜合製鐵株式會社 技術研究所·高麗大學校生産技術研究所.
尹龍九, 1998, 「『三國志』 韓傳 對外關係記事에 대한 一檢討」, 『마한사연구』, 충남대 출판부.
尹龍九, 1999, 「三韓의 對中交涉과 그 性格 -曹魏의 東夷經略과 관련하여-」, 『國史館論叢』 第85輯, 國史編纂委員會.
尹龍二, 1988, 「百濟 遺蹟發見의 中國磁器를 通해 본 南朝의 交涉」, 『震檀學報』 66, 震檀學會.
尹載云, 1999, 「韓國古代의 貿易形態」, 『先史와 古代』 12, 韓國古代學會.
尹鍾均, 1998, 「古代 鐵生産에 대한 一考察」, 全南大學校 碩士學位論文.
李基東, 1990, 「百濟의 勃興과 對倭國關係의 成立-近肖古王代에 있어서 百濟의 倭國과의 交涉」, 『古代韓日文化交流研究論叢』 90-5, 韓國精神文化研究院.
李南珪, 1998, 「3~5世紀 錦江流域圈 鐵器의 地域的 特性 -農工具와 武器를 중심으로-」, 『3~5세기 금강유역의 고고학』(제22회 한국고고학전국대회 발표요지).
李南珪, 2000, 「錦江流域圈における原三國時代の鐵器文化」, 『製鐵史論文集』(たたら研究會創立四十周年記念), たたら研究會.
李南珪, 2002, 「漢城百濟期 鐵器文化의 特性 -서울·경기지역의 農工具를 중심으로-」, 『百濟研究』 36輯, 忠南大學校 百濟研究所.
李南珪, 2003, 「용인 서북부지역 선사·고대 문화의 전개와 발전」, 『경기지역의 역사와 문화』(한신역사총서1), 한신대학교 출판부.
李南珪·權五榮 外, 2003, 『風納土城 Ⅲ』(한신大學校博物館叢書 第15冊).
李南奭, 2001, 「百濟 黑色磨研土器의 考察」, 『先史와 古代』 16, 韓國古代學會.
李道學, 1990, 「百濟의 海上貿易展開-그 文化의 國際的 性格과 관련하여」, 『우리문화』 1월호.
李道學, 1991, 「百濟의 交易網과 그 體系의 變遷」, 『韓國學報』 63, 일지사.
李道學, 1992, 「伯濟國의 成長과 소금 交易網의 확보」, 『百濟研究』 23, 忠南大學校 百濟研究所.

李道學, 1997, 「古代國家의 成長과 交通路」, 『國史館論叢』第74輯, 國史編纂委員會.
李尙律, 1998, 「新羅, 伽倻文化圈에서 본 百濟의 馬具」, 『百濟文化』第27輯, 公州大學校 百濟文化硏究所.
李成珪, 1984, 『中國古代帝國成立史硏究-秦國齊民支配體制의 形成-』, 一潮閣.
李永植, 1995, 「百濟의 加耶進出過程」, 『韓國古代史論叢』 7, 駕洛國史蹟開發硏究院.
이정인, 2001, 「中國 東晋 靑瓷 硏究 : 4세기 百濟지역 出土品과 관련하여」(이화여자대학교 석사학위논문).
李鍾玟, 1997, 「百濟時代 輸入陶磁의 影響과 陶磁史的 意義」, 『百濟硏究』第27輯, 忠南大學校 百濟硏究所.
李漢祥, 2000, 「大加耶圈 裝身具의 編年과 分布」, 『韓國古代史硏究』 18, 韓國古代史學會.
이희진, 1994, 「4세기 중엽 百濟의 '加耶征伐'」, 『韓國史硏究』, 韓國史硏究會.
李熙眞, 1996, 「百濟勢力의 加耶進出과 加耶의 對應」, 『軍史』 33, 國防軍史硏究所.
李賢惠, 1997, 「3세기 馬韓과 伯濟國」, 『百濟의 中央과 地方』, 忠南大學校 百濟硏究所.
李賢惠, 2000, 「4~5세기 榮山江유역 토착세력의 성격」, 『歷史學報』 166, 歷史學會.
임기환, 2003, 「南北朝期 한중 책봉·조공 관계의 성격」, 『고대 한·중관계사의 새로운 조명』(제16회 한국고대사학회 합동토론회 발표요지).
임영진, 1988, 「서울석촌동출토 백제칠기와 중국칠기와의 관계」, 『震檀學報』 66, 震檀學會.
全京秀, 1994, 「先史文化의 變動과 소금의 民俗考古學」, 『韓國學報』 가을호.
全德在, 1999, 「백제 농업기술 연구」, 『韓國古代史硏究』 15, 韓國古代史學會.
崔槿墨, 1971, 「百濟의 對中國關係 小考 : 朝貢關係를 中心으로」, 『百濟硏究』 2, 忠南大學校 百濟硏究所.
崔夢龍·崔秉鉉, 1988, 『百濟時代의 窯址硏究』, 국립문화재연구소.
崔秉鉉, 1988, 「忠北 鎭川地域 百濟土器 窯址群」, 『百濟時代의 窯址硏究』, 文化財硏究所.
崔恩珠, 1994, 「韓國硬玉製曲玉의 成分分析 -韓國古代硬玉의 産地問題」, 『韓日古代文化의 連繫』, 서울프레스.
崔種圭, 1992, 「濟羅耶의 文物交流 : 百濟金工Ⅱ」, 『百濟硏究』 23, 忠南大學校 百濟硏究所.

崔鍾澤, 2002, 「渼沙里 百濟 聚落의 構造와 性格」, 『湖西考古學』 第6・7合輯, 湖西考古學會.

崔鍾澤, 1998, 「고고학상으로 본 고구려의 한강유역진출과 백제」, 『百濟研究』 28, 忠南大學校 百濟研究所.

韓芝守, 2002, 「4C 百濟地域에서 出土된 東晋代 瓷器의 歷史的 意味」(中央大學校 大學院 碩士學位論文).

洪潽植, 1998, 「百濟와 伽倻의 교섭 -토기를 중심으로-」, 『百濟文化』 27, 公州大學校附設 百濟文化研究所.

吉井秀夫, 1999a, 「日本속의 百濟」, 『특별전 백제』, 국립중앙박물관.

吉井秀夫, 1999b, 「日本 近畿地方의 百濟系 考古資料에 관한 諸問題」, 『日本所在 百濟文化財調查報告書Ⅰ-近畿地方-』(國立公州博物館 研究叢書 第9冊).

武末純一, 1991, 『土器から見た日韓交渉』, 學生社.

武末純一, 2000, 「九州의 百濟系 土器-4・5世紀를 中心으로-」, 『日本所在 百濟文化財 調查報告書Ⅱ-九州地方-』(國立公州博物館 研究叢書 第11冊).

門田誠一, 1999, 「百濟出土の六朝靑磁と江南地域葬禮小考-墓內における靑磁羊形器の意味」, 『考古學に學ぶ—遺構と遺物』, 同志社大學考古學シリーズ7.

三上次男, 1976, 「漢江流域發見の四世紀越州窯靑磁と初期百濟文化」, 『朝鮮學報』 81.

小田富士雄, 1982, 「越州窯靑磁를 伴出한 忠南의 百濟土器」, 『百濟研究』 특집호, 忠南大學校.

宇野隆夫, 1998, 「原始・古代の流通」, 『都市と工業と流通』(古代史の論點3), 小學館.

田中淸美, 1994, 「鳥足文タタキと百濟系土器」, 『韓式系土器研究』 Ⅳ.

井上秀雄, 1984, 「日本における百濟史研究」, 『馬韓・百濟文化』 7, 圓光大學校 馬韓・百濟文化研究所.

竹谷俊夫, 1995, 「日本と朝鮮半島出土の鳥足形タタキ文土器の諸例 —その分布と系譜—」, 『西谷眞治先生古稀記念論文集』.

中村 浩, 1999, 『古墳時代 須惠器の生産と流通』, 雄山閣出版.

村上正雄 編, 1996, 『石上神宮 七支刀銘文圖錄』, 吉川弘文館.

揚泓, 1989, 「吳, 東晋, 南朝的文化及其對海東的影響」, 『考古』 第6期.

吳惠蓮, 2000, 「魏晋南北朝時期 中韓關係에 대한 再檢討」, 『百濟史上의 戰爭』, 忠

  南大學校 百濟硏究所.
王仲殊, 1989,「東晋南北朝時代中國與東海諸國的關係」,『考古』11期.
王藝, 1996,「從考古發現看四世紀的東亞」,『考古學報』第3期.
周一良(金善昱 譯), 1993,「百濟와 中國 南朝와의 關係에 對한 몇 가지 考察」,『百濟史의 比較硏究』, 忠南大學校 百濟硏究所.
陳捷先, 1995,「兩晉南北朝時代中國與百濟關係」,『韓國文化와 圓佛敎思想』(文山 金三龍博士華甲記念論叢), 원광대출판국.
黃寬重, 1996,「外交關係與社會變遷 : 百濟對中國文化的受容的初步觀察」,『百濟硏究』26, 忠南大學校 百濟硏究所.
Kim, Jangsuk, 2001, Elite strategy and the spread of techonological innovation : the spread of iron in the Bronze Age societies of Denmark and southern Korea. Journal of Anthropological Archelogy 20 : 442-478.

# 물류시스템과 對外交流의 정치경제학에 대한 考古學的 接近

金 壯 錫*

## 머리말

　고대사회에 있어서 물류시스템의 운용은 물자의 이동을 전제로 하는 경제 행위임과 동시에 일종의 정치적 행위이다. 정치와 경제가 상당부분 분리되어 있는 근대 이후의 자본주의 사회에서 물류시스템은 비정치적인 체제로 생각되고 있지만, 고대국가의 형성과정에 있어서 인간의 경제적인 행위가 정치로부터 독립적일 수 없다는 점은 주지의 사실이다. 그럼에도 불구하고, 고고학사상 이러한 당연한 인식이 시작된 것은 그리 오래된 일이 아니다.
　1940년대까지의 고고학에서는 동일한 유물이 비교적 멀리 떨어진 지역에서 발견되었을 경우, 이를 전파, 이주, 또는 정복의 결과로 보는 시각이 지배적이었으며, 고고학적 양상을 통해 과거의 물자 이동에 관한 정치적, 경제적 설명은 시도되지 않았다고 볼 수 있다. 고고학에서 물자 이동의 메커니즘과 그 정치, 경제적 의의에 대해 관심을 기울이기 시작한 것은, 전파론에 대한

---
* 전남대학교 인류학과 교수

문제점이 노출되기 시작하는 1950년대 이후이다. 문헌에 의존하는 역사학에 비해 고고학에서는 물자 이동에 관한 비교적 직접적인 증거를 다룬다는 점에서, 1950년대 이후 많은 고고학자들이 물자 이동과 교역에 대한 다양한 모델과 이론을 제시하여 왔다.

고고학에서 교역과 물류시스템에 관심을 기울이게 되는 데에는 방법론적으로 자연과학적 분석이 고고학에 도입되는 것과도 깊은 관련이 있다. 자연과학을 통해 유물의 원산지를 밝혀내면 이를 기반으로 물자 이동 여부를 판단하는 것이 일정부분 가능해지면서, 고고학에서의 교역과 물류시스템에 대한 관심은 더욱 증대되었다.

교역과 물류시스템에 대한 고고학적 연구에서 이론적 고찰과 방법론 개발은 동전의 양면과도 같이 밀접하게 연관되어 있다. 이러한 점에 대해서는 거의 대부분의 고고학자들이 동의할 것이지만, 실제적으로 교역과 물류시스템에 대한 이론과 방법론은 서로 다른 전문분야에 속하는 것으로 간주되고 있는 것이 현실이다. 즉, 모델의 개발은 이론고고학자들에 의해, 그리고 방법론 개발은 자연과학적 훈련을 받은 분석고고학자들에 의해 서로 분리되어 연구되고 있으며, 이들 간의 간극은 매우 크다. 이러한 상황은 현실적으로 불가피한 측면이 있지만, 서로의 영역에 대한 무지에서 파생되는 무조건적인 맹신 또는 거부라는 문제를 낳는 경우도 많다는 점은 지적되어야 한다.

본고에서는 이러한 점을 감안하여, 교역과 물류시스템에 대해 고고학적으로 접근하는 두 측면에 대해 모두 개괄하고자 한다. 우선 물자 이동에 대해 지금까지 제시된 주요이론을 재검토하고 필자의 견해를 밝힌 후, 이를 고고학자료와 방법론적으로 연결시키는 분석 방법론에 대해 논의한다.

# I. 기존의 이론적 논의들

기존의 고대 물류시스템과 대외교역에 관한 모델을 일일이 나열하는 것은 불가능하다. 하지만, 각 모델은 이들이 기반하고 있는 이론과 과거에 대한 각 고고학자의 시각과 밀접한 관련을 가지고 있을 수 밖에 없기 때문에, 이를 토대로 크게 몇 가지로 구분하는 것은 가능할 것이다. 이를 고고학에서 최초로 시도한 학자는 브럼필과 얼(Brumfiel and Earle, 1987)이다. 이들은 고대 물류체계 및 교역에 대한 기존의 모델을 (1) 상업발전모델(commercial development model), (2) 적응모델(adaptationist model), (3) 정치모델(political model)로 대별했다. 1987년에 행해진 이 구분과 각각에 대한 브럼필과 얼의 논의는 현재의 기준에서는 초보적이라고 볼 수도 있다. 특히, 적응모델을 반박하고 그 대안으로서 정치모델을 의도적으로 부각시키기 위해 단순 구분한 측면도 없지 않다. 하지만, 이 구분은 이후 고대사회의 물류시스템과 교역에 대한 인식 전환에 결정적인 역할을 하였다는 점에서 학사적인 가치를 지니고 있다. 이 논의에 관해서는 이미 강봉원(1998)에 의해 자세히 소개된 바 있으므로, 각각의 모델이 고고학적으로 어떤 의미를 가지고 있는지를 필자의 시각에서 재평가하고자 한다.

  브럼필과 얼은 상업발전모델의 시작을 엥겔스(Engels, 1972 [1884])로 보고 있다. 하지만, 본격적으로 고고학에 적용된 사례는 차일드(Childe, 1957)에서 출발한다고 볼 수 있다. 인간의 상업 행위는 기술의 진보와 그에 따른 경제적 성장에 따라 자연스레 발전하는 것이라는 것이 이 견해의 핵심이다. 기술 발전에 따라 잉여가 발생하고, 이를 통해 잉여의 축적과 교환행위가 발생하면서 전문화가 진전되고 계급이 발생하며, 이와 더불어 사회가 복합화된다는 논리이다. 따라서 상업적 성장으로서의 물류와 교역이 일종의 사회적인 현상이기는 하지만, 그 발생 자체는 정치와는 독립적인 것, 다시 말해 기술의 발전에 따라 자연스럽게 형성되는 것이며, 그 부수효과로서 정치적인 효과를 가지는 것으로 파악하려는 경향을 보인다. 이 모델은 비교적 고전적 모델로서, 주로 독립적 전문장인집단의 발생에 관한 논의에 응용되고 있지만(Rice, 1981 · 1991), 적어도 고대 국가 형성에 있어서의 물류와 교역의 연구에 이러한 접근법을 택하는 이론은 최근에는 거의 존재하지 않는다고 보아도 무방할 것이다.

적응모델은 신진화론과 신고고학의 등장과 밀접한 관련을 갖는 모델이다. 이 모델은 어떤 의미에서 보면 신고고학 이전의 문화사고고학이 물자의 흐름을 무조건적으로 전파-이주의 결과로만 보려는 데 대한 반발로 볼 수 있다. 즉, 동일하거나 유사한 유물이 둘 이상의 지역에서 발견되었을 경우, 이는 단순히 인간의 이주나 전파에 의한 것이 아니라, 두 지역 간에 있었던 교역의 결과이고 이는 사회정치적으로 진화적인 의의(evolutionary implications)를 가지고 있다는 견해다(Flannery, 1972; Friedman and Rowlands, 1977; Redman, 1978). 이 모델은 신고고학 이후 본격적으로 시도된 자연과학적 분석에 의해 물자의 산지 추정이 일정부분 가능해지고, 이를 통해 물자 이동과 정치성장이 어떠한 관계를 지니고 있었는가를 규명할 수 있다는 1960년대 고고학계의 확신에서 시작된 것이라고 볼 수 있다.

주안점의 다양성에도 불구하고 대체적으로 적응모델은 다음과 같은 점을 상정한다.

1. 물류시스템과 교역은 그 참가자 모두에게 적응상의 이득을 가져다 준다. 따라서 물류시스템과 교역에 각 사회와 개개구성원이 참여하는 것은 참여주체의 적응을 위해 필요하다.

2. 물류와 교역은 환경의 시공간적 변이, 즉 자원 분포의 다양성, 자원 획득시기의 다양성을 극복하기 위한 전략이다. 각 집단은 환경에 따라 비교우위에 놓여 있는 물품의 잉여를 서로 교환함으로써 각각의 환경적응도를 높인다. 따라서 거시적으로 보았을 때, 물류와 교역은 일종의 지리적 분업 또는 생산상의 전문화 과정이다.

3. 물류와 교역의 이러한 중요성으로 인해, 각 집단에는 이를 효율적으로 운용할 수 있는 일종의 관리자 또는 관리시스템을 필요로 한다.

이들 중 마지막 명제는 결과적으로 사회복합화, 즉 계급의 발생과 국가의 형성을 의미하는 것으로서, 결국 이 모델은 교역이 국가형성에 있어서 결정적인 역할을 하였음을 주장한다. 물론 이후 국가발전을 다원론적으로 이해하는 견해가 대두되면서, 교역이 다양한 동인 중 하나였다는 식으로 접근방식이 바뀌기는 하지만, 기본적으로 교역이 국가발생에 중요한 역할을 한다는 논리에는 변함이 없다.

이미 언급했듯이, 적응모델의 접근법은 전형적으로 신고고학의 기능주의적, 신진화론적 연구경향을 따르고 있다. 이 모델에 의하면, 물류시스템과 교역은 참가집단들의 자발적 필요에 의해 이루어진 것이며, 그 관리자 역시 집단 구성원 전체에게 이득을 주기 위해 존재한 것이다(Redman, 1978). 따라서 교역의 참가 주체간에는 일종의 자발적 계약관계가 형성되어 있다고 이해하고 있다. 대내물자유통 역시 한 집단 전체의 생존을 위해 특정 관리자가 물자의 수합하여 적절히 재분배하는 경제행위로 이해하고 있다.

그러나 이러한 단순 접근법은 1980년대 이후 많은 비판을 받고 있다(Hirth, 1996). 아래의 정치모델이 비판하는 여러 가지 이론적인 문제뿐 아니라, 논리적으로도 고고학적으로 다른 요소에 비해 비교적 가시성이 높은 두가지, 즉 국가발전과 교역을 단순하게 인과관계로 연결시키는 접근법에 대한 비판이 제기되어 왔다.

신고고학의 한계가 노정되기 시작하는 1980년대 이후, 정치모델이 등장한다. 이 모델은 이 시기 고고학 전반에 걸친 인식 전환과 관련을 가지고 있는데, 기존의 적응모델이 견지하고 있던 물류와 교역에 대한 기능주의적 접근을 부정하고, 교역과 물류시스템 운용이 특정인의 권력 형성-재생산을 위한 메커니즘이라는 점을 강조한다(Brumfiel and Earle, 1987; Miller and Tilley, 1983). 구체적으로, 이 모델은 과거 사회에 대한 이해에 있어서 적응모델과 다음과 같은 차이를 보인다.

1. 물류나 교역과 같은 물자의 이동은 참가자 전체의 경제적 필요성에 의거하여 발생하는 것이 아니라, 일부에 의해 강요되는 상황도 다수 있다(Kim, 2001). 따라서 물류의 운용은 순수 경제행위가 아니라 권력이 개입한 일종의 정치행위이며,

물자의 거래는 반드시 참여자의 동등한 의사결정에 의거한 협약일 수는 없다.

2. 교역이 필요하고 그에 따라 사회적 합의에 의해 관리자가 등장하는 것이 아니라 일부 권력자의 정치적 의도에 따라 교역이 통제되고 그곳에서 발생하는 이익은 이들의 정치적 이득으로 환원된다. 즉, 물류시스템의 운용과 교역을 통해 발생하는 이윤은 집단 전체에 분배되는 것이 아니라, 소수의 권력자에 의해 독점되고 이들의 권력 형성 및 재생산에 기여한다.

3. 위세품의 유통과 교역은 권력의 재생산에 이념적 근거를 제공한다. 예를 들어 위세품을 사여하는 것은 적응모델에서 이해하는 바와 같이 호혜성에 기반한 사회통합을 이루거나 이념적 통합을 통해 집단의 환경적응을 효율화하는 것이라기 보다는, 권력층이 사회불평 등을 공고화하여 권력을 재생산하려는 전략으로 이해되어야 한다(Miller and Tilley, 1983).

이러한 새로운 이해는 이미 폴레이니가 제시한 바 있는 "모든 경제행위는 곧 제도화된 사회행위(Polanyi, 1957)"라는 1950년대 경제인류학적 인식에서 출발하고 있지만, 실제로는 신고고학의 생각에서 탈피하려는 1980년대의 후기과정고고학의 움직임과 좀더 많은 부분 연관되어 있다. 이 모델의 핵심은 순수 경제적 행위로 간주되어 왔던 교역과 물자유통이 사실은 특정인의 권력을 형성-재생산하는 일종의 정치적 행위라는 점이다. 따라서 단순히 경제논리에 의해 과거의 물류와 교역에 접근할 경우, 권력자들의 정치적 의도를 간과할 수 있다는 점을 지적한다. 최근 이러한 측면은 거의 대부분의 연구자들에 의해 인식되고 있으며, 정치모델의 등장 이후 제시된 대부분의 고고학 이론들은 고대경제의 운용이 어떻게 권력자의 정치적, 경제적 이득 창출과 관련되어 있는가를 세부적으로 규명하는 데에 집중되고 있다(Hirth, 1996). 예를 들어 단위중량이 적은 물품을 이동시킴으로써 대내 물류통제를 좀더 효율적으로 행하고자 했던 잉카의 대식민지 전략(D'Altroy and Earle, 1985), 외부의 희귀물품을 유입시켜 특정인의 권력창출과 재생산에 사용하고자 하는 전략(Helms, 1993), 의도적으로 일반대중에게 고가의 물품을 배포함으로써 일종의 항구적 선물관계(gift relationship)를 형성하고 이를 통해 정치적 지배-착취관계를 형성해 나가는 전략(Gosden, 1992) 등에 관한 연구들은 환경적응전략, 집단구성원의 통합, 호혜적 재분배와 같은 측면에서 물류와 교역을 파악하고자 했던 기존의 적응모델과는 근본적으로 판이하게 고대 경제행위를 인식하고 있다. 또한 경제운용을 복잡한 정치적 전략으로 이해하게 되면서, 최근에는 물류와 교역이 한두 가지의 메커니즘으로 설명할 수 있는 단순한 것이 아니며, 한 사회 내에서도 맥락에 따라, 그리고 유통되는 물자의 성격에 따라 다양한 전략이 공존하고 있다는 점(Kim, 2001)이 인식되게 되었다.

필자는 현재의 정치모델이 가지고 있는 이론적 타당성에 동의한다. 그럼에도 불구하고, 모든 경제행위를 자동적으로 사회정치적인 행위와 직결시킴으로써, 물류시스템과 교역 자체에 대한 세밀한 분석이 간과될 가능성에 대해 지적하고자 한다. 다시 말해, 정치모델의 등장 이후, 교역과 물류의 정치적 성격에 대한 논의는 양산되고 있으며 정치권력자들의 정치-경제 전략을 구체적으로 구명하는 방향으로 연구가 진행되고는 있지만, 대신 물류와 교역에 대한 직접적인 분석은 소홀히 하게 되는 문제가 노출되고 있다는 것이다. 즉, 고대사회의 정치경제(political economy)에 대한 이론적 관심의 증대에도 불구하고, 실질적으로 고대사회의 경제행위가 정치행위와 구체적으로 어떤 연관을 가지고 있는지에 대한 설득력있는 대안이 드물며, 적응모델과는 또다른 형태의 단순논리(즉, 경제행위 = 정치행위)에 입각하고 있다고 할 수 있다. 즉, 현재 정치모델의 연구경향은 경제행위의 정치적 성격을 '보여주는' 차원에 머물고 있으며, 경제행위에 의도적, 강제적으로 참여하는 구성원들의 각 전략을 분석적, 종합적으로 고찰할 수 있는 연구성과는 아직 많지 않은 것이다.

## II. 물류와 교역의 이해

물류와 교역의 연구에 있어서 정치모델의 성과를 반영하되, 그 한계를 극복하기 위한 이론적 방안은 여러 가지가 있겠지만, 필자는 다음과 같은 방안을 제안하고자 한다.

필자는 물자유통과 교역에는 권력이 항상 개입하고 있으며 그 운용은 유력자들의 이득에 기여한다는 점을 일단 전제하되, 실질적으로는 인간의 경제행위와 관련요소를 구체적으로 우선 분석하는 것이 올바른 연구전략이라고 본다.[1] 즉, 첫째, 소수의 유력자가 물자유통과 교역을 통해 경제적인 이득을 어떻게 전략적으로 축적해 나갔으며, 둘째, 이를 어떻게 정치권력으로 치환하는가에 관한 단계적, 분석적 연구다.

문제는 이러한 경제적 분석 시 수많은 변수가 동시에 고려되어야 하며, 그 변수들 간의 관계는 근대 시장경제 자본주의 분석에 바탕을 둔 현대 경제학의 논리로 일대일 치환할 수 없다는 것이다. 또한 권력자의 미시적인 경제행위분석을 수많은 개인과 집단이 참여하는 물류와 교역이라는 거시경제적, 더 나아가서는 정치경제적인 현상 설명에 어떻게 연결시킬 수 있는가의 문제도 대두할 수 있다. 필자는 이러한 문제를 풀기 위해서는 현대 시장경제에 있어서 소비와 생산, 그리고 유통을 조절하는 가장 중요한 요인은 '가격'이지만, 고대의 경제에서 이를 조절하는 것은 권력이고, 권력자의 미시적 의사결정이 생산과 소비, 유통에 상당부분 영향을 미친다고 보는 방법론적 전제가 필요하다고 본다. 따라서 이를 염두에 두고 고대의 경제체계를 분석한다면 다음과 같은 점을 고려할 필요가 있다.

---

1) 여기서 고대 사회의 권력자집단의 출현을 논하는 데에, '정치권력의 형성이 먼저냐, 경제력의 축적이 먼저냐' 하는 질문은 마치 '닭이 먼저냐, 달걀이 먼저냐' 하는 것과 동일한 질문일 것이다. 최근의 각종 연구에 의하면, 어떤 사회에서도 사회적 불평등은 존재하고 있으며, 이러한 불평등이 정치적인 동기를 가지고 있던 경제력의 차이에 기인하건 간에 상관없이 재생산과정에는 양자가 복합적으로 작용하면서 권력이 재생산된다.

## 1. 물류와 교역의 다중성과 국가형성

물류시스템과 교역의 양상은 각 경제체제에 따라 차이를 보이기도 하지만, 동일한 경제체제 내에서도 맥락에 따라 가변적이기도 하다. 특히 물품 자체의 성격, 중량, 시간성, 운송수단, 운송거리 등에 따라 다양한 메커니즘이 존재한다. 물자가 직접 장거리 이동하는가, 아니면 기술이 이전되어 소비지와 가까운 곳에서 생산되는지에 따라 물류시스템은 다양하며, 중앙정부가 직접 생산과 유통을 관리하는가, 아니면 지방권력에 의해 통제되는가, 아니면 생산자, 유통자, 소비자가 각각의 상황에 맞추어 직접 참여하는가 여부에 따라 다양한 양상을 띠게 된다.

동일한 물품이라고 하더라도 여러 개의 물류시스템에 의해 다중적으로 생산-유통되는 경우도 있을 것이고, 어떤 물품의 유통에는 권력이 깊숙이 개입하는 반면, 다른 물품의 유통은 순수한 경제논리에 의해 이루어지는 경우도 있을 것이다.

이처럼 물류와 교역에 권력이 개입하고 있는 것은 분명하지만, 그 개입의 정도와 구체적인 양상은 다중적이다. 따라서 경제통제와 국가형성, 사회복합화의 관련성 역시 다중성을 띠고 있다. 위에 제시된 각 모델은 이들 중 한 두개의 메커니즘과 국가발생을 직접적으로 결부시키려는 경향을 띠고 있다는 데에 중요한 한계를 드러낸다. 국가의 형성에 물류 및 교역과 관련한 각종 정치경제적 행위가 중요한 역할을 하였다는 것은 분명한 사실이지만, 이러한 행위가 반드시 국가의 형성시기에만 나타나는 것은 아니라는 점 역시 짚고 넘어갈 필요가 있다.

비록 고고학, 역사학 자료를 통해 모든 물품의 유통망을 모두 복원하는 것이 불가능한 일일지는 몰라도, 물류와 교역의 복합성 자체는 인식되어야 하며, 이를 파악하기 위해서는 이론적인 고찰과 방법론적인 개발이 동시에 이루어져야 한다는 점을 명심해야 할 필요가 있다. 물류시스템과 교역에 대한 이해는 생산체제, 소비-공급, 분배체제를 모두 이해하고 각각의 정치적 의미를 파악할 때만 가능하다. 따라서 각각에 대한 개별적 접근과 함께 종합적인 접근이 동시에 이루어져야 할 것이다.

## 2. 생계경제와 위세경제

일반적으로 고대 경제는 생계경제(subsistence economy)와 위세경제(prestige economy)로 구분된다(Kim, 2001). 이는 유통물자의 정치경제적 성격을 근거로 한 구분인데, 이로 인해 그 운용전략은 근본적인 차이를 보이며 각각의 분석에는 이러한 차이가 충분히 고려되어야 한다.

생계경제는 식량과 생필품을 생산-소비하는 경제영역이며, 그 운용의 과정에서 잉여가 발생한다(Gamble, 1982 ; Kim, 2001). 권력자는 생계경제의 운용에 개입하여 잉여를 축적함으로써, 권력을 재생산한다. 따라서 생계경제의 운용은 생산을 장려하되 소비자들에 대한 공급은 생계의 유지에 필요한 정도까지로 조절하고, 잉여를 취합하여 이를 축적, 활용함으로써 권력을 재생산하는 과정이라고 볼 수 있다. 따라서 공급의 조절이 권력(예를 들어 조세)을 통해 적절히 이루어진다면, 생산량이 증가할수록 권력자에게 축적되는 잉여의 양은 많아진다. 생산을 늘리기 위해서 권력자는 직접생산자들의 생산도구(예를 들어 농기구) 소비를 의도적으로 증가시킬 필요가 있다(그림 1). 이를 위해 공급량을 늘림으로써 수요를 창출해내는 전략이 사용되는 것이 보편적이다(Kim, 2001).

반면 위세경제는 희귀물품이나 정치적으로 중요한 물품을 생산, 소비, 유통하는 경제영역이다. 위세품의 소비는 정치권력의 재생산에 이념적으로 결정적인 역할을 하므로, 권력층은 소비의 확대를 정치적으로 제한해야 한다. 마찬가지로 생산은 엄격한 통제하에 최소한으로 억제되어야 하고, 공급량이 권력층 외부로 유출되는 것을 막아야 한다. 또한 공급량의 증가로 인한 위세품의 가격 하락을 막아야 한다. 따라서 위세경제의 생산, 소비, 공급은 의도적으로 억제되며, 정치적-이념적 조작을 통해 위세품의 가격을 높은 수준에서 유지해야 한다(그림 1, Kim, 2001).

이러한 경제 운용 논리상의 차이로 인해 각각의 경제통제를 위한 권력자의 전략은 차이를 보인다. 물론 특정 물품의 유통구조가 위세경제에 속하는지, 생계경제에 속하는지를 판단할 수 있는 절대적인 기준은 존재하지 않으며, 상황에 따라 가변적이다. 하지만, 두 경제의 운용전략 차이는 정치적인 면과 많은 부분 연관되어 있으며, 둘을 구분하는 기준의 변화는 경제전략의 변화를 의미한다. 필자는 전고에서 국가형성기 덴마크 철기 소비의 변화에 대한 연구를 통해 동일한 물품이 정치적인 상황에 따라 위세경제의 영역에서 생계경제의 영역으로 변환되는 과정과 그에 따른 권력의 경제 운용전략 및 그 사회적 결과물에 대해 논한 바 있다(Kim, 2001).

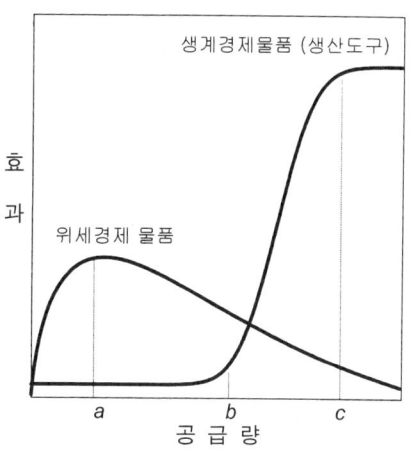

〈그림 1〉 생계경제와 위세경제의 물품공급량에 따른 경제효과 차이(Kim 2001).
생산도구와 같은 생계물품은 일정량이상 공급되지 않을 경우 생산량 증대에 크게 기여하지 못한다. 공급량이 임계점 b를 넘어설 때에야 생계경제상의 생산량은 증가하기 시작하고, 증가된 생산량은 잉여로 축적된다. 반면 위세경제 물품은 사회내 공급량이 많아지게 되면, 더 이상 위세품으로 작용하지 못한다. 따라서 위세경제를 효율적으로 운용하기 위해서는 공급량이 임계점 a를 넘어서지 않도록 조절해야 한다.

## 3. 물류-교역에의 참가 주체

고대의 경제에는 권력이 개입하고 있고 권력이 물류와 교역의 형태에 중요한 영향을 준다는 견해는 타당성을 가지고 있지만, 이것이 반드시 모든 경제가 최고권력층의 의도에 따라 결정된다는 말은 아니다. 특히 완전한 중앙집권체제가 성립되기 이전인 국가형성기의 물류에는 다양한 주체가 다양한 의도를 가지고 참여하게 되고, 이들의 정치경제적 전략이 복잡하게 얽혀있다(Hirth, 1996).

기존의 모델이 가지고 있는 한계의 상당부분은 물류와 교역의 참가 주체를 미리 규정하고 그 입장에서만 논의하고 있다는 점에 기인한다(Kim, 2001). 적응모델은 물자유통의 논의에 '집단'을 참가 주체로 규정하고 있다. 즉, 체계이론에 기반하고 있는 적응모델에 의하면 물자유통은 집단의 생존과 적응에 필요하며, 따라서 집단 성원전체가 공동의 목표를 가지고 경제활동에 참여한다. 따라서 적응모델은 집단 전체를 경제행위의 주체로 본다. 이에 반해 정치모델은 경제의 운용을 권력자의 정치전략에 있어서 중요한 일부로 간주한다. 따라서 권력자의 입장에서 그들의 정치전략을 이해하는 데에 초점을 맞추고 있다. 즉, 각각의 이론적 토대에 따라, 적응모델은 집단을, 그리고 정치모델은 권력자를 주된 참가 주체로 미리 상정하고 있는 것이다(Kim, 2001).

   필자는 이러한 참가 주체에 대한 선험적 규정이 과거 물류와 교역의 복합성을 이해하는 데에 걸림돌이 되고 있다고 생각한다. 물론 권력자의 전략적 의도가 경제행위에 상당부분 영향을 주는 것은 사실이지만, 경제활동에는 다양한 의도를 가진 주체들이 다양한 전략을 가지고 참가하고 있는 것 역시 사실이다. 이를 이해하기 위해서는 다양한 참가 주체들의 전략을 세분해서 이해하고, 이를 고고학 자료를 통해 종합화하는 연구전략이 필요할 것이다. 물론 고고학 자료의 한계로 인해 모든 참가 주체를 추출하는 것이 불가능할지는 몰라도, 이론적인 차원에서 이를 종합화하는 모델을 제시할 수 있을 것이다.

   실제로 국가형성기 또는 국가단계의 물류, 교역에는 중앙권력, 지방세력, 전문 장인집단, 유통담당자와 같은 다양한 주체들이 각자의 이득을 위해 다양한 전략으로 참여한다. 이들이 물자 유통에 참가하는 동기 역시 다양할 것이고, 일부는 자발적으로, 또 다른 일부는 강제적으로 참가할 것이며, 사회적 타협과 경쟁 또는 갈등이 발생할 수도 있다.

   또한 동일한 주체가 유통망에 참가한다고 하더라도 상황에 따라 소비자나 생산자, 또는 공급자가 되기도 할 것이며, 어떤 경우에는 정치적 권력의 확대를 위해, 어떤 경우에는 순수하게 경제적 부의 축적을 위해 참가하기도 할 것이다. 이렇듯, 참가 주체에 따라, 그리고 그들의 정치경제적 상황에 따라 물류와 교역에의 참가 동기는 가변적이며, 그로 인한 정치경제적 행위도 변한다. 많은 경우, 각각의 참가 주체는 자신들의 이익 확대를 위해 각종 경제행위를 전략적으로 행한다.

쉬퍼(Schiffer, 1992)는 새로운 물품의 생산-공급자들이 각종 정보를 조작함으로써 소비자들에게 그 물품의 수요 확대를 노린 사례를 논의한 바 있다. 바살라(Basalla, 1988)와 렌프류(Renfrew, 1986)는 권력자가 외부에서 도입한 물품의 용도를 의도적으로 조작함으로써 그 물품에 새로운 이념적 의미를 부여하고 이에 대한 통제를 통해 정치적 권력 재생산을 꾀한 사례를 연구한 바 있다. 하지만, 이러한 정치권력의 확대를 위한 경제행위가 반드시 권력층에 의해서만 행해지는 것은 아니다. 밀러(Miller, 1985)는 인도 카스트 제도 하의 토기 생산체제의 연구를 통해, 최하층의 사회적 전략으로서의 의도적 모방행위(assimilation)가 결과적으로 한 지역의 토기의 전반적 형태변화를 가져오게 된 과정을 설명하고 있다.

결국 물류 또는 교역이라는 경제행위에는 사회의 어느 일부만이 참여하는 것이 아니라, 사회 대다수의 성원이 서로 다른 동기와 전략을 가지고 참여하고 있는 것이다. 이 과정에서 각 참가 주체는 각각의 이득 창출과 확대를 위해 다양한 전략을 구사한다.

## III. 교역-물류시스템의 고고학적 판단 : 방법론적 고찰

물자의 공간적 이동을 전제로 하는 물자유통과 교역에 대한 고고학적 판단은 동일한 물품이 둘 이상의 지점에서 출현했을 경우에 가능하다. 그러나 단순히 이 전제만을 가지고 교역 또는 물류체제를 논하기는 힘들다. 형태상의 유사도(類似度)를 가지고 동일한 물품인지 아닌지를 판단하는 것은 결국 형태 분석과 관련한 형식 분류의 문제로 귀결되는 경우가 많다. 즉, 유사한 형태를 가진 둘 이상의 물품을 동일한 형식으로 규정하고 논의를 진행하는가, 아니면 다른 형식으로 규정하는가가 교역 및 물자 이동과 관련한 결론의 도출에 결정적인 역할을 할 수밖에 없는 것이다. 그런데, 여기에는 인간의 경제, 정치행위로서의 교역과 물류의 판단과는 다른 고고학 연구자의 형식규정에 대한 문제가 결정적으로 개입하고 있으므로, 본 논의에서는 제외한다.

물류와 교역으로 논의를 제한한다고 하더라도, 형태상으로 동일한 물품이 둘 이상의 지점에서 출현하는 것이 물자의 이동인지, 기술 또는 양식의 이전인지, 아니면 생산전문집단의 이주에 의한 것인지를 고고학적으로 명확하게 판단하는 것이 쉽지는 않다. 그럼에도 불구하고 이들은 구분될 필요가 있는데, 이들이 각각 서로 성격적으로 판이한 물류 또는 교역의 양상을 의미하고 그에 따른 정치경제적 상황의 이해에도 결정적인 영향을 미치게 되기 때문이다.

우선적으로 동일한 물품이 둘 이상의 지점에서 출현했다고 할 때, 그 메커니즘은 다음과 같이 대별될 수 있다.

1. 물자가 직접 이동하는 경우
    - 양자의 필요에 의한 교역, 즉 비교우위에 놓인 물자의 교역
    - 수요자에 의한 (강제적) 물자 공출 (예: 조세, 징발)
    - 공급자에 의한 (강제적) 수요 창출과 공급 (예: 賜與)
    - 일부의 수요자를 대상으로 공급이 이루어지고 차후에 수요가 확산되는 경우

2. 기술이 이동하는 경우
    - 중앙권력에 의한 의도적 기술확산
    - 지방세력의 기술모방
    - 전문장인집단의 이동, 파견

3. 원재료가 이동하는 경우

- 중앙권력으로부터의 원재료 공출 (예: 세계체제론)
   - 경제논리에 입각한 잉여 원재료의 상업적 교역

4. 양식(style)이 전이되는 경우
   - 사회문화적 접촉에 따른 양식의 전이 및 동화
   - 중앙권력으로부터의 의도적 양식 이식
   - 지방세력의 의도적 모사

　이들 각종 메커니즘은 큰 범위에서 볼 때에는 모두 교류(interaction)라는 개념으로 이해할 수 있지만, 각각이 가지는 정치적, 경제적 의미에는 커다란 차이가 있다. 따라서, 이들 간의 변별은 한 사회의 교역을 통한 정치경제적 성장과정을 이해하는 데에 필수적이다. 그렇다면, 어떻게 이를 구분해낼 수 있을 것인가가 관건이다. 여기에 완전한 답을 제공하는 것은 어쩌면 영원히 불가능할 수도 있다. 그러나 위의 여러 경우 중 적어도 물자가 직접 이동하였는지, 아닌지 만이라도 우선적으로 구분할 수 있다고만 하면, 문제해결에 크게 도움이 될 수 있을 것이다. 여기에 가장 직접적인 답을 주는 분석은 물품의 원산지를 파악하고, 그에 따라 물자 이동 경로와 방법을 추정하는 것이다.

　문제는 고고학적 접근만으로는 물자의 원산지를 파악하는 데 한계가 엄존한다는 점이다. 따라서 물리학, 지질학, 화학, 재료공학, 암석학 등과 같은 자연과학으로부터의 도움을 받는 것은 필수적이다. 하지만, 자연과학 분석이 응용되었다고 해서 유물의 제작산지가 곧바로 판정될 수 있는 것은 절대 아니다. 만약 모든 유물생산지가 고고학적으로 발견되고 그곳에서 출토된 유물에 대한 성분분석을 통해 각 생산지에서 발견된 물품을 명확히 변별해내고 이를 바탕으로 각종 비생산 유적에서 발견된 유물을 비교할 수 있다면, 문제해결은 상당히 쉬워질 것이다. 하지만, 고고학적 조사를 통해 이러한 理想的인 조건을 갖기란 어쩌면 영원히 불가능할 수도 있다.

　유물에 대한 자연과학적 산지 추정은 '동일한 지역에서 동일한 기술에 의해 제작된 고고학 유물은 유사한 성분으로 구성되어 있을 것이다'라는 전제에 기반한다(Rice, 1996a · 1996b). 분석을 통해 유물의 성분을 추출해 내고 그 결과를 비교할 수 있다면, 유물의 제작산지를 추정할 수 있다는 논리이다. 중요한 것은 구성 성분의 유사성이란 어디까지나 확률적이며 상대적인 개념일 뿐이라는 점이다. 따라서 여기에는 통계적 인식에 바탕을 둔 접근방법이 필요하다. 즉, (1) 의미있는 비교가 가능할 만큼의 샘플을 분석한 후, (2) 분석 결과를 통계적으로 처리하여 성분상의 유사도를 판단하고, (3) 이를 통해 동일산지에서 제작되었을 가능성이 높은 샘플을 군집화한 후, (4) 각 군집의 제작산지를 추정하는 연구 절차가 필요하다.

　이러한 일련의 과정에서 각종 유물의 구성성분 추출을 위해 자연과학에서 이용되는 분석방법을 이용하고는 있지만, 자연과학의 몫은 여기까지일 뿐이다. 유물 제작산지의 추정은 자연과학적 분석 결과를 고고학적 의미에서 해석하는 것이다. 따라서, 문제지향적인 샘플의 선정, 분석 결과에 대한 통계적 분석 및 범주화, 그리고 이를 여타 고고학적 맥락에서 해석하는 일련의 과정을 수행하는 것은 결국 고고학자의 몫이다. 통계와 자연과학을 본격적으로 접하지 못한 상당수의 고고학자들은 '자연과학적 방법을 이용하면 유물의 제작산지를 정확히 알아낼 수 있다', '자연과학 분석은 그 자체적으로 과학적이며, 그 결과는 진실이다', '자연과학적 방법에 의해 산지 추정만 된다면 물자 이동의 메커니즘이 밝혀질 수 있다'는 식의 오해를 하는 경향이 있다. 이러한 자연과학에 대한 고고학자의 무지와 맹신에 연구비를 노린 일부 자연과학자들의 부추김도 일조하고 있는 것 역시 현실이다.

　토기와 같이 제작기술에 따라 다양한 변수가 개입하고 있는 물품에 대한 산지 추정의 경우, 문제는 더욱 복잡해진다. 토기의 구성성분은 크게 보아 태토와 혼입물로 이루어져 있다고 할 수 있는데, 혼입물은 토기성질의 변화를 위해 제작과정 중 의도적으로 혼입된 물질들(temper)과 제작자의 의도와는 상관없이 자연적으로 혼입된 물질(unintentional inclusion)로 세분될 수 있다. 문제는 이들을 엄밀하게 구분하는 것이 극도로 어려울 뿐 아니라, 제작시 의도적으로 혼입된 물질에 의해 산지 추정과는 상관없는 구성성분이 추출된다는 점이다. 즉, 토기 구성성분은 상당부분 제작기술에 따라 좌우되며, 그 결과는 산지보다는 제작기술을 반영하고 있을 가능성이 높다는 것이다. 예를 들어, 토기 성분의 암석학적, 광물학적 유사성을 통해 제작산지를 추정하는 연구가 지금까지 상당수 있어 온 것이 사실이지만, 특정 태토, 또는 혼입물의 존재 및 비율, 혼입물의 마모 정도, 기초 광물질의 존재여부 등과 같은 변수는 사실 제작산지보다는 제작기술을 반영하는 경우가 대부분이라는 점에서 논리적인 오류를 지니고 있다(Rice, 1987 · 1996a · 1996b). 암석학적, 광물학적 유사성은 제작산지보다는 태토와 혼입물의 선택 및 가공 공정 등 제작기술상의 유사성을 의미하는 것이기 때문이다. 따라서 기술의 전이, 이식, 모방, 전문 장인집단의 이동이 있었다면, 이러한 유사성은 물자의 직접적 유통이 아닌 기술의 공간적 이동을 의미하는 것이다.

　이러한 토기 산지 추정상의 다양한 문제와 그로 인한 복잡한 양상의 해결을 위한 방법론적 전략에는 여러 가지가 있을 수 있지만, 필자는 적어도 다음의 두 가지는 반드시 연구 절차에 포함되어야 한다고 본다.

　첫째, 물류와 교역의 연구에 선행하여 각 물품의 생산시스템을 우선적으로 연구하는 것이다. 물품의 생산과 관련한 각종 기술적 요소를 추출하고, 이것이 생산 조직과 어떤 관련을 가지고 있는지, 그리고 기술상의 변이는 어느 정도까지 이루어졌는지, 전문집단에 의한 제작인지 아니면 소비자에 의한 자체생산인지를 판단할 수 있는 연구가 선행될 필요가 있다. 이러한 생산상의 변수들간의 관계를 이해하는 것은 물품의 생산체제를 이해한다는 차원에서 자체적으로 매우 중요한 연구 절차일뿐 아니라, 차후 물자 유통망의 연구에도 중요한 단서를 제공한다. 생산과 관련한 기술적 요인이 추출된다면, 위에서 언급한 것과 같은 기술적 요인으로 인한 산지 추정의 어려움은 어느 정도 피할 수 있을 것이다.

　둘째, 토기 제작과 관련한 기술적 변수 개입을 최소화하기 위해, 미량원소 분석을 통해서 산지를 추정하는 방안이다. 미량원소는 태토나 의도적 혼입물로 이용되는 특정 암석의 주성분이 아니며 지구상에 매우 희소하게 분포하는 원소를 말하는데, 이러한 분포상의 희소성 때문에 제작기술에 의한 영향을 비교적 적게 받는 것으로 알려져 있다. 따라서 태토와 혼입물에 함유된 미량원소는 제작기술이나 제작자의 의도를 반영하는 것이 아니므로, 제작산지를 추정하는 데에 중요한 단서를 제공한다(Kim 외, 2003). 현재 미량원소를 추출해내는 기법으로는 INAA(Instrumental Neutron Activation Analysis), PIXE(Proton Induced X-ray Emission), ICP-MS(Inductively Coupled Plasma Mass Spectrometry) 등이 주로 사용된다.[2] 이들 분석법은 각각 장단점을 가지고 있는데, 분석자는 시료의 성격과 연구목적과 범위에 따라 분석법을 선택한다. 미량원소 추출이 이들 방법에 의해 완료된 후, 그 결과는 각 샘플의 상대적 유사도를 측정하기 위해 통계적으로 처리된다. 여기에는 두 가지의 세부적인 방법이 있을 수 있다.

(1) 추출된 원소가 많을 경우, 이들 변수가 동시에 고려되어야 한다는 점을 고려하여 인자분석(Factor analysis), 군집분석(Cluster analysis), 대응일치분석(Correspondence analysis) 등의 다변량 통계기법(multivariate statistical methods)이 사용되는 경우가 많다. 이를 통해 각 시료의 통계학적 유사성을 도표화하고, 이를 통해 동일한 산지에서 생산되었을 것으로 생각되는 시료의 그룹을 설정한다. 이 방법은 토기의 화학적 분석과 통계적 방법이 고고학적 해석에 결합되기 시작하는 1970~1980년대의 연구에서 많이 채택되었던 방법이다. 하지만, 이 방법은 각 원소의 성격을 파악하지 못한 채, 무조건적으로 화학적 성분의 유사성만을 통해 산지를 추정한다는 문제를 지니고 있다는 점에서 1990년대 이후 많은 비판을 받았으며, 현재에는 많이 사용되고 있지 않다. 특히, 토기 화학성분의 유사성이 퇴적 이후 시료의 오염에 의한 것일 가능성과 동일한 조건에서 항상 공존하는 원소들을

---

2) 자주 토기분석에 사용되는 X선 회절분석(X-ray Diffraction, XRD)은 사실 미량원소를 파악하는 방법이 아니라, 특정 암석의 변별을 위해 사용되는 방법이다. 따라서 이 방법을 이용한 토기 산지 추정은 옳은 방법이 아니다.

가려내지 못한 상태에서 화학적 성분의 통계적 유사성을 통해 산지를 추정하는 것에 대한 비판을 면할 수 없다는 문제를 지니고 있다.

(2) 방금 논의한 다변량통계분석 결과의 한계를 극복하기 위해, 토기 생산지를 변별하는 데에 가장 중요한 미량원소를 추출해내고 이를 통해 토기의 원산지를 추정하는 방법이 있다. 변별력있는 미량원소의 추출에는 각종 토양, 제작기술 및 고고학적 양상과 같은 이차적인 자료와 다양한 통계방법을 통해 원소간의 관련성을 먼저 밝히는 작업과 토기시료의 오염에 따른 원소의 제거가 반드시 선행되어야 한다. 이 방법의 문제는 이러한 일련의 선행 연구 절차에 많은 시간과 자금이 소요된다는 점이다. 그럼에도 불구하고, 산지 추정 변별력이 높은 원소를 성공적으로 추출해낸다면, 그를 통한 산지 추정의 설득력은 상당수준 인정될 수 있다.

토기의 성분분석을 통해 물류와 교역에 대한 연구에 산지를 규명하는 것은 물자의 이동을 확률적으로 추정하는 것이다. 따라서, 위에서 분명히 한 바 있듯, 물류와 교역의 다양한 형태, 그리고 고대국가 형성에 있어서 이들의 정치, 경제적 의의를 밝히는 것은 결국 고고학적, 역사학적 해석에 의존할 수밖에 없다. 즉, 자연과학적 성분분석을 통한 미량원소의 추출과 그에 대한 통계적 처리가 현재로서는 산지 추정에 가장 사용하기 적절한 방법임에는 틀림없으나, 그럼에도 불구하고 이를 고고학적 설명틀로 연결시키는 것은 결국 고고학자의 몫일 수밖에 없는 것이다. 특히, 원재료가 장거리 운송되어 유물의 제작에 이용되는 경우, 태토나 혼입물이 의도적으로 선택되었거나 토기의 기종에 따라 차별적으로 이용되는 경우, 노동조직의 전문화 정도 등 각종 고고학적인 정황증거 확보 및 해석을 통해서만 접근할 수 있는 변수는 자연과학적 성분분석을 통해서는 밝힐 수 없는 것들로서 이들까지 고려한 종합화는 결국 고고학자에 의해 행해져야 하는 것이다. 다시 말해, 제작산지 추정은 단순히 자연과학적 분석만을 통해 '판정' 또는 '결정'되는 것이 아니라 고고학자에 의해 '해석'되는 것으로 보아야 한다는 것이다.

이렇듯, 교역과 물류에 대한 고고학적 연구는 그 특성상 자연과학과 고고학, 그리고 역사학의 접목을 통해 수행되어야 하며, 이들 상이한 학문 범위를 단일 주제의 연구로 묶을 수 있는 체계적인 연구 전략의 수립이 선행되어야 할 것이다. 연구 전략의 수립과 관련한 방법에는 여러 가지가 있겠지만, 이를 가장 효율적으로 행할 수 있는 접근법은 기존의 정보를 토대로 교역과 물류에 대한 각종 대안적 가설을 수립하고 자연과학적으로, 고고학적으로 이를 하나하나 검증해 나가면서 가장 설득력있는 가설을 채택하는 일종의 연역적 접근이라고 필자는 생각한다. 물론 연역적 연구 절차가 각종 제작기술, 고고학적 양상 등에 관한 연구를 축적하여 귀납적 논리로 종합화하는 시도와 상호보완적으로 행해져야 할 것은 당연하지만, 적어도 물자 이동을 전제한 물류체계의 연구는 자체적 연구 절차에 의해 종합적으로 행해져야 한다고 본다. 특히, 고고학적으로 동일한 결과를 낼 수 있는 물류와 교역의 각 메커니즘을 동시에 고려하되, 이를 구별해 낼 수 있는 종합적인 연구전략이 필요하다. 물론 그 구체적인 방안은 맥락에 따라, 분석대상의 고고학적, 정치-경제적 성격에 따라 다양할 것이다. 예를 들어, 토기의 유통구조와 철기의 유통구조에는 근본적으로 차이가 있을 것이며, 토기 내에서도 그 성격에 따라 서로 다른 유통망과 조직에 의해 물자가 이동하고 그 사회, 정치, 경제적 효과는 차이가 있을 것이라는 점을 항상 고려해야 할 것이다.

이러한 점을 염두에 둘 때, 필자는 현재 한국고고학에서 '과학적 분석'이라는 미명하에 행해지고 있는 각종 산발적 분석이 고대의 물류체계 연구에 그리 많은 도움을 주고 있지 못하다는 점을 강조하고자 한다. 최근 여러 발굴조사보고서의 말미에 부록으로 첨부되고 있는 토기 성분분석은 적절한 샘플링 과정과 분석 절차를 거치지 못한 채, 단순히 분석을 의뢰하였다는 점을 보여주는 데 그치고 있다. 제작기술 규명 또는 산지 추정에 필요한 원소 또는 광물질을 추출해내는 일련의 연구전략 수립과 선행 연구 과정을 생략하고 단순히 어떤 성분으로 이루어져 있다는 정도의 결과만이 나열될 뿐이다. 이러한 피상적 분석 결과는 결코 축적될 수 없는 것이며, 따라서 그 결과는 현재 고고학적 연구에 아무런 역할을 하지 못한 채 사장되고 있는 것이 현실이다.

## 맺음말

 본고는 고대국가 성장 과정에 있어서 교역과 물류의 역할을 연구하는 데에 있어서 반드시 고려되어야 할 이론적, 방법론적 측면을 개괄하였다. 이론적 측면에서 고대국가 형성 과정에 있어서 물류와 대외교역은 정치적 성격을 강하게 반영하되, 나름대로의 경제적인 양상도 결코 무시될 수 없다는 점을 강조하였다. 이를 올바로 이해하기 위해서 교역과 물류에 대한 단계적, 분석적 연구가 필요하고, 이를 위해서 물류와 교역의 다중성, 위세경제와 생계경제 운용전략의 차이, 그리고 참가 주체와 이들의 정치경제적 전략에 대한 이해가 선행될 필요가 있다는 점을 주장하였다. 이러한 이론적인 측면을 고고학적으로 검증하기 위한 구체적 분석방법으로 유통 및 교역되는 물자의 공간적 이동양상을 파악하기 위해 필요한 유물의 산지 추정에 대해 논의하고, 이를 효과적으로 수행하기 위한 필자 나름대로의 의견을 개진하였다.

 고대국가의 형성 과정에 있어서의 교역과 물류의 역할이라는 주제는 한국 고고학에는 새로운 연구분야이다. 백제의 형성 과정에 있어서 간헐적으로 중국도자와 같은 외래토기나 한성양식의 토기의 분포가 백제 정치력의 확대 과정을 연구하는 데에 주제로 부각되었던 적은 있으나(권오영, 1988 ; 박순발, 1996), 경제행위인 물자 이동과 정치세력의 고대국가 성장과정의 관계에 대해서 본격적으로 연구된 적은 없다고 해도 과언이 아니다. 즉, 기존의 연구는 특정정치세력의 질적, 양적 성장을 특정 유물의 지리적 공간분포로 직결시키는 데에 머물러 있을 뿐, 실제로 이들이 중앙세력이 확장의 결과인지, 아니면 독립적 정치체 간의 교역의 결과인지 등과 같은 고대국가 성장과정에 대한 본질적인 연구는 수행되지 않고 있다. 방법론적으로도 유물의 외관 관찰에 의한 접근과 문헌기록의 해석에만 의존하고 있어 교역과 물자 이동의 경로와 양상에 대한 실질적인 이해가 부족한 것 역시 사실이다. 이를 극복하기 위해서는 자연과학, 고고학 및 역사학의 학제간 연구, 문제의식에 기반을 둔 잘 짜여진 연구전략, 분석 결과에 대한 적절한 이해가 무엇보다 필수적일 것이다.

〈참고문헌〉

강봉원, 1998, 「원거리무역의 이론과 방법-복합사회 형성과정연구와 관련하여」, 『한국고고학보』 39.

권오영, 1988, 「4세기 백제의 지방통제양식 일례: 동진청자의 유입경로를 중심으로」, 『한국사론』 18, 서울대학교 국사학과.

박순발, 1996, 「한성백제의 중앙과 지방, 백제의 중앙과 지방」(제8회 백제연구소 국제학술대회 발표논문집), 충남대학교 백제연구소.

Basalla G., 1988, *The evolution of technology*. Cambridge University Press, Cambridge.

Brumfiel, Elizabeth M., and Timothy K. Earle, 1987, Specialization, exchange, and complex societies: An introduction. In *Specialization, exchange, and complex societies*, edited by Elizabeth. M. Brumfiel and T. K. Earle, pp. 1-9. Cambridge University Press, Cambridge.

Childe, V. Gordon, 1957, The dawn of European civilisation, Rutledge and Kegan Paul, London.

D'Altroy, Terence N., and Timothy K. Earle, 1985, Staple finance, wealth finance, and storage in the Inka political economy. *Current Anthropology* 26(2).

Engels, 1972, The origin of the family, private property and the state. Pathfinder Press, New York. [original 1884]

Flannery, Kent V., 1972, The cultural evolution of civilizations. *Annual Review of Ecology and Systematics* 3.

Friedman, J., and M. J. Rowlands, 1977, Notes towards an epigenetic model of the evolution of 'civilisation'. In *The evolution of social systems*, edited by J. Friedman and M. J. Rowlands. Duckworth, London.

Gamble, Clive, 1982, Leadership and 'surplus' production. In Ranking, resource and exchange: *Aspects of the archaeology of early European society*, edited by C. Renfrew and S. Shennan. Cambridge University Press, Cambridge.

Gosden, Chris, 1989, Debt, production, and prehistory. *Journal of Anthropological Archaeology* 8.

Helms, Mary W., 1993, *Craft and the kingly ideal: Art, trade, and power*. University of Texas Press, Austin.

Hirth, Kenneth G., 1996, Political economy and archaeology: Perspectives on exchange and production. *Journal of Archaeological Research* 4(3).

Kim, Jangsuk, 2001, Elite strategy and the spread of technological innovation: the spread of iron in the Bronze Age societies of Denmark and southern Korea. *Journal of Anthropological Archaeology* 20.

Kim, Jangsuk, A. W. Simon, V. Ripoche, J. W. Mayer, B. Wilkens, 2003, Proton induced X-ray emission analysis of turquoise artefacts from Salado Platform mound site in the Tonto Basin of Central Arizona, *Measurement Science and Technology* 14.

Miller, Daniel, 1985, *Artefacts and categories: A study of ceramic variability in central India*. Cambridge University Press, Cambridge.

Miller, Daniel, and Christopher Tilley, 1983, Ideology, power, and prehistory: An introduction. In *Ideology, power and prehistory*, edited by D. Miller and C. Tilley. Cambridge University Press, Cambridge.

Polanyi, K., 1957, The economy as instituted process. In *Trade and market in the early empires*, edited by K. Polanyi, C. Arensberg, and H. Pearson. Free Press, Glenscoe, IL.

Redman, Charles L., 1978, *The rise of civilization: From early farmers to urban society in the ancient Near East*. W. H. Freeman, San Francisco.

Renfrew, Collin, 1986, Varna and the emergence of wealth in prehistoric Europe. In *Social life of things*, edited by A. Appadurai. Cambridge University Press: Cambridge.

Rice, Prudence M. 1981, Evolution of specialization of pottery production: a trial model. *Current Anthropology* 22.

____, 1987, *Pottery Analysis: A Sourcebook*. University of Chicago Press, Chicago.

____, 1991, Specialization, standardization, and diversity: a retrospective. In *The

*Ceramic Legacy of Anna O. Shepard*, edited by R. L. Bishop and F. W. Lange. University Press of Colorado, Niwot.

\_\_\_\_, 1996a, Recent ceramic analysis: 1. Function, style, and origins. *Journal of Archaeological Research* 4(2).

\_\_\_\_, 1996b, Recent ceramic analysis: 2. Composition, production, theory. *Journal of Archaeological Research* 4(3).

Schiffer, Michael B., 1992, *Technological perspectives on behavioral change*. The University of Arizona Press: Tucson.

〔토론문〕

# 물류시스템과 對外交流의 정치경제학에 대한 考古學的 接近

李 盛 周*

　　제목으로 보아 이 발표문은 물류시스템(material circulation system)이라는 고고학에서 다소 생소한 개념을 제안하고 그것이 대외교류(inter-polity interaction : 政治體間 相互作用)의 차원에서는 어떻게 이해될 수 있는가 라는 문제를 중심으로 논의하고 있는 것처럼 보인다. 그리고 政治體間(inter-polity)이라고 문제의 범위에 대해 언급한 것을 보면 地域間(inter-region)이나 中心地와 周邊(center and periphery)과 같은 거시적인 체계 내의 상호작용을 염두에 둔 것 같지는 않다. 본 발표문을 읽어보면 국가의 형성과 같은 권력의 통합 과정에서 물자의 교환체계(exchange system)가 어떤 역할, 혹은 무슨 관계가 있는가를 고고학적으로 설명하기 위해서 교역에 대한 이론적인 모델들과 방법론적 절차들을 검토하고 자료분석 기초에 대해 논의한 연구란 것을 알게 된다.

　　발표자는 먼저 교환체계에 대한 고고학적 접근의 모델로서 브럼필과 얼이 분류했던 상업발전 모델, 적응주의모델, 그리고 정치모델을 소개하고 그 중 세 번째, 정치모델의 중요성과 그에 대한 지지를 표시한다. 브럼필과 얼이 물자의 교환체계(exchange system)를 그와 같이 구분했던 이유는 아마 문제의 초점이 복합사회로의 진화과정에 대한 설명이라는데 맞추어졌기 때문

---

* 강릉대학교 사학과 교수

인 것 같다. 즉 사회의 진화를 설명하는데 교환체계를 어떠한 관점에서 분석하고 양자를 어떻게 관련 지우느냐 하는데 무게중심을 두고 모델을 분류했기 때문이다. 그런데 그들이 정치모델을 지지하면서 1970년대의 과정주의-신진화주의의 모델을 비판적으로 보는 것 같지만 실은 기능주의-진화주의의 관점에서 모델을 검토하고 있다.

다 아는 것처럼 1950년대와 1960년대 英·美의 경제인류학에서 하나의 이슈는 자본주의 경제학의 개념과 관점을 선자본주의사회의 분석에 통용시킬 수 있는가 하는 문제였다. 칼 폴라니(K. Polany)가 원조일 것이고 조지 달튼(G. Dalton)과 같은 이는 원시사회에서의 경제는 사회관계 안에서 수행되기 때문에 결코 자본주의사회의 경제행위와는 병치시켜 이해할 수 없다는 주장했다. 스스로 실질주의자(substantivist)라고 했던 그들은 선자본주의 사회에서는 자본주의사회와는 전혀 다른 호혜적 교환(reciprocity), 재분배(redistribution)라고 하는 조직체계 안에서 경제적인 관계가 성립한다고 했다. 그리고 원시사회의 경제관계가 자본주의와는 다르다는 것을 알지만 자본주의 경제학의 개념으로 설명할 수 있다고 했던 이들을 형식주의자(formalist)로 분류하였다. 하지만 경제관계를 환경과의 상호작용, 유기체적 관계 등으로 이해했다는 데서 실질주의 경제인류학은 기능주의의 관점에 있고 그와 같은 전통에 놓여 있는 브럼필과 얼도 진화주의-기능주의의 입장에 있는 셈이다.

그러나 마르셀 모스(M. Mauss)이래 프랑스 인류학의 전통과 구조주의-맑시스트들의 견해를 보면 실질주의와 비슷한 듯해도 전혀 다른 관점에 있다는 것을 알게 된다. 그들은 경제관계가 사회의 조직과 관계가 있다고 하는 것이 아니라 그들은 동일하다고 주장한다. 예컨대 여자의 교환은 사회관계라고 하고, 목걸이의 교환은 경제관계라고 따로 보면서 후자를 굳이 경제학의 관념에서 설명할 필요가 있느냐 하는 것이다. 구조주의 맑시스트 인류학은 사실 마이크 로울랜즈(M. Rowlands)나 크리스티안 크리스티안센(K. Kristiansen)과 같은 영미 고고학자들에게 상당한 영향을 주었다고 보여진다.

발표자는 일단 브럼필과 얼의 세 번째 모델을 취하는 듯 하면서도 그것이 가진 문제점을 극복하기 위해서 매우 중요하다고 생각되는 대안을 제시했다. 즉 교역의 참가하는 것은 권력자만이 아니라 다양한 의도와 전략을 가진 주체들이 교역(교환관계)에 참여한다고 말한 점이다. 지금은 꽤 오래된 논문이지만 I. Hodder(1982)가 기능주의-체계론적인 교환관계 모델에서는 거기에 참여한 개별자의 사회적 전략이 무시되었다고 비판한 적이 있다. 지금은 개별자가 수행자(agency)라는 개념으로 더욱 많이 불리고 있지만 아무튼 본 토론자는 발표자의 다양한 주체에 대한 제안이 중요한 의미를 가지며, 사회의 관계성과 그 변동을 지배권력(power-over)의 변화로만 보지 않고 관계권력(power-to)의 틀에서 이해할 수 있다는 주장(Miller and Tilley, 1984 ; McGuire and Paynter, 1991)처럼 이해했다.

그런데 토론자의 의문점은 발표자의 다음과 같은 주장에서 제기된다. 즉 발표자의 논문에서는 "첫째, 소수의 유력자가 물자유통과 교역을 통해 경제적 이득을 어떻게 전략적으로 축적해 나갔으며……", "고대경제에서 이를 조절하는 것은 권력이고 권력자의 미시적 의사결정이 생산과 소비, 유통에 결정적인 영향을 미친다……", 그리고 "완전한 중앙집권체제가 성립되기 이전인 국가형성기의 물류에는 다양한 주체가 다양한 의도를 가지게 되고……"라는 서술을 보게 된다. 발표자는 이론적인 모델을 제시하면서 과연 부르디 외(P. Broudieu)나 기든스(A. Giddens)의 수행자 개념에 기초했는지 그리고 관계권력(power-to)의 관점에서 권력관계를 이해해 보고자 했는지 좀더 자세한 설명이 필요하다고 본다. 그리고 이와 관련하여 중앙집권화의 이전과 이후에 권력관계는 달라지겠지만 본질적으로 그 분석의 틀도 달라져야 하는지도 설명해 주었으면 한다.

다음은 방법론적인 고찰에 대해서 의문점이 하나 있다. 발표자는 "형태상의 유사도를 가지고 동일한 (산지의) 물품인지 아닌지를 판단하는 것은 결국 형식분류의 문제로 귀결되는데……"라고 말한다. 물론 경우에 따라서는 형태적인 유사도를 비교해서 결론을 내릴 수밖에 없을 때도 있겠지만 차이에 대한 인식은 유물의 형태에 나타나는 것 이상이어야 한다. 토기의 경우, 산지와 분배의 범위와 같은 것이 문제가 될 정도라면 하나의 제작소는 그 나름대로의 뚜렷한 제작기술체계, 혹은 습관화된 제작공정을 가지고 있다. 물론 발전된 생산시스템일수록 그럴 것이다. 제작공인의 이주, 또는 기술이전을 통해 최초의 어색한 모방과 그 다음 독자적 모델의 개발이란 과정에서 이해할 필요가 있다. 아마 시공단위의 정의를 위한 문화요소의 분석에 집착하는 입장을 염두에 둔 말인 것 같은데 형식분류에 대한 인식론의 차이는 기술체계의 이전에 관한 인식에서 문제될 이유가 없다.

자연과학적 분석에 의한 산지 추정의 방법 및 절차에 대한 발표자의 견해를 보면 토기와 같은 유물은 기술적 변수 개입을 최소화하기 위해 미량(성분)원소 분석을 통해서 산지를 추정하는 것이 적절하고 그 결과를 다변량해석과 같은 통계기법으로 처리하는 것이 바람직하다는 생각을 가지고 있는 것 같다. 물론 토론자도 같은 생각을 가지고 있는 것이 사실이다(崔夢龍 外, 1988). 사실 토기는 가장 복잡한 체계를 가진 물질인 점토로 아주 복잡한(원료가공) 공정에 의해 만들어진 것이어서 우리가 알고 싶어하는 하나의 제작소를 그로부터 생산된 유물을 통해 화학적으로 특성화하기란 지난한 일이다. 따라서 가장 간단한 지구과학적 전제, 즉 제작소마다 원료 채취 장소가 다르고 그에 따라 미량성분의 함량분포도 다를 것이다 라는 원칙에 기초할 수밖에 없을지 모른다. 그러나 문제는 다변량해석인데 결국 많은 시료에 있어, 미량성분의 함량분포를 가지고 거기서 어떤 패턴을 찾는 방법은 그것밖엔 없을 것이다.

그러나 주지하다시피 다변량해석이 다차원의 데이터에서 어떤 구조를 찾아내는데는 능력이 탁월하지만, 결국은 패턴의 인지에 적합한 성분만이 선택되고 우리에게는 배제된 변수의 의미가 무시된 결론만 준다. 발표자가 말하고 있듯이 제작산지의 추정이 고고학자에 의해 해석되는 것이라면 절차 뒤에 숨어 있는 원료의 특성과 제작공정에서 개입된 변수에 대한 인식은 영영 불가능해진다. 결국 그래도 필요한 것은 어떤 지구화학적 전제를 세우기 위한 광물학적, 지질학적 조사들, 유물에 개입된 인간행위에 의한 함량분포의 변동 등을 추론키 위한 분석들, 즉 귀납적 추론의 원칙을 마련키 위한 노력과 전문가의 육성이 절대적으로 필요한 것이다.

마지막으로 언급하는 것은 "한국에서의 고고학 연구다"라는 측면에 대해 발표자는 어떤 생각을 가지고 있는지를 듣고 싶어하는 말이다. 만일 15년, 또는 20년 전에 이와 같은 논문이 제출되었을 경우와 현시점에서의 발표문은 의미가 많이 다르다. 그간 유물의 산지문제, 생산과 분배의 문제 등에 대한 꽤 많은 분석과 논의도 있었고 이론과 방법론적 검토도 있었으며, 그러면서 꽤 많은 문제의 제기도 있었다. 본 토론자는 이 발표문이 그간 우리 고고학에서 대외교류의 문제라든가, 토기나 철기의 생산과 분배의 문제에 대한 사례연구들을 검토하면서 이론적인 모델이나 방법론적인 문제를 토론했으면 어떨까 하는 아쉬움을 가지고 있다.

〈참고문헌〉

최몽룡·이철·강형태·이성주, 1989, 「고대유물 산지의 연구」, 『한국상고사』 (한국상고사학회 편), 서울: 민음사.
Hodder, I. 1982 Toward a Contextual Approach to Prehistoric Exchange, Ericson, J. E. and T. K. Earle(eds) Contexts for Prehistoric Exchange, New York: Academic Press.
McGuire R. H. and Paynter, R. 1991 The Archaeology of Inequality: Material Culture, Domination and Resistance, McGuire R. H. and R. Paynter(eds) The Archaeology of Inequality, Oxford: Blackwell.
Miller, D. and Tilley, C. 1984 Ideology, Power and Prehistory: An Introduction, Miller, D. and C. Tilley(eds) Ideology, Power and Prehistory, Cambridge: Cambridge University Press.

[답변]

사회 : 예. 지금 발표자께서 기존의 고고학계의 유통 문제를 해결하기 위한 첫걸음으로서 다른 두 지역에서 동일한 유형의 유물이 나왔을 때 형태상의 유사도만 가지고 비교하는 방법을 많이 이용해 왔는데, 거기에 대한 한계를 지적하고 계십니다. 하지만 그러한 기존의 방식도 나름대로 산지 추정이나 양 지역간의 유통관계나 교환관계를 이해하는 주요한 기여가 있을 수 있다는 반론이신데 거기에 대해서 말씀해 주시기 바랍니다.

김장석 : 이성주 선생님의 논문 중에 가야토기에 대해서 생산 공정을 추출해 내고, 제작 산지와 생산 공정상에 나타난 여러 가지 형태적, 기술적 요인을 통해 분배체계를 논하신 것이 있습니다. 그 논문을 제가 읽고 굉장히 감탄했습니다. 아, 이렇게 연구를 하면 되겠구나 하는…… 전 이 논문이 한국토기 연구에 있어서 하나의 지표를 제시한 연구라고 생각합니다. 그런데 제가 그 논문을 읽고 나서, 그리고 지금 이성주 선생님의 질문을 듣고 나서 드는 생각은 이성주 선생님이 어쩌면 굉장히 운이 좋은 분일지도 모른다는 겁니다. 그 이유는 가야토기는 굉장히 발굴 예가 많고 어느 정도의 편년과 같은 문제가 해결된 토기를 대상으로 하셨기 때문입니다. 이럴 경우에는 이성주 선생님의 접근이 가장 바람직하다고 생각합니다. 그런데 문제는 그렇지 않은 경우들도 있다는 것이죠. 가장 대표적인 예가 이른바 위세품이라고 하는 것들입니다. 위세품이라는 것은, 아까도 말씀드렸습니다만, 사회 내에 많이 존재할 수가 없습니다. 사회 내에 위세품이 많이 존재한다는 것은 이미 그것이 권력층 바깥으로 많이 새어 나갔다는 의미이고, 또 순수하게 경제적인 의미로 말한다면 사회 내에 어떤 물품이 많다는 것은 그 가격이 하락하는 것을 뜻하기 때문입니다. 그러면 위세품은 더 이상 위세품으로서의 기능을 상실하게 되죠. 따라서 위세품이라는 것은 사회 내에 적게만 존재하고 연구대상으로서 충분한 수량을 확보하기가 힘듭니다. 그렇게 되면 어떤 문제가

발생하느냐면, 여러 가지 생산공정이라든가 생산공정의 정형화를 파악하는 데 한계를 지닐 수밖에 없다는 것이죠. 이것이 적합한 예가 될 수 있을지 모르겠습니다만, 많은 연구결과 환두대도라든가 그런 것들이 중요한 정치적인 위세품이고 여기저기 분배되었다는 것을 알 수 있습니다. 그런데 환두대도가 과연 제작상의 정형화를 갖고 있는지 아닌지 판단하기에는 아직까지 발견양이 부족합니다. 어쩌면 더 많은 발굴조사가 진행된다 하더라도 수량이 충분히 늘어나지는 않을지도 모르겠습니다. 이럴 경우에 위세품이라는 것은 생산공정을 얘기할 수 있을 만큼 양이 많지 않기 때문에 그런 경우에는 이것이 어디에서 왔는가, 이것이 누구에 의해서 제작되었는가 하는 것을 확인하기 힘든 경우가 많다는 점입니다. 청동기 시대의 경우에도 각종 여러 가지 위세품이라고 생각되는 청동검이라든가 청동거울이 있습니다만 그런 것을 가지고 30점, 40점 정도 육안으로 분석할 수 있다 하더라도 어디에서 만들었는가 하는 제작공정을 파악하고 정형화를 파악하는 데는 아직까지 한계가 있다고 생각합니다. 그런 상황을 말씀드린 겁니다.

# 漢城期 百濟 土器에 대한 物理化學的 分析
## - 시론적 고찰 -

趙大衍* 피터 데이** 바실리스 킬리코글루***

## 머리말

한반도에서 한성기 백제는 정치사회의 근본적인 변화, 특히 중앙집권국가의 성립으로 특징지워진다. 이 시기의 일상생활에서 기술(technology)과 사회의 연속성과 변화를 연구하는데 있어서 토기는 중요한 역할을 한다. 토기는 그것의 분배, 형태학, 문양에 있어서 뿐만 아니라 제작방법, 산지, 그리고 소비와 사용의 정보에 있어서도 많은 정보를 제공해 준다. 토기의 산지와 제작기술을 조사하는 이번 연구 프로젝트에서는 이러한 후자의 특징들을 검토하고 있다.

한국 중서부지방은 한성기 백제의 중요 유적들이 자리잡고 있어서 당시 사회의 다양한 상호작용을 심도 깊게 연구하는데 좋은 기회를 제공해 주고 있다. 이 유적들은 다양한 규모의 주거유적, 분묘군, 그리고 점차 발견 횟수

---

\* 영국 세필드대학 고고학과 박사과정
\*\* 영국 세필드대학 고고학과 교수
\*\*\* 그리스 국립 자연과학 연구소 고고과학 분과 교수

가 늘고 있는 토기 생산유적들로 이루어져 있다. 이번 프로젝트는 이들 유적에서 출토된 토기들에 대한 분석을 통해 정치적 격변과 변화의 한성기 백제에 토기 생산과 유통을 조명하는 것을 목적으로 한다.

본 논문은 이번 프로젝트의 지금까지의 분석결과를 소개하는 것을 목적으로 하며, 특히 중성자방사화분석(NAA) 결과를 위주로 설명하고자 한다. 이를 통해 당시의 토기 생산, 유통, 그리고 소비의 제 측면을 명확하게 보여 주고, 본 연구방향의 잠재력을 기술하기 위한 몇 가지 예비적인 고찰을 할 것이다. 비록 분석이 아직 진행중이지만, 이들 결과는 앞서 언급한 고고학적 쟁점들에 대한 새로운 안목을 제시해 줄 것이며, 토기라는 물질문화에 관해 우리가 가지고 있는 몇몇 가정들에 대해 재검토할 것이다.

## I. 연구방법

이 프로젝트에서 이 시기의 많은 중요 유적들로부터 출토된 토기들에 대한 통합적인 분석을 시도하고 있다. 현재 풍납토성, 몽촌토성, 석촌동 고분군, 미사리, 용인 수지, 그리고 화성 당하리, 마하리 등의 출토유물들이 분석되고 있다. 형식학적, 시간적, 그리고 기술적 특징들을 기초로 하여 상당한 숫자의 토기 시료들이 이들 유적들로부터 선별되었다. 이들 자료들은 현재 다음과 같은 분석들을 종합적으로 이용해서 분석되고 있다.

\* 중성자방사화분석(NAA) - 이 방법은 화학성분에 따라 토기에 특성을 부여하고 분류하여 토기의 상사성과 상이성에 대한 정보를 제공하고 궁극적으로 그 산지에 대한 정보를 제공해 준다(다음과 같은 원소들을 측정한다 : Sm, Lu, U, Yb, As, Sb, Ca, Na, La, Ce, Th, Cr, Hf, Cs, Rb, Fe, Ta, Co, Eu-Hein 외, 2002).

* 광물학적분석(Thin section petrography) - 이 방법은 토기의 산지뿐만 아니라 토기제작에 있어서 원료흙의 선택과 조정(manipulation)에 대한 정보를 제공해 준다.

* 주사전자현미경분석(Scanning electron microscopy) - 이 방법은 토기의 표면처리와 소성분위기에 대한 정보를 제공해 준다.

이번 학술대회에서는 다음과 같은 기본적인 관심사항들을 명확히 규명하기 위해 중성자방사화분석과 광물학적 분석에 대한 예비적 고찰결과를 보고하겠다. 유적 내 유물군(assemblage)의 화학 성분의 유사성, 유적 내 토기 화학성분의 통시적 변이, 화학적 기준 그룹(chemical reference groups)의 확립, 토기의 분배, 그리고 위신재용토기와 실용토기의 패턴 비교.

## II. 분석 사례들

이번의 시론적 고찰에서 다음의 두가지 사례를 통해 중요한 고고학적 과제들을 다루겠다. 첫번째 사례는 서로 인접해 있는 화성 당하리, 마하리 유적이며, 두번째 사례는 풍납토성과 미사리 유적이다.

### 1. 사례 1

1) 화성 당하리, 마하리유적

화성 당하리, 마하리유적은 토기의 생산과 소비에 관한 양상들을 지역 단위에서 세밀하게 조사를 할 수 있는 혼치 않은 기회를 제공해 준다(도면 1). 이 시대는 이전 시대의 반지하식 토기가마(여기서는 pit firing structure를 의미)에 뒤이은 등요를 이용한 토기제작기술이 등장하지만, 화성 당하리 토기가마 유적은 기존의 반지하식 토기가마를 이용한 토기 생산이 지속되었다는 직접적인 증거를 보여주고 있다. 이 유적에서는 토기 생산을 위한 점토 채취용 구덩이, 저수지가 확인되었고, 이들 주변에 토기 제작을 위한 작업용 주거지와 여러 기의 토기가마들이 배치되어 있었다. 이 유적에서는 경질무문토기와 이보다 시기가 늦은 타날문토기가 출토되었다.

기원후 2세기 후반에서 3세기 전반으로 편년되는 토기유물상에 대한 형식학적 분석을 통해 이 유적은 3기로 구분되었는데, 기술적으로 타날문토기의 도입양상이 확인되어 토기의 분석적 연구에 중요한 기반을 제공해 주고 있다(화성 당하리1유적 발굴조사보고서 참조). 당하리 토기가마유적 주변에 분묘군과 주거지 등에 대한 새로운 조사도 이루어졌는데 이들은 당하리 토기가마의 동 시기의 위성유적(satellite site)으로 추정되고 있다. 토기의 형식학적 연구에 근거하여 당하리 토기가마유적에서 62점(DH 987-1030, DH 1766-1827), 당하리 주거지에서 21점(DH 1743-1765), 마하리 고분군에서 13점(MH 1845-1857), 마하리 주거지에서 12점(MH 1830-1844)을 선택하여 조사하였다. 토기 시료에 대한 선택은 연대와 형식분류 결과(경질무문토기, 무문양토기, 타날문토기)를 고려하여 이루어졌다.

### 2) 토기 생산유적으로서의 당하리유적

당하리유적에서 출토된 토기의 광물학적 분석 결과는 이 유적의 점유기간 동안 비록 토기 제작기술의 명확한 변화가 있으나, 원료흙에 대한 선택과 조정에 있어 지속성과 일관성이 있었음을 보여준다. 예를 들어, 이 유적의 1기와 2기의 토기들은 흑운모편암으로부터 유래된 토기 첨가제(aplastic inclusions)로 특징지워지는데, 3기의 토기에서 보이는 1, 2기 토기와의 미세조직(fabric)에서의 차이는 근본적으로는 고온 소성의 채용에서 기인한 것으로 파악된다.

토기의 화학적분석은 중성자방사화분석(NAA)을 통해 이루어졌다. 이 분석을 통한 통계처리에 있어서 비소(As), 안티몬(Sb), 그리고 테르븀(Tb) 등은 원소들의 높은 자연적 변이나 의미 없는 계수 통계 때문에 배제되었고, 원소들에서 보일 수 있는 기본적인 변이들을 적절히 보완하기 위해서 전체 데이터는 개별 원소들의 집중이 토륨(Thorium)에 대한 로그(log) 비율로 표시되었다(Buxeda, 1999). 그 결과로 만들어진 덴드로그램(dendrogram)은 매우 분명하고 흥미로운 형태를 보여주는데, 이것은 시간에 따른 토기 성분의 두드러진 연속성을 나타낸다. 도면 2에서 보이는 군집 A는 매우 중요하다. 이것은 당하리 토기 생산유적에서 토기의 화학성분이 매우 유사함을 보여주며, 이 유적에서 발굴된 토기유물군이 화학적으로 동일 집단에 속해있음을 나타내며, 당시 토기 생산유적으로서의 당하리유적의 역할을 강조해 주고 있다. 이 군집 내에서 시기에 따른 특별한 변이는 관찰되지 않지만, 3기에 오면 비교적 상당수의 토기가 이 군집에서 벗어나는 것으로 파악되었다.[1]

### 3) 당하리 토기가마유적과 위성유적들

예상과 달리 당하리 토기가마의 주변유적들로부터 선별된 토기들의 화학적 성분은 당하리 토기가마 출토토기의 성분에서 보이는 양상과 구별된다. 도면 2에서 마하리 주거유적의 토기샘플들이 단 하나의 예외 없이 모두 당하리 기준 그룹을 형성하는 군집 A에서 벗어나 있다. 또한 마하리 고분군의 경우 다섯개의 토기샘플들이(MH 1848, 1849, 1854, 1855, 1856)[2] 당하리 기준 그룹 내에 위치하고 있는데, 이는 이 토기들의 산지가 인접한 당하리 토기가마임을 강하게 시사해 준다. 하지만 그 밖의 다른 샘플들은 이 기준 그룹에서 벗어나 있다. 이 결과를 통해 볼 때, 마하리유적에서 단지 일부의 토기들만

---

1) 당하리 토기 생산유적에서 선별한 토기들의 분기는 다음과 같다.
   1기- (DH 989, 994, 996, 998, 1000, 1026, 1028, 1015, 1766-1794)
   2기- (DH 987, 991, 1007, 1010, 1021,1796-1812)
   3기 -(DH 1013, 1030, 1814-1827)
   여기에서 3기의 경우 특히 직구단경호(DH 1013)와 고배(DH 1030)가 선별되었는데, NAA 분석 결과 고배만이 외래 유입품으로 판명되었다.
2) 이것들의 기종은 심발, 구형호, 난형대호, 대옹 등으로 다양하다.

이 그 출처가 당하리 토기가마에 있음을 알 수 있는데, 두 유적 사이의 거리가 매우 인접함을 고려할 때 의외의 결과라고 할 수 있다.

당하리 주거유적의 경우 21개의 토기샘플들 중에 11 점만이 앞서 설명한 당하리 토기가마의 기준 군집에 들어가며,[3] 이러한 결과는 마하리 유적의 그것과 비교해 평가할 수 있다. 결국 당하리 토기가마에서 출토된 토기자료들을 통해서 매우 명확한 기준 군집을 설정할 수 있었다는 점은 이번 프로젝트에 있어서 대단한 성과라고 할 수 있지만, 이 가마유적이 유적 인근의 토기유통에 독점적인 산지의 역할을 하지는 않았던 것으로 파악되었다. 한성기 백제의 개별 지역단위에서 보이는 이러한 토기 유통의 양상은 우리가 예상했던 것보다 매우 복잡했던 것으로 보이며, 현 단계에서 지역단위의 토기산지 문제에 대해 더 이상의 예측이 힘들다고 생각한다. 또한 이것은 최근 화성군 일대에 동시기 유적들의 새로운 발굴들이 이루어져 풍부한 관련자료가 확보되고 있는 것과 관련해서도 앞으로의 연구방향에 매우 중요한 시사점을 제공해 준다.

## 2. 사례 2 : 풍납토성과 미사리유적

예비적 고찰의 또 다른 사례로서 필자들은 서울의 미사리와 풍납토성에 주목하였다. 미사리유적은 한성기 백제의 중요한 유적으로서 최근의 발굴결과 이 유적은 백제왕국 최초의 수도로 거론되는 풍납토성과 몽촌토성의 인근에 위치한 대규모의 주거유적으로 확인되었으며, 이들 유적들은 상호 긴밀히 연관되어 있는 것으로 추정되고 있다.

미사리유적은 크게 4개의 분기로 시기적으로 구분되는데, 경질무문토기가 나오는 원삼국시대는 3기에 해당되고, 타날문토기가 나오는 한성기 백제는 4기에 해당된다. 타날문토기가 처음 나오는 3기와 타날문토기가 주종을

---

[3] 이 유적의 조사대상 토기 중 심발형토기나 장란형토기는 단지 소량만이 당하리 토기 가마 유적에서 유래되었고, 반면 대옹 같은 대형기종은 상대적으로 높은 비율로 가마유적과 관련되고 있다.

이루고 경질무문토기가 급격히 사라지는 4기 사이에는 토기상의 근본적인 차이가 있다. 필자들은 이러한 기술적 변화의 모든 양상들을 규명하기 위해 시도하지만, 여기서는 우선 한성기 백제 문화층인 4기 타날문토기의 소비유형에 대한 시론적 결과만을 다루기로 하겠다.

일반적으로 이들 유적들에서 출토된 토기의 산지문제에 관한 논의들은 토기의 형식과 추론에 의거한 기능을 근거로 해서 이루어져 왔다. 타날문토기와 관련해서는 심발형토기, 장란형토기 등이 각 지역에서 생산되어 소비되었다고 일반적으로 추정되어 왔다. 반면에 직구단경호, 고배, 삼족기, 특히 흑색마연토기 등은 아무래도 위신재용토기(prestige pottery)로서 보다 원거리로 유통되었다고 여겨져 왔다. 이 시대에 양식적으로 덜 정교한 재지계 토기들은 모든 백제유적들에서 확인되지만, 위신재용토기들은 백제의 수도나 지역 중심지의 분묘나 성곽에서 집중적으로 확인되고 있다. 이러한 고고학적 맥락을 근거로 해서 위신재용토기들은 백제국가의 엘리트들에 의해 만들어지고 분배되었다고 전제되어 왔다. 만일 이러한 가정이 옳다면 우선 위신재용토기와 실용토기들은 각기 다른 지역에서 생산되었다고 예측할 수 있다. 이와 관련해서 백제토기의 물리화학적 분석은 이 두 그룹의 토기의 생산과 분배를 규명할 잠재력을 가지고 있다. 미사리유적으로부터 14점의 토기 샘플들이 위신재용토기로 간주되고(KUM 1-12, 20) 18점의 토기들은 실용토기로 간주되어 선정되었는데(KUM 13-32, 여기서 20, 24번은 제외) 각 기종에 따라 유물들이 엄선되었다.

필자들은 아직 이 유적에 대한 광물학적분석과 주사전자현미경분석(SEM)을 완료하지 않았지만, 이들 토기들에 대한 분석으로부터 얻은 화학적 자료에 대한 일차 평가는 매우 고무적이라고 판단하고 있다. 토기샘플들에 대한 화학적 분석을 통해 얻은 군집은 도면 3의 덴드로그램에 나타나 있다. 도면 2와 마찬가지로 전체 데이터는 개별 원소들의 집중이 토륨(Thorium)에 대한 로그(log) 비율로 표시되었고, 비소(As), 안티몬(Sb), 그리고 테르븀(Tb) 등은 역시 원소들의 높은 자연적 변이나 의미 없는 계수 통계 때문에 배제되었다.

　풍납토성(97PN 1865-1934)에서 출토된 경질무문토기와 타날문토기에 대한 일차 분석 결과 두개의 토기들은 매우 유사한 화학성분을 공유하고 있음이 확인되었다.[4] 한편 미사리의 타날문토기들은 풍납토성의 기준 군집에 단지 몇 샘플들만이 겹치고 있다(도면 3, 군집 A).[5] 미사리와 풍납토성 출토토기의 덴드로그램은 다른 흥미 있는 패턴을 보여주고 있다. 미사리에서 출토된 위신재용토기들이 모두 하나의 군집에 몰려있는 반면(도면 3, 군집 B), 동일한 유적의 단순한 실용토기들은 훨씬 복잡한 변이를 보여주고 있다. 덧붙여 실용토기들 중 4점은 위신재용토기를 포괄하는 군집에 속해 있다. 이러한 화학성분의 패턴은 현재의 분석이 완결되지 않았음에도 매우 뚜렷해 보인다. 이러한 양상들이 앞으로 전체적으로 드러나면 이를 통해 매우 많은 시사점을 얻을 수 있을 것이다.

　* 실용토기들은 예상했던 것보다 백제 영역 내에서 보다 자유롭게 유통되었던 것으로 보인다. 필자들은 다양한 생산 중심지들이 주변지역으로 토기들을 어떻게 유통시키는지에 대해서 이 분석을 통해 지속적으로 규명해 나갈 것이다.

　* 도면 3의 군집 B는 실용토기와 위신재용토기를 모두 포함하고 있으며 이것은 서로 다른 성격의 토기들이 동일한 산지에서 생산되었을 가능성을

---

4) 도면 3에 보이는 자료들은 풍납토성의 하층과 중층에 해당되는 것들이며, 97PN 1865-1889는 하층에서 97PN 1892-1934는 중층에서 출토된 것들이다. 이와 관련해서 이 글에서는 풍납토성 출토 토기에 대한 상세한 검토는 하지 않겠다. 광물학적 분석 및 SEM 등을 통한 경질무문토기와 타날문토기간의 상사성과 상이성에 대한 결론이 아직 내려지지 않았기 때문이다.
5) 본고에서는 풍납토성 출토 토기들에 대한 분석결과를 미사리 출토 토기들과 비교해서 평가하지 않는다. 이는 풍납토성의 상층 토기들과 미사리유적의 원삼국시대 토기들이 아직 분석이 완료되지 않아 도면 3에서 보이는 자료들을 직접 비교하기에 무리가 있기 때문이다.

시사한다. 물론 이러한 결론은 앞으로 엄밀히 검증되어야 할 것이지만, 이러한 제안은 육안관찰로는 전혀 다른 토기 형식들이 서로 관련된 일대기(biography)를 가졌음을 시사할 수 있다. 단적으로 우리는 흑색마연토기를 생산할 수 있었던 숙련된 토기 제작자들이 일상생활에 쓰이는 실용토기들 역시 제작하지 않았을까 하고 문제제기를 할 수 있을 것이다.

이들 두 가지의 개괄적인 고찰은 백제토기에 있어서 실용토기와 위신재용토기라는 막연한 통념에 근본적으로 도전하는 것이다.

## 맺음말

이번 발표에서 필자들은 두 가지 분석사례에 대한 예비적 고찰을 하였는데, 여기에는 한성기 백제 토기의 생산, 유통, 그리고 소비에 관련된 다양한 고고학적 과제들이 관련되어 있다. 우리의 연구 프로젝트가 아직 초기단계이기는 하지만 확실히 많은 긍정적인 성과들이 확인되었다. 첫째로 당하리 토기 생산유적에서 백제토기의 중성자방사화분석(NAA) 결과는 토기 생산유적에서 직접적이고도 고고학적으로 매우 의미 있는 뚜렷한 군집을 형성하였다. 현재 광물학적 분석결과를 통해 생산과 분배의 복잡한 양상이 어떻게 이루어지고 있는지에 대한 핵심적인 세부사항들이 검토되고 있다.

필자들은 여기에서 백제토기에 대해 암묵적으로 받아들여져 왔던 가정들, 성형기법에 대한 변화, 실용토기와 위신재용토기 사이에 대한 구분, 재지적인 생산과 분배에 대한 추정들이 이번 분석 프로젝트에서 전혀 다른 각도에서 조명될 수 있을 것으로 예측하고 있다. 당하리 토기가마에서 기준 군집의 설정, 당하리, 마하리유적의 토기 분배에 대한 평가, 미사리유적에서 타날문토기의 유통에 대한 재평가, 그리고 이들 유적들에서 다양한 형식의 토기들에 대한 비교검토 등은 이번 프로젝트의 결과가 매우 유망함을 예고해 준다.

필자들은 앞서 언급한 다른 한성기 백제의 중요유적들에 대한 분석을 확장해 나가고 있어서 이번 프로젝트의 결론을 조만간 완성하기를 기대한다.

# Physico-chemical analysis of Hanseong Paekche pottery in Korea: some preliminary results

Daeyoun Cho, Peter M. Day* and Vassilis Kilikoglou**

## 1. Introduction

The Hanseong Paekche period is characterised by substantial political and social change, notably with the appearance of centralized states in the Korean Peninsula. In investigating continuities and transformations in the everyday technologies and socialities of this period, ceramics have a major role to play. They have much to offer in terms of their distribution, morphology and decoration, but also in terms of the information they provide on their methods of production, their place of origin, their consumption and use. It is these latter characteristics that are addressed by a major research project investigating the provenance and technology of pottery during this period.

There exist several major sites located in the Mid-western part of Korea

---

* Department of Archaeology, University of Sheffield, Northgate House, West Street, S1 4ET, Sheffield, UK
** Laboratory of Archaeometry, Institute of Materials Science, NCSR 'Demokritos', Aghia Paraskevi, 15310 Attiki, Greece

that provide a rare opportunity for the detailed examination of various social interactions in this period. They comprise settlement sites of varying size, funerary sites and a growing number of pottery production locations. Through the analysis of their pottery, our analytical project aims to illuminate pottery manufacture and circulation at this time of political upheaval and change.

This paper aims to provide an introduction to some of the early results of the project, particularly those from chemical analysis by neutron activation (NAA). In it we will make some preliminary observations to illustrate the potential of this approach to clarify aspects of pottery production, circulation and consumption at this time. Even at this early stage, these may shed new light on such issues, whilst challenging some of our assumptions regarding this important class of material culture.

## 2. Methodology

The project takes an integrated approach to the analysis of pottery from a number of key sites of this period: at present including Pungnab Fortress, Mongchon Fortress, the Sokchondong tombs Misari, Suji, Danghari, and Mahari. Substantial numbers of samples have been chosen from these sites on the grounds of their typological, chronological and technological characteristics. They are being analysed by a combination of:

♦ **NAA**, which characterises and groups the ceramics according to their chemical composition and thus provides information on similarity/dissimilarity and ultimately on origin (measuring the following elements:

Sm, Lu, U, Yb, As, Sb, Ca, Na, La, Ce, Th, Cr, Hf, Cs, Rb, Fe, Ta, Co, and Eu - Hein *et al.* 2002).

◆ **Thin section petrography**, which provides information on the choice and manipulation of raw materials in ceramic manufacture, as well as on the origin of the pottery.

◆ **Scanning electron microscopy (SEM)**, which provides information on the technology of surface finishes and firing conditions.

In this short contribution we report preliminary results from NAA and petrographic analysis to clarify a number of basic subjects of interest: the compositional homogeneity of site assemblages, intra-site diachronic variability, the creation of chemical reference groups, the distribution of pottery and an example of comparison between the patterns of prestige and utilitarian pottery.

## 3. Analytical examples

In this preliminary account, examples of these key archaeological questions are given through consideration of two case studies: firstly that of the neighbouring sites of Danghari and Mahari and secondly an account of the first analysis from Pungnab Fortress and Misari.

### Case One: Danghari and Mahari

The sites of Danghari and Mahari provide a rare opportunity for the detailed examination of the aspects of pottery production and consumption at the local level (Figure 1). While this is the period that witnessed the emergence of cross-draft kiln technology following on from the use of pit firing technology, the site of Danghari yields direct evidence of continued pottery production using pit firing structures. There are clay procurement pits and a water reservoir to supply water for pottery production, whilst a pottery workshop building and several firing structures lay next to these features. All these are associated with the *Kyongjilmumun* pottery (plain hard pottery) and the later *Tanalmun* pottery (paddled pottery).

In an assemblage dated to the late second and early third century AD, three phases have been recorded which chronicle the introduction of the new type of paddled pottery, providing the basis for an important analytical examination of the pottery (Yi et al, 2000). Recently, there have also been new excavations on the settlement and funerary sites (Mahari) around Danghari, which are assumed to be contemporary satellite sites of the Danghari firing structures. Based on typological consideration, 62 samples from the Dangahri kiln site (DH987-1030, DH 1766- 1827), 21 samples from the Dangahri settlement site (DH 1743-DH 1765), 13 samples from the Mahari funerary site (MH 1845- MH 1857), and 12 samples from the Mahari settlement site (MH 1830- MH 1844) were collected and analysed. Representative samples were chosen considering phasing and stylistic variation (plain hard pottery, plain soft pottery, and paddled pottery).

## *Danghari as a pottery production site over time*

Petrographic analysis of pottery from Danghari shows that, although there are some clear changes in ceramic technology over the lifetime of the site, there existed a continuity and consistency in the selections and manipulation of raw materials. For example, the local fabric of the first two phases is characterized by frequent aplastic inclusions derived from biotite schist. The differences in the fabrics of the third phase of the site probably can be attributed to the substantially higher firing temperatures employed.

Chemical analysis of the same pottery was carried out by NAA. In statistical treatment of the NAA data, the elements As, Sb, and Tb were excluded because of their high natural variability or poor counting statistics, while the whole data set was expressed as log-ratios of each individual elemental concentration over Th in order to compensate for possible induced variability(i.e. alterations) in material (Buxeda 1999). The resultant dendrogram shows a very clear and encouraging picture, that of a marked consistency in the composition of pottery over time. The existence of one main cluster, illustrated here in Figure 2, Cluster A is important. It shows the composition of the ceramics of the Danghari kiln site to be very homogenous, representing the close grouping of a consistent production assemblage, further stressing Danghari's role as a site of pottery production. No clear chronological patterning was observed within the cluster, and it appears that in the final phase of the site, the majority of the pottery sampled falls outside the main group.

### Danghari and its satellite sites

Perhaps surprisingly, the chemical composition of some pottery from the satellite sites of Danghari stands in contrast to the signature we have establish for the pottery produced at Danghari. Figure 2 shows that many of the samples from the Mahari *settlement* site fall outside the main cluster which forms our Danghari reference group. In addition, while 5 samples (MH 1848, 1849, 1854,1855, 1856) from the Mahari *funerary* site are included in the Danghari reference group, perhaps indicating their origin in the nearby production site, the rest of the samples from that site fall outside the main cluster. From this result, we can see that only some of the ceramics from the Mahari site have their origin at the Danghari production site, something which might surprise us given the close proximity of the two sites.

In the case of the Danghari *settlement* site (Danghari 1743-1765), 11 of 21 samples are associated with the Danghari reference group, a result that is similar to that of the Mahari funerary site. Consequently, while it is very encouraging for the project that we are able to construct such a firm reference group from the Danghari production site, it appears that the kiln site did not act as an exclusive source of pottery circulating in sites of the area. The pattern of ceramic circulation seem to have been more complicated than we expected at the local level, demonstrating the difficulty of making assumptions concerning pottery provenance at this time. This is an important observation, especially with new contemporary excavations in Hwasung Kun continuing to produce rich, related material.

### Case Two: Pungnab Fortress and Misari

As an additional example of these preliminary results, we turn to the area of Seoul, and specifically the sites of Misari and Pungnab Fortress. Misari is a most important site, consisting of an extensive, stratified ceramic assemblage of the Hanseong Paekche period. Recent excavations suggest that it was one of a number of large-scale settlement sites situated around Pungnab Fortress, the first capital of the Paekche Kingdom, and therefore these two sites are assumed to have been closely related.

The Misari site can be divided into five phases; *Kyongjilmumun* pottery is the representative pottery of Phase 3, and *Tanalmun* pottery of Phase 4. There is a marked difference between Phase 3, when *Tanalmun* pottery first appears, and Phase 4, where it becomes dominant, with

*Kyongjilmumun* pottery rapidly decreasing in number. Our project is investigating all technological aspects of these changes, but here we deal simply with preliminary results on the consumption patterns of the *Tanalmun* pottery of Phase 4.

In general, assumptions over the provenance of pottery at these sites have been made on the grounds of pottery type and inferred function. It has been generally accepted that of the *Tanalmun* pottery, beakers and egg-shaped pottery were manufactured and consumed locally. On the other hand, straight mouth pottery, tripods, and black burnished pottery are regarded as examples of prestige pottery, that are thought to have circulated over longer distances. While stylistically less sophisticated local ceramics appear in every site at that period, prestige pottery is usually found in either the Paekche centres or in the burials and fortresses of local leaders. On the basis of this archaeological context, it has been suggested previously that prestige pottery was made and distributed by the elites of the Paekche state. If this were the case, then we might expect prestige and utilitarian pottery to be produced in different locations. Thus, physico-chemical analysis would seem to hold the potential to illuminate the production and distribution of these two groups of ceramics. From Misari, a total of 14 samples (KUM 1- KUM 12, 20, 24) were selected from the prestige pottery, and 18 samples from the utilitarian pottery, taking into account stylistic variation.

We have yet to complete the petrographic and SEM analyses of these sites, but a first assessment of chemical data arising from the analysis of their pottery is of interest. The grouping that resulted from the chemical analysis of the samples is presented in the dendrogram in Figure 3. The whole data set was expressed as log-ratios of each individual elemental concentration over Th, whilst the elements As, Sb, Tb were excluded again because of high natural variability or poor counting statistics.

The first observation is that *Kyongjilmumun* and *Tanalmun* pottery from Pungnab Fortress have the same chemical composition, whilst the later pottery from neighbouring Misari has only a few examples that overlap with the Pungnab main cluster (Fig. 3, Cluster A). The dendrogram of pottery compositions from the Misari and Pungnab sites shows further interesting patterns. The simple, utilitarian pottery from Misari shows markedly more compositional variation than does the prestige pottery from the same site, which all groups in one clear cluster (Fig. 3, Cluster B). In addition, four samples of utilitarian pottery are members of the closely clustered group that contains the prestige pottery. These compositional patterns seem to be very clear at this early stage in our work. If they are confirmed, they seem to suggest a number of points of interest:

◆ Utilitarian pottery seems to have circulated more freely in the Paekche Kingdom than we had assumed. Our project will continue to identify what appear to be a number of different production centres distributing pottery over a distance.

◆ The fact that Cluster B in Figure 3 contains pottery of both 'utilitarian' and 'prestige' nature indicates that these supposedly very separate classes of pottery may even have been produced in the same locations. While such a conclusions requires confirmation by thin section petrography, it offers a potential insight into the inter-linked biographies of supeficially very different pottery types. Did the skilled potters who produced the black burnished pottery also manufacture a series of everyday utilitarian vessels?

Both these broad observations challenge the assumed picture of a local utilitarian and imported prestige pottery dichotomy in the Paekche sites.

## 4. Comment

In this short paper, we have offered preliminary comment on two case studies, involving a variety of archaeological questions concerning the production, circulation and consumption of Hanseong Paekche pottery. While our research programme is at an early stage, there clearly exist many positive signs. Firstly, chemical analysis by NAA of Paekche pottery seems to produce clear patterns of grouping which are both straightforward and archaeologically meaningful. At present, analysis by petrographic thin section is adding significant detail to what is emerging as a complex picture of production and distribution.

We suggest here that long accepted categories of pottery, reflecting changes in forming techniques, a hypothesized split between utilitarian and prestige pottery, and an assumed simplicity of localized production and distribution of the simplest pottery categories, can all be seen in a different light within this analytical project. The formation of a reference group at Danghari, the re-assessment of the distribution of pottery in Danghari, the reconsideration of *Tanalmun* pottery from Misari site, and the comparative study of different functional pottery types at these important sites all bode well for the future of this integrated analytical project. In extending our work to the other sites mentioned earlier, we hope soon to be able to supplement these first conclusions.

# References

Buxeda i Garrig s, J. 1999. Alteration and Contamination of Archaeological Ceramics: The Perturbation Problem, *Journal of Archaeological Science*, 26: 3, 295-313.

Hein, A., Tsolakidou, A., Iliopoulos, I., Mommsen, H., Buxeda i Garrigos, J., Montana, G. and Kilikoglou, V. 2002. Standardisation of elemental analytical techniques applied to provenance studies of archaeological ceramics: an inter laboratory calibration study. *The Analyst* 127, 542-553.

Yi, S. B and Kim, S. N. 2000. *The Excavation Report of the Danghari 1 site*. Seoul National University Museum Press: Seoul. (In Korean)

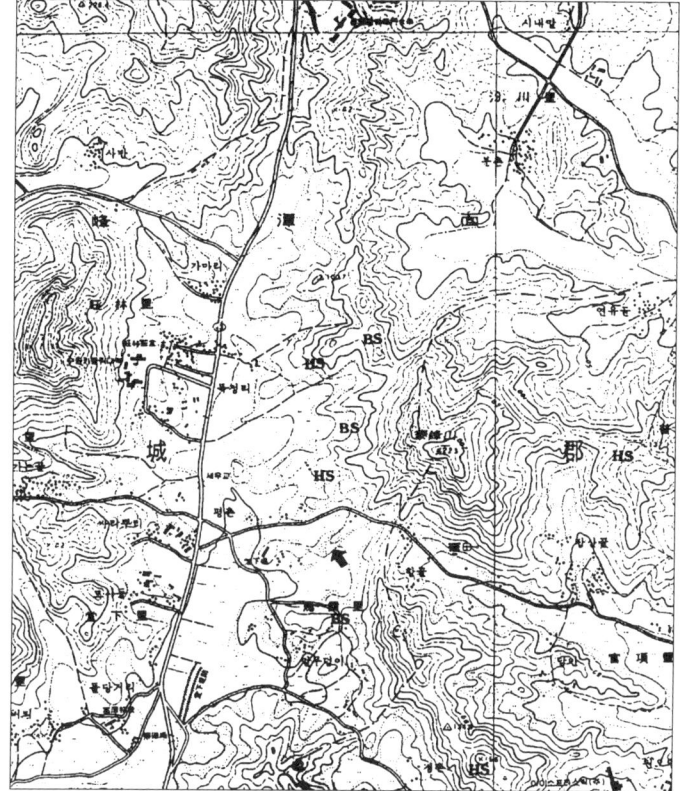

Figure 1: Map of Danghari and Mahari area
: Pit firing structures
● : Mahari settlement and funerary sites
■ : Dangahri settement site

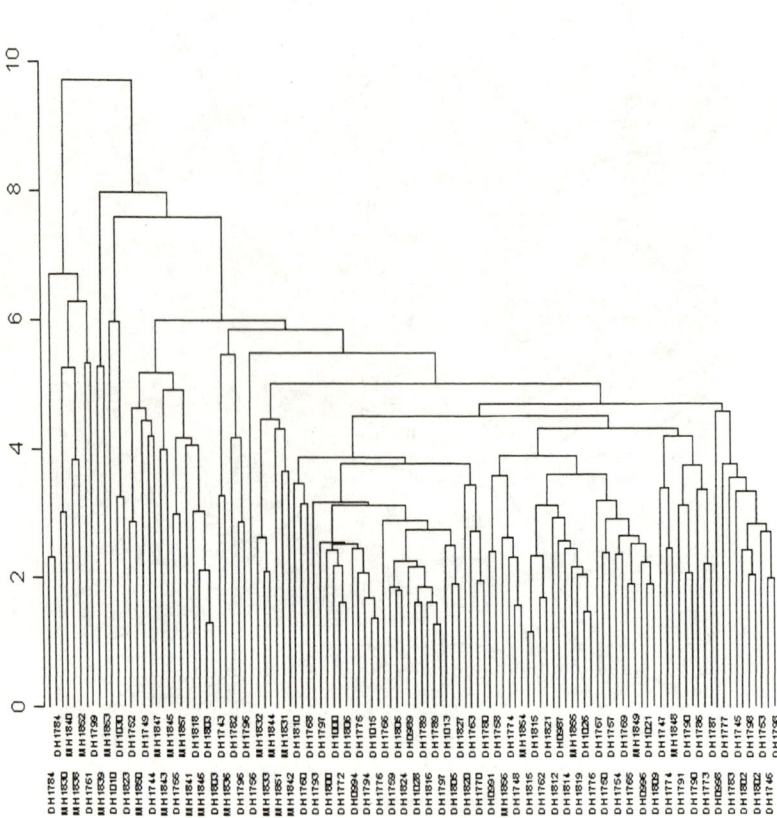

Figure 2: Dendrogram resulting from hierarchical aggregative cluster analysis of pottery compositions from Danghari and Mahari.

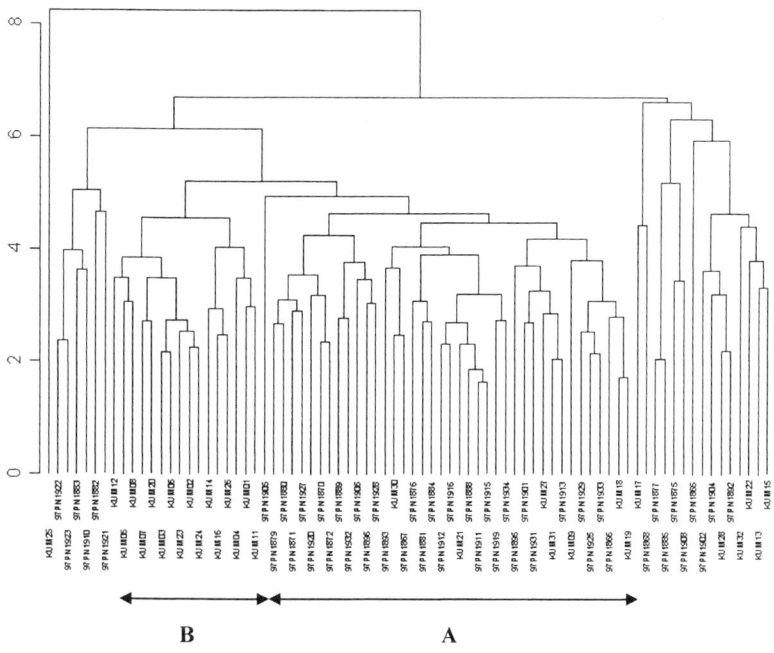

Figure 3: Dendrogram resulting from hierarchical aggregative cluster analysis of pottery compositions from Pungnab Fortress and Misari.

〔토론문〕

# 漢城期 百濟 土器에 대한 物理化學的 分析 -시론적 고찰-

崔 鍾 澤*

　　주지하듯 80년대 이후 최근에 이르기까지 한성기 백제에 대한 고고학적 연구 성과는 괄목할만하다. 그 결과 백제 국가의 형성과 발전과정에 대한 이론적 틀이 어느 정도 갖추어졌다고 할 수 있으나, 세부적으로는 검증되어야 할 부분이 많이 남아 있는 것 또한 사실이다. 특히 이번 학술대회의 주제인 '한성기 백제의 물류시스템과 대외교섭'에 대한 연구는 다루어야 할 범위가 광범위한데다 연구방법론상의 어려움 등으로 인하여 그동안 연구가 부진했던 분야의 하나이다. 본 연구는 한성기 백제의 중앙과 지방간의 물류양상을 토기의 분석을 통해 시도하고 있는데, 이번 학술대회의 가장 기초적이고도 중요한 주제라고 생각된다. 발표자들이 밝히고 있듯 이번 연구는 향후 이루어질 연구의 일부분이며, 시론적이고, 예비적인 고찰이지만 기존 견해와는 다른 새로운 분석결과들이 제시되는 등 중요한 시사점이 제기된 것으로 생각된다.

　　발표자들은 한성기 백제 토기의 생산과 유통 및 소비양상을 밝히기 위해 풍납토성을 위시한 몇몇 유적에서 출토된 토기에 대한 분석을 실시하였다. 주로 중성자방사화분석(NAA) 결과를 통해 각 유적별 출토 토기의 상사성과 상이성을 검출하고, 이를 통해 토기의 생산과 유통 및 소비 양상에 대해 고

---
* 고려대학교 고고미술사학과 교수

찰하고 있는데, 구체적으로는 유적 내 유물군의 화학 성분의 유사성, 유적 내 토기 화학성분의 통시적 변이, 화학적 기준 그룹의 확립, 토기의 분배, 그리고 위신재용토기와 실용토기의 패턴간의 비교 등을 밝히는 것을 목표로 제시하고 있다. 발표자들의 견해에 특별히 이견이 있는 것은 아니나, 논지 전개에 따라 몇 가지 질문과 토론자의 생각을 덧붙임으로서 토론을 진행하고자 한다.

우선 연구방법론에 대한 것인데, 본 연구에서는 중성자방사화분석을 통하여 토기의 태토에 포함된 여러 원소들 중 미량원소의 함량을 추출하여 그 상사성과 상이성을 통하여 토기의 산지를 추정하고 있다. 그런데 분석결과 제시된 미량원소 함량의 차이는 엄밀하게는 원료점토의 상이성을 말해주는 것이며, 이를 산지의 차이로 귀결시켜 해석할 수 있는지 의문이 든다. 비록 한성기 백제의 토기 제작기술이 상당 수준 전문화되었다고 하더라도 동일 산지의 서로 다른 지점에서의 원료 점토를 채취하여 미량원소의 차이가 발생하였을 경우 등을 밝혀낼 수 있는지는 의문이다.

두 번째는 당하리 토기가마와 주변의 위성유적의 토기 분석결과에 대한 것으로 분석에 사용된 시료는 당하리 토기가마와 주거지, 마하리 고분과 주거지 등 네 부류의 서로 다른 성격과 지점에서 출토된 토기를 대상으로 하고 있으며, 분석결과는 〈도면 2〉에 집약되어 있다.

분석결과 당하리 토기가마에서 출토된 토기들은 하나의 군집을 이루고 있으나, 마하리 주거지 출토 토기 모두와 마하리 고분 출토 토기 13점 중 8점은 당하리 토기가마 기준군집에서 벗어나 있으며, 발표자들은 이를 당시 토기의 생산과 소비 양상이 매우 복잡했기 때문인 것으로 해석하고 있다. 제시된 자료에 분석된 시료의 기종에 관한 자료가 자세지는 않지만 이러한 결과가 부장용과 생활용토기 등 기능상의 차이에 따라 서로 다른 원료점토를 사용한 것에서 기인했을 가능성은 없는지에 대한 견해를 듣고자 한다.

세 번째는 풍납토성과 미사리유적의 토기 분석에 대한 것으로 미사리유적의 타날문토기가 풍납토성 출토 토기의 기준군집에서 벗어나 있으나, 미사리 유적의 이른바 위신재용토기는 별도의 군집을 이루고 분포하고 있다. 이러한 결과는 '위신재용토기와 실용토기라는 막연한 통념적 구분은 재고되어야 한다'는 발표자들의 주장과는 다소 배치되는 것으로 판단되는 바 이에 대한 의견을 듣고자 한다. 또한 실용토기와 위신재용토기가 겹치는 현상은 중심지역에 있어서 원료점토의 일부 공유 때문은 아닐까?

  마지막으로 발표자들이 제시한 두 건의 분석사례를 통해 볼 때 각 유적별 토기의 화학성분에 대한 기준 군집이 설정되는 등의 결과를 얻어냈으나, 또한 당연히 그러할 것으로 예상했던 몇몇 가정들이 빗나가고 있다. 이러한 현상은 발표자들이 제시한 것처럼 실제 당시의 토기 생산과 유통 및 소비 양상이 매우 복잡한데 기인한 것일 수도 있으나, 오히려 관찰이 너무 미시적인 부분에 집중된 탓은 아닌가 생각된다. 혹, 풍납토성과 미사리, 당하리, 마하리 유적 출토 토기를 모두 대상으로 하여 군집분석을 실시해 본 예가 있는지, 또는 분석했을때 예상되는 결과에 대한 발표자들의 의견을 듣고자 한다.

[답변]

사회 : 크게 네 가지 질문인 것 같습니다. 첫 번째는 중성자방사화학분석 방법론의 문제점을 말씀해 주셨는데, 미량 원소의 차이라는 것이 꼭 산지 추정을 확실하게 말해주는 것이 아닐 수도 있다는 지적이십니다. 그래서 이것은 꼭 그 산지의 차이가 아니라 동일 산지라도 원료가 되는 태토를 어디에서 채취했는가 하는 원료 점토 채취지의 차이를 말해 주는 것이기 때문에 충분히 다른 해석이 가능하다는 질문이고요.

두 번째는 마하리나 당하리의 경우에 있어서 그렇게 인접해 있는 지역에서 다른 산지의 가마 출토품이 나왔을 경우에 그것은 당시 공급이나 소비 양상이 복잡했기 때문이라고 이해를 하시는데 그 내용이 무엇이냐는 말씀이시고, 특히 당하리 같은 경우에는 거기에 가마가 있는데도 불구하고 다른 지역에서 생산된 것으로 생각되는 토기가 나오고 있는데 그것은 좀 이해하기가 곤란하다. 그것도 역시 그곳에서 생산됐다 하더라도 원료를 다른 지역에서 채취해 온다면 나타날 수 있는 현상이지 않느냐는 질문입니다.

그리고 마지막으로는 실용토기와 위신재용토기를 구분하는 문제에 대해서 발표자의 견해를 물어 보셨습니다. 간략하게 답변해 주시기 바랍니다.

조대연 : 첫 번째는 제가 생각하기에 아주 중요한 질문이라고 생각되고, 고고학에서 어떤 자연과학적인 분석을 하던간에 항상 연구자들이 겪게 되는 난점이 아닌가 생각됩니다. 미량 원소 분석에 있어서도 과연 이 내용이, 분석결과가 얼마나 신뢰성이 있는지 하는 문제가 있습니다. 크게 보아서 네 가지 정도의 문제가 있습니다.

미량 원소분석을 이용한 산지 추정에 있어서 어떤 문제가 있느냐면 첫째는 원료를 선택하는데 한 개가 아니라 혹은 몇 개의 서로 다른 원료를 산지로부터 가져오는 방식이 있을 수 있습니다. 또 하나는 토기 제작자들에 의해서 의도적으로 점토의 성형과정에서 조작을 하는 것입니다. 그것도 역시 충분히 가능하고요. 세 번째는 소성과정에서 성분이 변할 수도 있습니다. 네 번째는 생산과 소비, 그리고 폐기, 후퇴적 과정, 심지어는 발굴 이후에까지 오염이나 성분이 변화할 수 있는 문제가 있습니다. 따라서 최근의 연구 경향은 이런 약점들을, 이런 성분 변화의 문제점을 보완하기 위해서 NAA면 NAA 자체의 분석을 하는데 있어서 어떻게 자료를 소트아웃하느냐? 변형해서 응용하느냐와 관계되어서 많은 논의가 있고요. 또 하나는 현재 추세는 각기 다른 장점을 지닌 두 세 가지 이상의 자연과학적 분석을 병행해서 이런 난점들을 보완해 나가고 있습니다.

그리고 아까 제가 설명했듯이 본 프로젝트에 있어서도 단순히 NAA 뿐만 아니라 다른 여타의 방법들을 이용해서 난점을 해결해 나가려고 시도하고 있습니다. 케이스 스터디가 두 가지가 있는데, 그 중의 하나가 우선 풍납동 미사리의 경우에는 우선 제가 NAA 결과만을 말씀 드렸기 때문에 거기에 대해서는 다른 내용을 말씀드릴 것이 없습니다만, 화성 유적에 대해서는 몇 가지 설명을 드리자면 우선 지질학적인 연구성과 (녹취 불가) 지금 우리나라의 5만분의 1 지질도는 남한 전역이 나와 있습니다. 여기에서 알 수 있듯이 당하리 유적이 흑운무편암 지대에 위치하고 있음을 너무나 쉽게 알 수 있습니다. 두 번째는 우리가 직접 보듯이 광물학적인 분석 결과가 이런 흑운무편암을 주로 첨가제로 사용했다는 것을 알 수 있었습니다. 이것이 지질학적 내용과 일치하는 것이죠. 따라서 주변에서 이런 첨가제를 사용했다는 것을 알 수 있습니다. 또 하나는 사실은 저희가 현지에서 수습한 바탕으로 추정되는 토양 샘플, 역시 첨가제로 추정되는 석영제 석재, 그리고 소성시 나온 소토 등을 광물학적분석을 했는데 이것 역시 당연히 부합하고 있습니다. 이런 광물학적 분석 결과와 화학적인 성분분석 결과, 특히 기준 그룹의 확립, 이것이 완벽하게 상호 부합되므로 우리는 산지와 관련된 (녹취 불가)를 매우 확고한 기반 하에서 논의할 수 있었습니다. 이런 모든 작업들은 당하리유적이 토기 생산유적으로서 기능했기 때문에 우리가 매우 쉽게 얻을 수 있었던 소득입니다. 게다가 한국 고고학 뿐만 아니라 많은 경우 우리는 굉장히 규모가 큰 소비유적을 대상으로 해서 출토유물들의 산지를 추정하고 기준 그룹을 확립하는 시도를 많이 합니다. 하지만 대개 이런 경우 연구가 아무리 많이 이루어지더라도 근본적인 제약이 있을 수밖에 없는 것이 토기 생산과 유통에 다층적인 복합적인 자료 안에 깃들어 있기 때문에 이것을 풀기 위해서는 상당히 많은 애로가 있습니다. 그렇기 때문에 본 프로젝트에서도 굳이 지역 단위, 특히 생산지역에 결부된 연구를 하는 것이 이런 난점을 효과적으로 극복하기 위한 것임을 말씀 드립니다.

두 번째는 화성유적에 있어서 화학적 성분 분석 결과는 아까 말씀드린 대로 기종 간에 서로 다른 원료 점토를 사용하지 않은 것으로 판단이 됩니다. 그런데 이것은 사실 광물학적 분석 결과를 통해서도 역시 마찬가지로 확인이 되었습니다. 아까는 제가 단순히 사진 몇 장만 보여 드렸지만 대개는 흑운무편암 계통으로 거의 따로 다른 방식으로 분류할 수 없을 정도이고, 물론 화학적 성분 분석에 비해서는 다소 세분되는 경향이 있습니다. 하지만 개괄적으로 말하면 기종 간의 광물학적 조성에서 근본적인 차이는 없다고 분명히 말씀드릴 수 있습니다. 물론 이와 관련해서 편광 현미경으로 알 수 없는 광물이 있습니다. 이런 것들은 SR적인 추가적인 분석을 통해서 따로 검토할 예정입니다.

그 다음에 세 번째는 풍납토성과 미사리유적의 토기분석에 대한 내용인데요. 이것은 좋은 지적인데 현상에 대한 강조점의 차이로 저는 받아들이고 있습니다. 도면3 덴드로 그림에서 저희들은 위신재용토기의 집중보다는 실용토기의 분산에 보다 주목하였습니다. 특히 실용토기의 일부와 위신재용토기가 한데 몰려 있다는 점에 주목하고, 이것이 실용토기가 일반적으로 재지에서 생산되었다는 통념에 반한 것으로 판단하였고, 또한 다수의 소스를 가진 실용토기라는 내용이 매우 주목할 만한 상황이라고 판단을 했기 때문에 부득이 이렇게 다른 측면에서 맞춰야 하지 않았느냐 하는 생각이 들고요.

그 다음에 마지막은 여기에서 말씀드릴 수도 있겠지만 종합토론에 가서 말씀드리겠습니다.

# 漢城期 百濟의 對外交涉
- 3~5세기를 중심으로 -

林起煥*

## 머리말

　백제의 국가 발전 과정에서 대외교섭이 갖는 의미를 검토한 연구들이 적지 않다. 다만 기왕의 연구들은 대개 일정 시기의 대외관계 양상을 검토하는데 한정하거나, 고고자료에 주목하여 물질 문화의 교섭 양상을 파악하는데 주안점을 두고 있다.[1] 따라서 한성기 백제의 대외교섭의 전체상을 체계적으로 이해하는 데에는 부족한 감이 없지는 않다. 이에 이 글에서는 한성기 백제 국가의 성장·발전 과정의 배경으로서 당대의 국제질서를 살펴보면서, 백제가 추진한 대외교섭의 변천 과정을 시론적인 수준에서 검토하고자 한다.
　이 글에서 다루고자하는 3~5세기 한성기 백제 대외교섭의 양상을, 국제환경의 변화와 이에 따른 백제의 대외전략의 관점에서 보면, 대략 다음 3시기로 나누어 볼 수 있겠다.

---

* 고구려연구재단 연구위원
1) 백제와 중국간의 대외교섭의 양상을 물질 자료를 중심으로 개관하여 검토한 성과로는 권오영, 2003, 「백제의 對中交涉의 진전과 문화 변동」, 『강좌 한국고대사』 4.

제 1기는 중국에서 西晉이 몰락하고 東晉으로 남천하는 급변이 이루어지고, 한반도에서는 낙랑군·대방군이 소멸하는 4세기 초까지로서, 교섭의 내용으로 볼 때 魏·西晉 및 낙랑·대방군과의 교섭이 중심을 이루는 시기이다. 제 2기는 4세기 중반 근초고왕대를 전기로 대외교섭의 양상이 다변화되는 시기로서, 대략 5세기 초반까지 이어진다. 이 시기 대외교섭의 내용을 보면, 고구려·신라와는 적대적 관계가 지속되고, 또 가야·왜와는 우호·동맹적 관계가 기본 축을 이룬다. 제 3기는 백제가 고구려에 패퇴하여 웅진으로 남천하는 시기까지로서, 2기의 양대 동맹축을 중심으로 전개되는 국제질서가 깨지고, 5세기 전반에 백제와 신라와의 동맹, 일본국의 성장 및 宋과의 교섭, 가야지역을 둘러싼 백제·신라·왜의 경쟁 등이 전개된다.

## Ⅰ. 3세기의 대외교섭

백제의 국가 발전을 반영하는 중요한 사건으로 246년의 대방군 崎離營 전투 사건을 그동안 주목해 왔다. 즉 기리영 전투의 주체를 백제로 본 견해는, 이 사건을 목지국을 대신하여 백제가 마한의 맹주국으로 성장한 결과로 이해하였다(金壽泰, 1998). 그런데 근래에 이 기리영 전투의 주체를 臣濆沽國으로 보는 새로운 견해가 제시되었으며(尹龍九, 1999), 필자 역시 이 견해에 따른다. 필자는 이미 다른 논문에서 기리영 전투의 원인이 된 한반도 동남부에 위치한 辰韓 8국을 낙랑군으로 관할을 옮기려는 魏의 시도는, 곧 낙랑군 신라로 이어지는 내륙교역망의 부활로 볼 수 있으며, 이렇게 교역로를 변경하려고 하는 魏의 정책에 대해 그때까지 진한과 중국 군현과의 교역을 중계하는 위치에 있었던 臣濆沽國이 반발한 것이 기리영 전투였다고 살펴본 바 있다(임기환, 2000).

그런데 당시 한강 유역에서 유력한 정치세력으로 떠오르던 백제 역시 이 사건과 무관할 수는 없었을 것이다. 즉 臣濆沽國의 대방군 기리영 공격에 직접 가담하지는 않았다고 하더라도, 당시에 백제도 역시 중국 군현에 대해 공세적 입장을 취하고 있었다.[2] 246년 당시는 魏의 유주자사 관구검이 군사적인 압박을 통해 고구려를 비롯하여 동방의 여러 국가 및 종족에 대해 강력한 통제력을 발휘하고자 기도하고 있던 때이다. 이러한 魏의 통제력 강화 정책 자체가 한강 유역에서 영도적 지위를 차지하고 있던 백제에도 적지 않은 부담을 주었을 터이기 때문에, 어떠한 형태로든지 백제 역시 낙랑군 등에 대해 대립적 입장을 취하였을 것으로 추정된다.

그런데 기리영 공격의 결과 臣濆沽國이 멸망한 상황은 오히려 백제의 성장에 전기가 된 듯하다. 『三國志』 마한전에 臣濆沽國과 伯濟國이 나란히 기록되어 있어, 양국의 지리적 위치가 근접해 있음을 짐작할 수 있다. 臣濆沽國이 대방군에 대해 군사적 공격을 감행할 정도이면 그 세력 역시 그리 작지는 않았을 것이며, 어쩌면 백제와 경쟁할 정도였을지도 모르겠다. 어쨌든 臣濆沽國이라는 주변의 강력한 정치세력이 소멸되는 결과를 빚어내게 되자, 오히려 백제에게는 이 사건이 대외적 성장의 계기가 되었을 가능성이 높다. 이 사건이 일어난 고이왕대 이후 백제가 마한의 맹주로 성장한 것이 이를 방증한다.

한편 246년 이후 魏와 三韓과의 관계를 보여주는 자료는 한동안 공백으로 남아 있으며, 261년의 조공 기사가 유일하다.[3] 물론 이러한 조공 기록의 공백이 반드시 魏와 三韓, 또는 백제와의 교섭이 단절되었음을 뜻하는 것은 아니리라. 하지만 이 무렵 한반도 중부 지역에서 영도세력으로 정치적 성장을 이룬 백제와 중국 군현과의 관계가 그 이전의 관계를 그대로 유지하였다고 볼 수는 없을 것이다. 즉 이러한 기록의 공백은 양자의 대외관계가 상당히 달라졌음을 추정케 한다.

삼한 또는 백제와 중국과의 교섭은 西晉대에 들어 새로운 양상으로 변화

---

2) 『삼국사기』 백제본기 고이왕 13년조.
3) 『三國志』 권4, 魏書 陳留王奐紀.

하였다. 서진은 274년(276년)에 幽州를 분할하여 平州를 설치함과 함께 東夷校尉를 두어 동방 정책을 담당케 하였다. 그러나 그 후에도 처음에는 여전히 幽州를 중심으로 낙랑·대방·현도의 변군이 교섭의 기능을 담당하고 있다가, 285년 경부터야 본격적으로 동이교위가 동방의 제국가를 직접 통괄하는 체계로 바뀌게 되었다. 당시 서진과 삼한이 맺고 있는 교섭의 양상을 『晉書』에서 살펴보면 다음 〈표 1 : 馬韓과 西晉의 교섭표〉와 같다.

〈표 1〉 馬韓과 西晉의 교섭 표

| 연대 | 본기 | 마한조 | 진한조 | 기타 |
|---|---|---|---|---|
| 咸寧 2년(276) 2월 | 東夷8國歸化 | (?) | | |
| 7월 | 東夷17國內附 | | | |
| 3년(277) 是歲 | 東夷3國-內附 | 復來 | | |
| 4년(278) 3월 | 東夷6國內獻 | 又請內附 | | |
| 是歲 | 東夷9國內附 | | | |
| 太康 원년(280) 6월 | 東夷10國歸化 | 其主頻遣使入貢方物 | 其王遣使獻方物 | |
| 7월 | 東夷20國朝獻 | | | |
| 2년(281) 3월 | 東夷5國朝獻 | 其主頻遣使入貢方物 | 復來朝貢 | |
| 6월 | 東夷5國內附 | | | |
| 3년(282) 9월 | 東夷29國歸化 獻其方物 | | | 권36 張華傳 |
| 7년(286) 8월 | 東夷11國內附 | 又頻至 | 又來 | |
| 是歲 | 馬韓等11國遣使來獻 | | | |
| 8년(287) 8월 | 東夷2國內附 | 又頻至 | | |
| 9년(298) 9월 | 東夷7國詣校尉內附 | | | |
| 10년(289) 2월 | 東夷11國內附 | 又頻至 | | |
| 是歲 | 東夷絶遠30餘國-來獻 | | | |
| 太熙 원년(290) 5월 | 東夷7國朝貢 | 詣東夷校尉何龕上獻 | | 神離等十國조 |
| 永平 원년(291) 是歲 | 東夷17國-詣校尉內附 | | | |

먼저 〈표 1〉을 보면 서진에 대한 東夷의 遣使 朝貢이 平州를 설치한 276년 이후에 급속히 증가하고 있다. 그런데 『진서』 본기를 보면, 서진에 사신을 보낸 東夷 제국은 2국에서 30여 국까지 나타나고 있어, 그 주체가 분명하지 않다. 이들 중 일부는 마한조나 진한조에서 누락된 마한과 진한의 교섭 기사

로 생각되지만, 이들과는 다른 다수 소국의 존재들이었을 가능성도 부정하기는 어렵다.

예컨데 태강 3년(282)의 東夷29국은 『진서』 권36 張華傳에 보이는 新彌國 등 20여 국과 동일한 것으로 생각되며, 태강 10년(289)의 東夷絶遠 30여 국은 '絶遠'이라는 표현에서 倭로 추정된다. 또 太熙 원년(290년)의 동이7국은 『진서』 권89 東夷 裨離等十國조의 6국과 연관되는 것으로 추정한다.[4]

그런데 마한전만 놓고 보더라고 마한과 진의 교섭은 276년~290년의 25년간에 걸쳐 총 9회에 달한다. 『진서』 본기 기사를 통해 볼 때, 무제 대에 이처럼 진과의 접촉이 마한만큼 잦은 주변 국가는 없다. 이는 무제대에 서진의 동방 정책의 주 대상이 마한이었음을 반영하는 것이다. 그런데 이러한 마한과 진의 교섭이 급격히 증가한 것은 아마도 백제의 성장과 관련되리라 짐작하며, 특히 마한조 조공 기사의 주체는 백제로 본다.

물론 마한으로 추정되는 東夷諸國이 8국·3국·6국·20국·5국·11국·2국 등으로 다양하게 나타나고 있는 점도 유의된다. 辰韓의 경우도 마찬가지이다. 마한·진한조 기사에는 '馬韓主(백제)'나 '辰韓王(신라)'의 존재가 확인됨에도 불구하고, 다수의 소국으로 구성된 연맹체의 모습으로 서진과 교섭하고 있는 양상을 보여주고 있다. 이는 역시 당시 백제나 신라가 갖는 연맹체 통합력의 한계를 드러내는 것이지만, 한편으로는 마한주나 진한왕이 대외교섭을 주도하면서 소국을 통합해가는 측면도 엿볼 수 있다. 〈표 1〉의 본기 기사에서 서진에 조공하는 동이 제국의 숫자가 매번 차이가 나는 것은, 곧 마한주·진한왕을 중심으로 하되 견사할 때마다 서진과의 교섭에 참여한 소국들이 서로 달랐기 때문일 것이다. 즉 이들 마한주와 진한왕은 서진과의 대외 교섭과 교역을 중개하면서 주변 소국에 영향력을 침투시켜

---

[4] 『晉書』 권89, 東夷 裨離等十國 "太熙 초년(290년)에 牟奴國帥 逸芝惟離, 模盧國帥 沙支臣芝, 于離末利國帥 加牟臣芝, 蒲都國帥 因末, 繩余國帥 馬路, 沙樓國帥 釤加 등이 각기 正使와 副使를 보내어 東夷校尉 何龕에게 歸化하였다." 라는 기사가 있는데, '臣芝'라는 官名으로 볼 때 삼한계의 국명으로 이해함이 옳겠다.

갔을 것으로 짐작한다.

풍납토성과 몽촌토성에서 출토되는 西晉制 施釉陶器와 錢文陶器는 3세기 말 경 이후 백제와 서진 특히 양자강 이남 지역과의 교섭을 보여주는 중요한 물질 자료이다(朴淳發, 1999 ; 권오영, 2003). 홍성 신금성 출토의 시유도기도 마찬가지 자료인데, 〈표 1〉에 나타나는 상황과 연관시켜 본다면, 아마도 홍성 지역의 소국이 백제의 주도 아래 서진과의 교섭에 참여한 결과로 추정할 수 있겠다(권오영, 2003).

한편 이러한 서진과의 교섭은 앞서 언급한 바와 같이 東夷校尉를 매개로 이루어졌을 것이다. 이에 대한 고고학적 증거물로는 흑색마연토기·직구단경호·직구장경호를 들 수 있는데, 이는 요녕 지방의 토기 문화의 일부가 백제의 정치 엘리트층의 위신재로 수용된 결과로 파악하고 있다(박순발, 1999). 이렇듯 백제와 서진과의 교섭은 幽州나 東夷校尉를 경유하는 루트가 활용되었기 때문에(권오영, 2001), 요동의 정세 변화에 따라 서진과 백제의 교섭은 크게 영향을 받게 되었다.

이 시기 서진과 한반도의 전반적인 교섭 관계를 좀더 살펴보자. 앞서 언급한 바와 같이 246년 대방군 崎離營 전투 사건의 원인은 魏나라가 낙랑군과 진한 8국을 잇는 내륙교역망을 복원하려고 한 데에 있었다. 그러면 여기서 진한 8국은 어디인가? 신라를 맹주로하는 진한 세력권으로 이해함이 합리적이다.

이 낙랑군과 신라 지역을 잇는 교역로는 왕망 대의 廉斯鑡 기사에서도 나타나고 있다.[5] 이 기사에 의하면 낙랑군과 진한을 잇는 교역로는 漢代에 적

---

5) 『三國志』 권30, 韓傳 所引 魏略. "至王莽地皇時, 廉斯鑡爲辰韓右渠帥, 聞樂浪土地美, 人民饒樂, 亡欲來降. 出其邑落, 見田中驅雀男子一人, 其語非韓人. 問之, 男子曰我等漢人, 名戶來, 我等輩千五百人伐材木, 爲韓所擊得, 皆斷髮爲奴, 積三年矣. 鑡曰我當降漢樂浪, 汝欲去不 戶來曰可 鑡因將戶來出詣含資縣, 縣言郡, 郡卽以鑡爲譯, 從芩中乘大船入辰韓, 逆取戶來. 降伴輩尙得千人, 其五百人已死. 鑡時曉謂辰韓汝還五百人. 若不者, 樂浪當遣萬兵乘船來擊汝 辰韓曰五百人已死, 我當出贖直耳. 乃出辰韓萬五千人, 弁韓布萬五千匹, 鑡收取直還. 郡表鑡功義, 賜冠幘·田宅, 子孫數世,"

극적으로 활용되었던 교역로였을 것인데, 이후 어느 시기엔가 낙랑군의 기능이 약화되면서 단절되었던 모양이다. 그런데 관구검이 동방 정책을 강화하면서 낙랑군과 신라를 잇는 과거의 교역로를 다시 부활하고자 한 것으로 추정된다. 상주에서 출토된 것으로 전해지는 「魏率善韓佰長」銅印은 이때 내륙 교역로의 복원 과정에서 다시금 낙랑군의 영향력 아래에 들어간 진한 소국과 관련된 유물로 추정할 수 있겠다.

이후 이 교역망이 어떻게 운영되었는지는 알 수 없다. 그런데 서진대에 들어서 〈표 1〉에서 보듯이 진한과 서진의 교섭도 3차례 이상 나타난다. 이때 조공하는 진한 소국이 10국·5국·11국으로 나타나는데, 이는 앞서 246년에 나타난 진한 8국과 서로 통한다고 보겠다. 그리고 서진과 교섭한 진한왕은 물론 신라왕일 것이다. 이러한 상황은 서진대에 들어 280년 이후에 낙랑군과 신라를 잇는 교역망이 재차 정비된 결과로 이해된다. 아마도 관구검이 재차 복원한 교역로가 그 뒤를 이어 서진 대에 적극 활용된 것으로 보인다.

다음은 〈표 1〉의 태강 3년(282)에 조공한 東夷29국의 존재가 누구인가의 문제이다. 일단 조공 시기와 소국의 수로 보아 張華傳에 보이는 新彌國등 20여 국과 동일한 것으로 볼 수 있다. 대체로 지금까지는 이들 신미국 등 29국을 영산강 일대의 소국으로 보았는데, 이 지역에 한정하기에는 그 수가 너무 많다는 생각이다. 이 29국에는 변한의 여러 소국도 포함된 것으로 파악된다. 『진서』에는 弁韓과의 교섭 기사가 나타나 있지 않은데, 이를 변한과의 교섭이 없었기 때문이라고 생각하기는 어렵다. 물론 기사의 누락일 수도 있겠지만, 〈표 1〉의 본기 기사에 변한과의 교섭 기사도 포함되었다고 생각하는 게 옳지 않을까 한다. 그렇다면 태강 3년조 기사가 가장 유력한 후보가 된다. 왜냐하면 『진서』 동이전의 '歸化'라는 표현은 처음으로 교섭이 이루어졌을 때 사용하는 표현이다. 咸寧 2년(276) 2월의 마한과의 첫교섭이나 太康 원년(280) 6월의 진한과의 첫교섭에 대한 표현 예가 그러하다. 따라서 태강 3년조의 歸化한 東夷29국은 마한을 구성에서 벗어나 있는 국가들일 것이며, 이들을 영산강 유역의 국가에 한정할 수는 없고, 의당 과거 대방군과의 교섭이 두드러졌던 변한의 소국들도 포함되어 있었을 것이다.

따라서 태강 3년(282)의 東夷29국은 西晉(幽州)에서 백제를 거쳐 한반도 남해안으로 이어지는 교역망 중에서 백제(마한)세력권을 제외한, 즉 한반도의 서남 지역 및 남해안 일대의 소국들을 모두 포괄한 범위로 추정한다. 다시 말해서 282년에는 남해안의 弁韓까지 이어지는 과거의 교역망이 다시 정비된 것이다. 그 뒤를 이어 태강 10년(289)에 조공한 東夷絶遠 30여국은 倭로 추정하는 바, 이때 비로소 倭까지의 교역망이 부활된 것으로 추정된다.

이상의 과정을 다시 정리한다면, 서진은 유주와 동이교위부를 중심으로, 276년에는 백제세력권까지, 282년에는 영산강 유역과 변한 지역까지, 289년에는 왜국으로 이어지는 교역망을 차례로 부활한 것이다. 〈표 1〉의 동이제국과의 교섭 기사는 그러한 교역망의 복원 과정을 반영하고 있다. 즉 서진의 적극적인 동방 정책의 결과 과거 대방군이 관장하던 한반도 서해안에서 남해안으로 이어지고 다시 倭로 이어지는 과거의 교역망이 단계적으로 재정비되었던 것이다.

이렇게 서진은 낙랑군 - 진한(신라)으로 이어지는 내륙교역망을 280년까지 복원하였고, 동시에 276년부터 289년까지 마한(백제) - 新彌國 등 - (변한) - 倭로 이어지는 해상 교역망을 복원하였다.

그런데 진과 마한(백제) 및 다른 동방제국과의 활발한 교섭은 291년을 끝으로 더 이상 관련 기사가 보이지 않는다. 291년 8왕의 난으로 시작된 서진 중앙의 혼란이 지방은 물론 주변 이민족의 동향에도 상당한 영향을 미쳤기 때문이다. 특히 요동 지역에서 선비족이 득세하게 됨에 따라 동이교위의 세력이 크게 약화되었고, 그 결과 동이교위가 중간 교량의 역할을 하던 서진과 삼한과의 교섭이 단절될 수밖에 없었던 결과가 아닐까 한다.

이뿐만 아니라 동이교위부의 활동에 따라 변군으로서의 기능을 상실한 낙랑군·대방군은 중원과 요동 지역으로부터의 지원을 잃게 되면서 급속도로 쇠퇴해갔다. 이에 따라 責稽王 즉위년(286) 때에만 하여도 백제는 대방군과 우호적인 관계를 맺고 있었는데, 그후 책계왕 말년(298)과 汾西王 7년(304)

에는 백제와 낙랑군이 서로 대립하는 상황으로 바뀌었다.[6] 어차피 서진과의 교섭의 길이 막힌 백제로서는 대신 이웃한 낙랑·대방 지역에 관심을 집중하는 것이 당연하였으리라 본다. 하지만 보다 적극적으로 이 지역의 정복에 나선 고구려에게 그만 선수를 빼앗기고 말았다.

그러나 사실 백제는 낙랑군·대방군 지역의 영역 확보보다는, 과거 이들 군현이 수행하였던 동방 교역망의 부활에 더 관심이 컸던 듯하다. 서진대에 마한(백제)과 서진의 교류가 급격히 증가한 것도 낙랑군·대방군을 대신하여 백제가 그 교역망의 일부를 장악하여 주도한 결과로 짐작된다. 당시 백제가 주도한 교역망의 범주는 〈표 1〉에서 어느 정도 짐작해 볼 수 있는데, 그 중에서 太康 원년의 동이 20국이 가장 큰 규모이기 때문에 이를 최대 범주로 설정할 수 있겠다. 이 20여 국의 지리적 범위는 대략 3세기 말·4세기 초에 홍성~천안을 잇는 권역을 남한선으로 포괄하는 영역을 설정할 수 있다. 이를 당시의 백제 영역으로 간주해도 좋을 것이다. 이렇게 비록 한정된 범위이지만 이미 상당한 정도로 교역망의 주도권을 갖게된 백제로서는 굳이 낙랑·대방군에 대한 직접적인 정복과 영역 장악의 필요성을 느끼지 못하였는지도 모르겠다. 이러한 점에서 압록강 하구를 벗어나서 본격적으로 서해안 지역으로 진출할 필요성이 절실했던 고구려와는 전혀 상황이 달랐던 것이며, 그러기에 결국 낙랑·대방군에 대한 정복은 고구려의 몫이 된 셈이다. 그리고 그 결과 해양교역망을 둘러싸고 백제와 고구려의 충돌이 불가피해졌다.

즉 서진의 혼란과 동이교위부의 약화에 따른 교섭의 중단(291), 낙랑군과 대방군의 소멸과 고구려의 한반도 서북부로의 진출(313), 서진의 남천에 따른 동진의 성립(317) 등 국제적 환경의 변화는 백제로 하여금 새로운 대외전략을 요구하게 되었다.

---

6) 『삼국사기』 권24, 백제본기 책계왕 즉위년(286)조 " 高句麗伐帶方 帶方請救於我 先是 王娶帶方王女寶菓爲夫人 故曰 帶方我舅甥之國 不可不副其請 遂出師救之 高句麗怨 王慮其侵寇 修阿旦城-蛇城備之"

『삼국사기』 권24, 백제본기 분서왕 7년(304) 春二月조 "潛師襲取樂浪西縣 冬十月 王爲樂浪太守所遣刺客賊害薨"

## II. 4세기 ~ 5세기 초의 대외교섭

현재의 자료상으로 볼 때 4세기에 들어 백제의 대외교섭이 새로운 모습으로 전개되는 시기는 4세기 중반 근초고왕대부터이다. 이는 〈표 2 : 4~5세기 한성백제기 대외교섭표〉에 잘 나타나 있다. 이 표를 통해 이 시기의 대외 교섭의 특징을 보면, 우선 백제가 주변의 여러 국가와 다양한 교섭의 관계를 맺고 있다는 점을 알 수 있다.

먼저 중국 東晋과의 교섭을 살펴보자.[7] 그러나 몽촌토성에서 출토된 金銅銙帶金具는 대략 4세기 1/4기로 추정되는데, 이 과대는 官階를 나타내는 의장의 일종이므로, 백제와 동진과의 책봉을 통한 공식적인 외교관계의 성립이 이보다 이른 시기에 이루어졌을 가능성도 지적되고 있다(朴淳發, 1999).[8] 그렇다고 하더라도 근초고왕대의 책봉은 당대의 국제 정세로 보아 중요한 의미가 있다.

우선 책봉의 시점이 전 해에 평양성 전투에서 고구려의 고국원왕을 전사시키는 등 큰 승리를 거둔 직후라는 점이 주목된다. 아마도 이 평양성 전투는 당시에도 국제적으로 널리 알려졌을 터인데, 이 승리로 인해 동진은 한반도에서 백제의 국력과 위상을 재평가 한 듯하다. 즉 동진은 동북아시아의 여러 국가 중에서 前燕(321년)에 이어 두 번째로 백제 근초고왕을 책봉한 것으로, 이는 백제의 국제적 위상을 인정하는 의미가 있다. 이와 관련하여 百濟王의 칭호가 사용되지 않고 樂浪太守의 관작을 받았다는 점도 유의된다. 동진의 입장에서는 낙랑태수란 관직이 이미 소멸되고 없었지만, 그 칭호 자체가 동방 지역에 대한 자국의 지배력을 상징적으로 드러낼 수 있는 칭호로 인식하고 있었을 것이다. 이 점을 고려하면 근초고왕의 책봉호는 동진이 백제왕에게 부여한 최초의 책봉호임이 분명하다.

---

7) 『晋書』권9, 簡文帝紀 咸安 2년 6월조.
8) 화성 사창리에 출토된 진식 금동제 帶金具도 같은 차원의 예이다(『길성리토성』-한신대학교박물관총서 16, 101~104쪽 참조).

나아가 근초고왕대에 백제가 주변의 여러 국가와 다양한 교섭 관계를 맺는다는 점에서, 동진으로부터 받은 근초고왕의 책봉이 처음이든 아니든 간에 관계없이, 당시의 국제 정세 속에서 그 의미가 파악되어야 할 것이다. 즉 370년에는 前秦이 前燕을 패망시키고 북중국과 요동의 패권을 장악하였으며, 이에 고구려는 372년에 前秦과 외교 관계를 맺었다. 전진이 북중국의 패자로 등장하게 되면서 동진은 긴장하지 않을 수 없었을 것이며, 전진과 고구려의 연결은 고구려의 동향을 주시하던 백제에게도 영향을 주었을 것이다. 이러한 정황에서 372년 근초고왕에 대한 동진의 책봉이 이루어진 것이기에, 여기에는 위에서 언급한 바와 같이 前秦의 등장 및 前秦과 고구려의 연결이라는 당시 국제정세의 변동에 대한 백제와 동진의 공통된 인식이 담겨있다고 볼 수 있겠다.

그런데 이후 백제와 동진이 맺는 공식적인 외교 관계는 매우 의례적이었다. 즉 〈표 2〉에서 보듯이 백제는 신왕의 즉위에 따라 사신을 파견하고 책봉을 받는 수준에서 그리 벗어나지 않았다. 더욱 고구려와의 충돌이 빈번하던 진사왕~아신왕대에 거의 동진으로의 사행 기록을 찾아보기 어렵다는 점은 기록의 누락이라기 보다는, 당시 백제가 동진에 대해 갖는 외교 전략이 對고구려 견제의 의미가 없다는 것을 보여준다. 즉 백제가 동진과의 교섭을 국제적인 외교전략이나 정치적으로 그리 중시하지 않았음을 짐작할 수 있다.

그런데 고고 유물의 출토 사례는 이와는 다른 현상을 시사한다. 즉 한성기 백제 영역 내에서 출토되는 동진계 瓷器의 분포는 동진과 백제의 교역 수준이 남달랐음을 보여주고 있는 것이다. 현재까지 동진제 청자류는 풍납토성·몽촌토성·석촌동고분군을 비롯하여 포천 자작리 주거지, 원주 법천리 고분, 천안 화성리고분·용원리고분 등에서 출토되었는데, 이러한 분포 밀도와 출토 양상은 주변의 다른 국가에서는 거의 찾아볼 수 없는 현상이다(권오영, 2001). 이 점에서 볼 때 이 시기 동진과 백제의 교섭은 외교·정치적인 면보다는 문물 교역의 측면이 보다 두드러지지 않을까 짐작된다.

한편 천안·청주 등지에서 출토되는 초기 馬具類도 주목할 필요가 있다.

물론 이들 지역이 백제를 젖혀놓고 독자적으로 요동 지역의 선비 모용씨와 교섭하였다고 보기 어렵다. 따라서 기록에는 나타나지 않지만 과거 동이교위와 교섭하였던 교역망을 통해 이 시기에는 백제가 동이교위를 대신하여 요동을 장악하고 있던 前燕과 일정 정도 교섭을 추진하고 있었다고 추정된다(박순발, 1999).

둘째, 백제와 신라의 교섭을 살펴보자. 앞서 언급한 바와 같이 『삼국사기』 〈백제본기〉를 비롯하여 다수 문헌자료에는 4세기 전반기까지 백제의 대외 교섭 기사는 거의 공백이나 다름없다. 비류왕 34년(337)에 신라의 사신이 내왕한 기사가 유일하다.[9] 그러다가 근초고왕 21년(366)과 23년에 백제가 신라에 사신을 파견한 기사를 시작으로,[10] 새로운 국제 교섭의 다양한 모습을 보여주기 시작한다. 이 공백기의 의미는 여러 측면에서 짚어볼 필요가 있지만(후술), 여기서는 우선 이 시기 백제와 신라의 교섭 기사부터 검토해 보자.

비류왕과 근초고왕대에 백제와 신라의 교섭 기사를 전하는 원자료는 신라측 기록일 가능성이 크다. 왜냐하면 이어지는 373년 백제 독산성주의 신라 망명 기사의 경우 〈신라본기〉의 기록이 상세함으로 보아,[11] 〈백제본기〉의 동일 기사는 백제측 전승이 아니라 〈신라본기〉의 기사에 근거하여 대응시킨 기사임이 분명하다. 그렇다면 그 이전의 백제 사신 파견 기사 역시 신라측 전승일 가능성이 높다고 보겠다. 더욱 良馬를 보냈다는 기사의 내용은 비류왕 7년(422)·8년(433)에 나제동맹을 맺게 되는 교섭 기사와 매우 유사한 내용을 보인다.[12] 따라서 근초고왕대 신라에 대한 교섭 기사는 그 진위를 좀더

---

9) 『삼국사기』 권24, 백제본기 비류왕 34년, "春2月 新羅遣使來聘"
10) 『삼국사기』 권24, 백제본기 근초고왕 21년 "遣使聘新羅"
    같은 책, 동왕 23년 "春3月 遣使新羅送良馬二匹"
11) 『삼국사기』 권24, 백제본기 근초고왕 28년 "秋7月 築城於青木嶺 禿山城主率三百人奔新羅"
    『삼국사기』 권3, 신라본기 내물이사금 18년. "百濟禿山城主 率人三百來投 王納之 分居六部 百濟王移書曰 兩國和好 約爲兄弟 今大王納我逃民 甚乖和親之意 非所望於大王也 請遣 答曰 民者無常心 故思則來斁則去 固其所也 大王不患民之不安 而責寡人 何其甚乎 百濟聞之 不復言"

따져 보아야 할 것이다.

〈백제본기〉와 〈신라본기〉의 초기 기사에서 백제와 신라의 교섭·전쟁 기사는 의문이 많은데(강종훈, 1991), 비류왕·근초고왕대의 교섭 기사도 그 연장선에 있다고 생각한다. 사실상 『삼국사기』 등 현존 기록으로는 이 두 차례의 사신 파견 기사 이후 백제와 신라 양국 간의 교섭 기사를 찾기는 어렵다. 373년 독산성주의 신라 망명 기사 이후 433년(백제 비유왕 7년)·434년의 연이은 사신 파견까지 60여 년간 백제와 신라의 교섭 기사가 나타나지 않는다. 이는 근초고왕 이전에 보이는 양국의 교섭 기사의 출현 빈도와는 다른 양상이다. 이 점에서 근초고왕대의 교섭 기사는 그 이전의 기사의 연장선에서 파악하는 것이 합리적이다.

일반적으로 455년에 백제의 독산성주가 신라로 망명한 사건을 계기로 양국의 관계가 악화되었을 가능성을 지적하고 있다. 그러나 이 기사 역시 면밀한 검토가 필요할 것이다. 즉 377년과 383년에 신라는 고구려의 후원 아래 前秦에 사신을 보내고, 392년에는 실성을 고구려에 인질로 보내는 저간의 사정을 보면, 신라와 고구려의 관계가 상당한 정도로 밀접해지고 있었다. 그리고 고고 자료를 통해 보면, 고구려와 신라의 교섭은 위 문헌기록에 보이는 상황보다는 훨씬 이른 시기부터 진행되고 있었다(후술). 이러한 당시의 정황을 고려하면 근초고왕대에 백제와 신라의 교섭이 이루어졌다는 기사를 액면 그대로 인정하기는 힘들다. 설사 근초고왕대의 신라 파견 기사를 인정한다고 하더라도, 이는 단기간이며 일회성에 그친 상황이었을 가능성이 높다.

따라서 당시 백제의 대외교섭 전략을 이해할 때에 對신라 관계는 그다지 비중을 두지 않고 파악하는 것이 옳겠다.[13] 적어도 백제가 對고구려 전략의

---

12) 『삼국사기』 권25, 백제본기 비유왕 7년(433) "秋7月 遣使入新羅請和"
　　같은 책, 동왕 8년 "春2月 遣使新羅 送良馬二匹 秋9月 又送白鷹 冬十月 新羅報聘以良金明珠"
　　한편 『일본서기』 응신기 15년(수정 404년)에도 백제가 아직기를 보내어 良馬 2필을 보낸 기사가 있다.
13) 기왕의 연구에서 근초고왕대의 대신라 교섭 기사에 대한 면밀한 검토없이, 이 기사를 근

일환으로서 對신라 교섭을 염두에 두었다고 보기는 어려울 것이다. 이처럼 아직은 신라와의 외교관계에 대한 전략이 결여된 점이 후일 비유왕대의 나제동맹기와 다른 이 시기 백제 대외교섭의 특징이라고 할 수 있겠다.

다음 백제와 고구려의 관계를 살펴보자. 낙랑·대방군의 소멸로 고구려와 백제의 국경이 맞닿으면서 양국의 충돌은 충분히 예견할 수 있는 상황이었다. 공격의 포문을 먼저 연 것은 고구려이다. 369년에 고구려는 2만 군사로 백제를 공격하였으나, 치양 전투에서 대패하였다. 게다가 371년 10월에는 근초고왕이 3만 대군을 거느리고 공격해와 평양성 전투에서 고국원왕이 전사하였다. 이렇듯 백제와의 충돌 초기에는 고구려의 열세가 뚜렷하였다. 전열을 정비한 고구려는 375년에 다시 백제에 대한 공세에 나서 水谷城(신계)을 공격하여 함락시켰고, 다음해에 또 다시 북변을 침략하였다. 이에 대해 백제의 근구수왕은 377년 10월에 3만명을 거느리고 고구려의 평양성을 공격하였으며, 고구려 역시 11월에 백제에 역공을 취하였다. 이제 비로소 호각지세를 이루며 예성강 일대를 경계로 양국의 공방이 치열하게 전개되었다.

한편 이 무렵 고구려는 신라와의 연결을 적극 모색하였다. 377년에 신라가 前秦에 사신을 파견하였는데, 이때 고구려의 사신과 동행하였다. 381년 2월에 신라가 衛頭를 전진에 보낼 때에도 고구려를 통해 사신을 파견하였다.[14] 이렇게 377년을 전후하여 신라는 고구려와 밀접하게 연결되었던 것이다. 그런데 4세기 전반 내지는 그 이전으로 편년되는 경주 정래동 고분과 월성로 29호분 출토 短甲이나, 월성로 5호분에서 출토된 고구려계 綠釉陶器, 월성로가 13호에서 나온 유리제품 등 고고 자료는 고구려와 신라의 교섭이 상당히 이른 시기부터 이루어졌을 가능성을 시사한다(李賢惠, 1988).

물론 본격적인 정치적 교섭은 4세기 후반으로, 이후 점차 신라에 대한 고구려의 정치적 영향력이 강화되어 갔다. 〈광개토왕비문〉에서 보듯이 가야·

---

거로 당시의 국제관계나 백제의 대외정책을 해석해온 점은 재검토가 요구된다.
14) 『삼국사기』 신라본기에는 조분이사금 16년(245)의 고구려 침공 기사, 첨해이사금 2년(248)의 和親 기사가 전하지만, 기년상 사료 검토가 필요하다고 판단된다.

왜의 공격을 받은 신라의 구원 요청으로 고구려의 5만 대군이 신라로 출병하면서, 신라는 결정적으로 고구려의 세력권 아래에 들어가게 되었다. 실성왕과 눌지왕의 즉위 과정에 고구려가 개입하고, 고구려군이 신라 왕경에 주둔할 정도로 양국의 관계는 거의 臣屬의 수준으로까지 바뀌었다. 고구려와 신라의 관계에서 이와 같은 성격은 나제동맹이 맺어지는 430년대까지 지속되었으리라 짐작된다.

고구려와 신라의 우호적 관계는 당시 국제정세에서 백제 - 왜 - 가야의 연합세력을 견제하기 위한 고구려의 전략으로 이해되고 있다. 물론 그러한 현실적인 배경도 충분히 고려해야 하지만, 여기서는 고구려와 신라의 교섭이 이루어지게 된 역사적 배경에 초점을 맞추어 양국의 교섭 관계의 성격을 좀 더 살펴보도록 하겠다.

앞 장에서 살펴본 바와 같이 280년 이후에는 낙랑군과 진한(신라)를 잇는 교역망이 재차 정비되었다. 물론 3세기 말 이후 서진의 혼란과 낙랑군·대방군의 축출 과정에서 이 교역망도 다시 기능을 잃게 되었을 것이다. 그러나 4세기 초반 고구려가 낙랑·대방 지역에 대한 지배력을 강화한 이후에는, 고구려가 적극적으로 과거 낙랑군 - 신라로 이어지는 내륙 교역망의 부활을 꾀하였으리라 추정된다. 따라서 고구려와 신라의 교섭은 이 루트를 통하여 상당히 이른 시기부터 이루어졌을 가능성이 크며, 이러한 문물의 교역 수준의 교섭이 점차 정치적·군사적 교섭 관계로 확대되었던 것이 아닐까 짐작한다. 이와같은 고구려와 신라의 교섭 내용을 보면, 이 시기 백제와 신라의 교섭이 갖는 의미는 무시해도 좋을 듯하다.

다음 근초고왕대의 대외 교섭에서 가장 눈여겨볼 대목이 바로 對가야 및 對倭 교섭 관계이다. 백제는 364년에 가야와, 367년에는 倭와 각기 통교한 것으로 전한다.[15] 그런데 백제와 가야 및 왜와의 교섭이 갖는 의미는 다음과 같이 생각해 볼 수 있다. 앞 장에서 살펴본 바와 같이 바로 西晋 초기에 정비

---

15) 『일본서기』 신공기 46, 49년조.

되었던 교역망이, 서진의 혼란과 화북·요동 지방에서의 격변으로 단절되었다가, 4세기 중반에 백제가 다시 이를 복원하는 과정으로 이해될 수 있다.

즉 3세기 후반에서 4세기 전반에 백제는 이 가운데 금강 하구까지의 해상 교역망을 장악하고 있었는데, 4세기 중반 근초고왕대에 들어 서남해안 - 남해안 - 倭로 이어지는 교역망을 다시 복원한 것이다. 이러한 사정을 전하는 것이 『일본서기』신공기 49년조의 기사이다. 이 신공기 49년조 기사의 내용은 다음과 같이 구성되어 있다.

① 倭와 백제의 장군이 卓淳國에 모여 신라를 격파하였다. ② 比自㶱·南加羅·喙國·安羅·多羅·卓淳·加羅의 7국을 평정하였다. ③ 古奚津에 이르러 南蠻 忱彌多禮를 쳐서 백제에게 주었다. ④ 이에 백제의 肖古王과 왕자 貴須가 군대를 거느리고 와서 만나니, 比利·辟中·布彌支·半古의 四邑(혹은 布彌·支半·古四)이 스스로 항복하였다. ⑤ 백제왕 등은 辟支山과 古沙山에서 맹세하였다.

이 기사에 등장하는 지명의 위치를 보면, ①의 卓淳國은 창원, ②의 忱彌多禮는 대략 강진·해남 일대, ④의 比利는 군산, 辟中은 김제, 古四는 고부, ⑤의 辟支山은 김제, 古沙山은 고부로 비정된다(金泰植, 1997). 즉 위 기사는 한반도 서남해안(④⑤)에서 남해안(③)을 거쳐 가야 지역(①②)으로 이어지는 지역에서 전개되는 백제의 대외활동을 기술하고 있는 것이다. 이러한 과정은 백제에서 왜로 이어지는 해상 교역망의 복원 과정으로서, 백제가 단계적으로 정비해가는 과정을, 신공기 49년조 기사는 倭의 입장에서 거꾸로 기술하고 있는 것으로 해석된다.

따라서 이러한 교역망 복원의 최종점으로서 가야 및 왜와의 교섭이 364년·367년 무렵이었으니, 전북 지역이나 전남 해안지역에 대한 백제 교역망의 구축은 이미 그 이전에 이루어졌을 것으로 추정된다. 그 중 전북 지역은 늦어도 근초고왕대에는 백제의 지배 영역으로 편제되었을 것이며, 전남 지역이나 가야 및 왜와의 관계는 교역망의 구축이나 군사적 동맹체제의 수준에서 유지되었을 것이다.[16]

백제가 전북 지역을 장악하고, 나아가 전남 지역에 대한 교역망을 구축한 시기를 알기는 어렵다. 그런데 현 〈백제본기〉에는 근초고왕 전반기의 기사가 공백으로 있는데, 아마도 온조왕기의 일부 기사가 근초고왕 초년의 내용이 부회된 것으로 추정하는 견해가 있다. 예컨대 온조왕 36년의 古沙夫里城(고부) 축성 기사가 그것이다(김태식, 1997). 상당히 설득력이 있다고 보이는데, 이러한 추정이 옳다면 대략 전남북 일대에서 백제 중심 교역망의 구축은 근초고왕 전반기(348~365)에 이루어졌을 것으로 보아도 충분하다.

　한편 이시기 영산강 유역의 정치체들과 백제와의 관계도 논란거리이다. 근자에 영산강 유역의 정치체들을 독립 국가 수준으로 보는 견해들이 적지 않다. 물론 영산강 유역의 독자적 기반은 인정할 수 있지만, 이를 독립된 정치체 내지는 국가로 인정하기는 어렵다고 본다. 적어도 독립된 정치체라고 한다면, 당시 국가간 교섭이 활발해진 동북아시아의 국제 무대에 그 존재를 드러내야 한다. 그러나 현전하는 문헌자료상으로는 영산강 유역의 독립된 정치체를 인정할 수 있는 근거는 없다. 이는 영산강 유역의 정치세력이 주변의 다른 국가에 의해 대외교섭의 파트너로 인정받지 못하였다는 의미가 된다.[17] 따라서 이 지역이 백제의 직접 지배를 받는 지역은 아닐지라도, 대외적으로는 백제로 대표되는 세력권 내에 포함되었다고 보는 것이 합리적이다.

　근초고왕대 이후에 두드러지게 나타나는 백제의 비약적인 성장은 앞에서 살펴본 바와 같이 백제에서 가야·왜로 이어지는 교역망의 복원을 배경으로 가능하였던 것이다. 4세기 중엽에 백제가 구축한 이러한 교역망 내지 정

---

16) 편년을 확정하기는 어렵지만, 4세기 후반 이후 백제-가야-왜로 이어지는 교역망에 대한 일단의 유물 자료가 풍납토성 경당지구에서 출토된 바 있다. 여기서 출토된 가야 토기는 주로 소가야를 비롯한 서부 경남産이었다. 이 시기 백제와 연결된 가야의 실체에 대한 새로운 검토가 요구되는 자료이다. 또한 倭계 유물은 몽촌토성에서 출토된 埴輪 1점에 불과하지만, 이시기 백제와 왜의 관계를 추정해 볼 수 있는 단서가 된다는 점에서 주목된다(권오영, 2002 앞의 논문 참조).
17) 일정한 정치체의 정치적 독립성의 여부는 곧 주변 국가와의 교섭 관계에서 파악해야 하는 것이 중요하며, 국내의 정치적 독자성을 기준으로 삼아서는 곤란하다. 이러한 측면에서 기왕에 영산강 유역 정치체를 독립 국가로 이해하려는 견해를 받아들이기는 어렵다.

치・군사적 동맹망은 5세기 전반까지 작동하였는데, 그러한 면모는 〈광개토왕비문〉에 잘 나타나있다.

사실 〈광개토왕비문〉에 나타난 역사상이란 바로 고구려와 백제가 각각 구축한 양대 교역망 내지는 정치・군사적 동맹의 대결 모습이라고 해도 지나친 말은 아니다. 즉 고구려 신라의 동맹축과 백제 - 가야 - 왜의 동맹축의 대립이다. 이 양대 축의 역사적 기원은 후한・위진대에 구축되었던 낙랑군 진한의 내륙교역망 및 대방군 마한 - 변한 - 왜로 이어지는 해상교역망으로 소급해 볼 수 있다. 물론 과거 후한・위진대에는 중국을 기점으로 낙랑・대방군을 중계지로 편성된 교역망이었지만, 4세기를 전후하여 고구려와 백제에 의해 복원된 교역망은 고구려・백제가 각각 자신을 기점 혹은 중심축으로 하여 새롭게 구성한 교역망인 동시에 정치적・군사적 동맹의 축이었다.

그런데 과거 4세기 초까지 중국의 동이교위 낙랑・대방군을 중심축으로 하여 개설된 동질적인 두 개의 교역 루트가 그대로 유지되면서도, 이제는 그 성격이 서로 적대적인 대립의 축으로 변화한 것은 고구려와 백제의 국가적 성장과 교역망의 장악에서 비롯한 결과이다.[18] 이 점에서 4세기 중후반에 백제・고구려의 국가적 성장이 초래한 새로운 동북아시아의 국제 질서의 재편이 갖는 역사적 의미가 음미될 수 있겠다.

## Ⅲ. 5세기 중・후반의 대외교섭

420년 송의 건국, 427년 고구려의 평양 천도, 433・434년 백제와 신라의 동맹 등은 새로운 국제 환경의 변화를 상징하는 사건들이다. 이는 이 시기 백제의 대외교섭의 양상 역시 변화될 가능성을 시사한다.

---

18) 고구려와 백제의 대립이 역시 단지 국경선을 접하게됨으로써 나타난 현상으로 이해할 것이 아니라, 교역망을 둘러싼 갈등 등 좀더 내적인 충돌의 원인을 살펴볼 필요가 있다.

먼저 백제와 송과의 교섭을 살펴보자. 〈표 2〉에서 420년 이후 남조에 대한 외교 사행의 빈도를 보면, 백제보다는 고구려가 훨씬 빈번하다. 고구려의 對남조 외교는 백제를 의식하기보다는 북조인 북위를 견제하기 위한 외교 전략으로 짐작된다. 따라서 국가의 생존 전략의 면에서 보아도 백제보다는 훨씬 심각한 위기감을 갖고 남조와의 외교에 집중할 수밖에 없는 조건이라 할 수 있다. 물론 이는 고구려의 일방적인 입장만이 아니다. 420년 송의 건국 직후에 잘 드러나듯이 남조인 송의 입장에서도 북위를 견제하기 위해 고구려와의 교섭에 적극적으로 나서는 면모를 보여주고 있었다. 즉 對북위의 견제라는 측면에서 양국의 외교적 이해가 일치하고 있었던 것이다.

이러한 고구려와 남조 사이에 이루어지는 교섭의 성격으로 볼 때, 백제가 對고구려 견제 전략의 일환으로 남조와의 외교 관계를 유지한다는 것은 사실상 불가능하다고 볼 수 있다. 왜냐하면 남조의 입장에서는 가장 절실한 對북위 견제를 위해서는 백제보다는 고구려가 훨씬 유용한 외교적 파트너이기 때문이다. 백제 역시 이러한 사정을 모를 리 없다. 따라서 〈표 2〉를 보면 대체로 新王의 즉위에 따른 사행이 이루어지는 수준인 2기의 양상보다는 빈번하지만, 비유왕~개로왕대에도 여전히 당시 고구려의 사행 빈도 보다는 현격히 떨어지는 수준이다. 이는 백제가 남조와의 외교 관계에 그리 힘을 기울이지 않고 있음을 반영하고 있다.

이 시기 백제의 남조 외교 전략에서 나타나는 특징의 하나로서 송과의 조공·책봉제를 백제 국내의 왕권 기반과 연관하여 활용한다는 점이 주목된다(임기환, 2003). 즉 비유왕 24년에 馮野夫의 관작을 제수해 줄 것을 요청한 예와 개로왕 4년에 신하 11인에 대한 관작 제수를 요청한 예가 대표적이다. 이러한 백제의 對남조 외교 전략의 성격은 웅진으로 천도한 동성왕대에도 지속된다.

한편 백제의 對고구려 견제 전략으로서는 개로왕대 북위에 청병한 사실이 주목되지만, 오히려 고구려를 자극하는 결과가 되고 말았을 뿐이지 전혀 실효를 거두지 못하였다. 이는 당시에 고구려가 갖는 국제질서 속의 위상이 백

〈표 2〉 漢城 백제의 대외관계 表(4~5세기)

| 연대 | 백제 국내 | 對중국남조 | 對고구려 남조=고구려 | 對고구려 백제=고구려 | 對고구려 고구려=신라 | 對신라 | 對예(對가야) |
|---|---|---|---|---|---|---|---|
| 337~ | 비류왕 34 | 咸康 | | | | | ▽2 |
| 346~ | 근초고왕1 | 永和2 | | | | | |
| 364 | 근초고왕19 | 興寧2 | | | | | *▽卓淳國(신공46) |
| 365 | 20 | 3 | | | | | |
| 366 | 21 | 太和1 | | 고구원36 | | ▽3 | *▽중의 사절(신공46) |
| 367 | 22 | 2 | | 37 | | | 12 ▽久氐 등(신공47) |
| 368 | 23 | 3 | | 38 | | ▽3 良馬獻 | 13 |
| 369 | 24 | 4 | ←9 雉壤 전투 백제근구수 승리 | 39 | | | 14 *가야7국평정/忱彌多禮 공략(比利5읍항복/신공49) *素和님(침지도) |
| 370 | 25 | 5 | | 40 | | | 15 *▽久氐 등(신공50) |
| 371 | 26 漢山 천도 | 咸安1 | ←浿水 전투 →冬 평양성공격 (고구원양 전사) | 고구원41 소수림왕1 | | | 16 *▽구氐 등(신공51) |
| 372 | 27 | 2 | ▽1 <6册鎭東將軍 領樂浪太守> | | 2 | | 17 *▽久氐 등→칠지도, 칠지경(신공52) *素和님(침지도) |
| 373 | 28 7靑木嶺에 축성 | 寧康1 | ▽2 | | 3 | 백제 禿山城主, 신라로 망명 | 18 |
| 374 | 29 | 2 | | | 4 | | 19 |
| 375 | 근초고왕30 근구수왕1 | 3 | ←7 水谷城 함락 | | 5 | | 20 |
| 376 | 2 | 太元1 | ←11 | | 6 | | 21 |

112  漢城期 百濟의 물류시스템과 對外交涉

| 연대 | 백제 국내 | 對중국남조 | 남조=고구려 | 對고구려 백제=고구려 | 對고구려 고구려=신라 | 對신라 | 對왜(對가야) |
|---|---|---|---|---|---|---|---|
| 377 | 3 | | | 昇明2 | →10 평양성 | 소수림왕 | 신라, 前秦에 사신 파견 | 내물왕22 | |
| 378 | 4 | | | 3 | | 8 | | 23 | |
| 379 | 5 | (▽3) | | 4 | | 9 | | 24 | |
| 380 | 6 | | | 5 | | 10 | | 25 | |
| 381 | 7 | | | 6 | | 11 | | 26 | |
| 382 | 8 | | | 7 | | 12 | | 27 | *木羅斤資 加羅 복구 (신공기 62년조) |
| 383 | 9 | | | 8 | | 13 | 신라, 前秦에 僧頭 파견 | 28 | |
| 384 | 침류왕1 | ▽7 불교수용 | | 9 | | 고국양왕1 | | 29 | |
| 385 | 2 | ◁4冊 | | 10 | | 2 | | 30 | |
| 386 | 진사왕2 春관반 설치 | | | 11 | ←8 | 3 | | 31 | |
| 387 | 3 | | | 12 | *9 말갈 전투 | 4 | | 32 | |
| 388 | 4 | | | 13 | | 5 | | 33 | |
| 389 | 5 | | | 14 | →9 | 6 | | 34 | |
| 390 | 6 | | | 15 | →9 都坤城 함락 | 7 | | 35 | |
| 391 | 7 | | | 16 | *←4 말갈, 赤峴城 함락 | 광개토왕1 | | 36 | |
| 392 | 8 | | | 17 | ←7 石峴 등 10성 함락, ←10 關彌城 함락 | 2 | 고구려▲신라 實聖 인질 | 37 | |

| 년대 | 백제 국왕 | 對중국남조 | 對고구려 남조=고구려 | 對고구려 백제=고구려 | 對고구려 고구려=신라 | 對신라 | 對왜(倭=가야) |
|---|---|---|---|---|---|---|---|
| 393 | 아신왕2 | | 18 | →7 關彌城 전투 | 3 | 내물왕38 | |
| 394 | 3：腆支 太子 | | 19 | →7 水谷城 전투 | 4 | 39 | |
| 395 | 4 | | 20 | →浿水 전투 | 5 | 40 | |
| 396 | 5 | | 21 | *←58城 함락 (광개토왕비) | 6 | 41 | |
| 397 | 6：7 군대사열 | 隆安1 | | | 7 | 42 | ▷5 腆支 인질 |
| 398 | 7：雙峴城 축성 8 침공 준비 | 2 | | | 8 | 43 | |
| 399 | 8 고구려 침공 위한 군사징발 | 3 | | | 9 | 44 | 8 백제유민, 신라 망명 |
| 400 | 9 | 4 | | | 10 고구려▲신라 | 45 | *왜, 신라 공격(광개토왕비) |
| 401 | 10 | 5 | | | 11 實聖 귀환 *신라구원전 | 46 | *고구려, 왜군 격파(광개토왕비) |
| 402 | 11 | 元興1 | | | 12 고구려, 실성왕 즉위 지원 | 실성왕1 | ▷5 ※신라, 未斯欣 인질 |
| 403 | 12 | 2 | | | 13 | →7 | ◁2 |
| 404 | 13 | 3 | | | 14 | 3 | *백제, 왜 대방계 침입 (광개토왕비) |
| 405 | 전지왕1 | 義熙1 | *←개방계, 패퇴 (광개토왕비) | | 15 | 4 | ◁腆支 귀국, 왜병 |
| 406 | 2 | 2 | | | 16 | 5 | |
| 407 | 3 | 3 | *←(광개토왕비) | | 17 | 6 | |
| 408 | 4 | 4 | *上佐平 설치 | | 18 | 7 | *秦和7년(칠지도) |

| 년대 | 백제 국내 | 對중국남조 | 남조=고구려 | 對고구려 | | | 對신라 | 對왜(對가야) |
|---|---|---|---|---|---|---|---|---|
| | | | | 백제=고구려 | 고구려=신라 | | | |
| 409 | 전지왕5 | 昇明5 | | 소수림왕19 | | | 실성왕8 | ◁ 夜明珠 |
| 410 | 6 | 6 | | 20 | | | 9 | |
| 411 | 7 | 7 | | 21 | | | 10 | |
| 412 | 8 | 8 | | 22 好 인질 | | | 11 | |
| 413 | 9 | 9 | ○12 ◎冊 | 장수왕1 | | | 12 | |
| 414 | 10 | 10 | | 2 | | | 13 | |
| 415 | 11 | 11 | | 3 | | | 14 | |
| 416 | 12 | 12 | ◁冊 | 4 | | | 15 | |
| 417 | 13 7沙口城 축성 | 13 | | 5 | 고구려, 눌지왕 즉위 지원 | | 눌지왕1 | |
| 418 | 14 | 14 | | 6 | | | 2 | 夏 ▷ *신라, 未斯欣 귀환 |
| 419 | 15 | 15 | | 7 | | | 3 | |
| 420 | 구이신왕1 | 末 永初1 | ◁7冊 | 8 | | | 4 | |
| 421 | 2 | 2 | | 9 | | | 5 | [예]▲[송](예▶송冊) |
| 422 | 3 | 3 | ◎冊 | 10 | | | 6 | |
| 423 | 4 | 4 | 景平1 | ○3 | 11 | | 7 | |
| 424 | 5 | 5 | 元嘉1 | ○1 ◎ | 12 고구려▲신라 | | 8 | [예]▲[송](예▶송冊) |
| 425 | 6 | 6 | △ | 2 | 13 | | 9 | [예]▲[송](예▶송冊) |
| 426 | 7 | 7 | ▽ | 3 | 14 | | 10 | |

| 연대 | 백제 국내 | 對중국남조 | 對고구려 남조=고구려 | 對고구려 백제=고구려 ※ 평양천도 | 對고구려 고구려=신라 장수왕15 | 對신라 | 對왜(량가야) |
|---|---|---|---|---|---|---|---|
| 427 | 비유왕1 | 元嘉4 | | | | 눌지왕11 | |
| 428 | 2 | 5 | | | 16 | 12 ▽ | |
| 429 | 3 | 6 | ▽7 | | 17 | 13 | |
| 430 | 4 | 7 | ▽, ▽4冊 | | 18 | 14 (예▶송) | |
| 431 | 5 | 8 | | | 19 | 15 | |
| 432 | 6 | 9 | | | 20 | 16 | |
| 433 | 7 | 10 | | | 21 | 17 ▽7 화친청혼 | |
| 434 | 8 | 11 | | | 22 | 18 ▽2,9 良馬白鷹 ▽10 良金明珠 | |
| 435 | 9 | 12 | | | 23 | 19 | |
| 436 | 10 | 13 ○6 | | | 24 | 20 | |
| 437 | 11 | 14 | | | 25 | 21 | |
| 438 | 12 | 15 ○ | | | 26 | 22 (예▶송 冊4, 예▶송) | |
| 439 | 13 | 16 ○ | | | 27 | 23 | |
| 440 | 14 | 17 | ▽10 | | 28 | 24 | |
| 441 | 15 | 18 ○ | | | 29 | 25 | |
| 442 | 16 | 19 | | | 30 | 26 | *木羅斤資 加羅 복구 (신공기 62년조) |
| 443 | 17 | 20 ○ | △ | | 31 | 27 (예▶송) | |
| 444 | 18 | 21 | | | 32 | 28 | |
| 445 | 19 | 22 | | | 33 | 29 | |
| 446 | 20 | 23 | | | 34 | 30 | |
| 447 | 21 | 24 | | | 35 | 31 7 배제유민, 신라 망명 | |

| 년대 | 백제 국내 | 對중국남조 | 남조=고구려 | 對고구려 ||| 對신라 | 對왜(對가야) |
|---|---|---|---|---|---|---|---|---|
| | | | | 백제=고구려 | 남조=고구려 | 고구려=신라 | | |
| 448 | 비유왕22 | | | | | | 눌지왕32 | |
| 449 | 23 | | 元嘉25 | 장수왕36 | | | 33 | |
| 450 | 24 | △馮野夫 관직 제수 요청 | 26 | 37 | | 7 신라, 고구려 장수 살해 고구려→신라 | 34 | |
| 451 | 25 | | 27 | 38 | | 고구려→신라 | 35 | (예▼송 册7) |
| 452 | 26 | | 28 ○10 | 39 | | | 36 | |
| 453 | 27 | | 29 | 40 | | | 37 | |
| 454 | 28 | | 30 ○11 | 41 | | | 38 | |
| 455 | 개로왕1 | | 孝健1 | 42 | | 고구려→신라 | 39 | |
| 456 | 2 | | 2 ○11 | 43 | ←10(신라본기) | | 40 | |
| 457 | 3 | △10 개로왕 책봉 요청 <册 | 3 | 44 | | | 41 | |
| 458 | 4 | △11인의 관작 요청 <册 | 大明1 | 45 | | | 자비왕1 | |
| 459 | 5 | | 2 ○10 | 46 | | | 2 | |
| 460 | 6 | | 3 ○11 | 47 | | | 3 | (예▲송 12) |
| 461 | 7 | | 4 | 48 | | | 4 | △昆支 인질(응략5년조) |
| 462 | 8 | | 5 ○7 | 49 | | | 5 | (예▼송 册3) |
| 463 | 9 | △ | 6 ○ | 50 | | <10 신라, 백제 구원 | 6 | |
| 464 | 10 | | 7 ○6 ◎册 | 51 | | | 7 | |
| 465 | 11 | | 8 泰始1 | 52 53 | | | 8 | |

| 연대 | 백제 국내 | 對중국남조 | 남조=고구려 | 對고구려 백제=고구려 | 고구려=신라 | 對신라 | 對예(對가야) |
|---|---|---|---|---|---|---|---|
| 466 | 개로왕12 | | 泰始2 | | 장수왕54 | 자비왕9 | |
| 467 | 13 | △11 | 3 ○11 | | 55 | 10 | |
| 468 | 14 | | 4 | | 56 고구려→신라 (실직성) | 11 | |
| 469 | 15 | 10 雙峴城 보수, 青木嶺 목책 | 5 | →8 | 57 | 12 | |
| 470 | 16 | | 6 ○11 | | 58 ※삼년산성 축성 | 13 | |
| 471 | 17 | △10 | 7 | | 59 | 14 | |
| 472 | 18 | 北魏에 견사 청병 | 泰豫1 ○11 | | 60 | 15 | |
| 473 | 19 | | 元徽1 | | 61 | 16 | |
| 474 | 20 | | 2 ○ | | 62 | 17 | |
| 475 | 문주왕1 | 북위, 백제에 조서 전달 실패 | 3 ○10 | ←한성함락 | 63 <신라, 구원병 | 18 | |
| 476 | 2 | △3 | 4 | | 64 | 19 | |
| 477 | 삼근왕1 | | 昇明1 | | 65 | 20 | (예)▲송11 |
| 478 | 2 | | 2 ○ | | 66 | 21 | (예)▲송:倭王武, 宋에 上表←고구려 비난 (예)◀송(宋5) |

→ 백제에서 상대국으로 군사적 공격   ← 상대국에서 백제로 군사적 공격
△ 백제에서 상대국으로 사신 보냄   ▽ 상대국에서 백제로 사신 보냄
○ 고구려에서 남조로 사신 보냄   ◎ 남조에서 고구려로 사신 보냄
※ 부호 옆의 숫자는 해당 月   ▲ 많은 책봉을 못함

제와는 비교되지 않을 정도로 커졌기 때문에 나타난 현상이었다.

둘째, 백제와 왜의 관계를 살펴보자. 이 시기 백제와 왜의 교섭 양상도 변화하고 있다. 〈광개토왕비〉에 잘 나타나듯이 2기에 백제는 倭 군사력의 지원을 받고 있었다. 아마도 당시 倭와의 교섭에서 백제가 애초부터 의도한 목적도 바로 군사적 지원이었을 것이다. 그런데 3기에는 倭보다는 신라와의 군사적 동맹 관계에 주력하는 동향을 보인다. 물론 고구려의 남하라는 심각한 위기 속에서 곤지를 倭에 파견하여 왜의 군사적 지원을 기대하기도 하였지만, 腆支가 인질로 파견되었던 아신왕대와는 달리 왜의 군사적 지원은 결과적으로는 실현되지 않았다.

『송서』 본기나 왜국전에 의하면 倭는 421년 이후 478년까지 빈번하게 宋과 교섭 관계를 맺고 있었다(〈표 2〉 참조). 물론 이러한 교섭도 의당 백제의 뒷받침을 받으며 이루어졌겠지만, 송과 倭가 직접적 교섭을 갖게 됨에 따라 이전의 2기와 같은 백제 중심의 교역망과 군사적 동맹 체제는 유지되기 어려웠을 것이다.[19] 이 점이 倭의 군사적 지원이 이루어지지 않았던 원인의 하나였다.

한편 3기에 백제 대외교섭의 양상을 변화시킨 중요한 전기는 434년의 나제군사동맹이었다. 고구려의 남하에 의해 금관가야 중심 체제의 붕괴에 따른 가야 지역 내의 정세 변화나 倭와 송의 직접 교섭에 따라, 2기의 백제 중심의 교역과 동맹체제는 균열되었다. 이에 백제가 마련한 새로운 대외 전략이 바로 신라와의 동맹이었다. 당시에 신라 역시 눌지왕 이후에 고구려의 세력권으로부터 벗어나려는 노력을 기울이던 차였기에, 나제동맹은 쉽사리 이루어질 수 있었다. 특히 고구려의 군사적 남하 위협이 커져가면서, 나제동맹

---

19) 백제와 왜의 교섭을 보여주는 칠지도 역시 그 제작 시기가 관건이 된다. 근초고왕대의 제작품으로 보는 견해가 일반적이지만, 필자는 송 元嘉 3년(426)에 제작된 '원가도'과 관련하여 5세기 전반 이후에 제작되었다고 보는 견해에 따른다(김태식, 2004,「고대한일 관계사의 민감한 화두, 칠지도」『고대로부터의 통신』). 그러면 칠지도로 상징되는 백제와 왜의 관계는 제3기에 해당되는데, 이에 대한 자세한 검토는 후고로 미룬다.

도 군사동맹으로 이어졌다.

454년에 고구려는 신라를 공격하였으며, 그 이듬해인 개로왕 즉위 초인 10월에는 백제를 공격하였는데, 이때 신라가 군사를 내어 백제를 지원하였다. 이러한 신라의 태도에서 유추하자면, 아마도 전해인 454년에 고구려가 신라를 공격하였을 때에는 백제가 신라를 지원하였을 가능성도 높다. 그리고 468년 고구려가 신라의 실직성을 공격하였을 때, 백제는 이에 대한 지원의 의미에서 이듬해인 469년 8월에 고구려의 변방을 공격하였다. 이 역시 나제군사동맹의 결과이다. 475년 고구려 장수왕의 대규모 친정으로 漢城이 함락되었을 때, 개로왕이 文周를 시켜 신라의 구원을 요청한 것도 이러한 배경에서 가능한 것이었다. 또한 470년 신라가 소백산맥을 넘어서 보은 지역에 三年山城을 축조한 것은 당시의 동향으로 보아 백제를 지원하면서 고구려의 위협에 대처하는 의미를 갖는다.

나제동맹은 그 이전 백제 - 가야 - 왜의 동맹축과 고구려 - 신라의 동맹축이 대립하는 구도를 완전히 해체시키고 새롭게 국제질서를 재편한 계기가 되었다. 이 나제동맹은 교역망의 문제가 아니라 순전히 정치적·군사적 요인에 의하여 이루어진 결과로서, 이제는 국제질서를 규정하는 요인이 점차 달라지고 있음을 보여준다. 倭와 宋의 직접 교섭도 마찬가지 현상이다. 이렇게 과거 고구려·백제 중심의 교역망과 동맹 체계가 해체된 데에는 신라나 왜의 국가적 성장이 중요한 요인이 된다.

한편 백제 가야 왜, 고구려 신라의 교역망이 무너지면서, 가야·왜·신라는 새로운 교역망 내지는 교섭의 루트를 찾아야만 하였다. 이에 교역망의 중간 지대를 점하고 있던 가야 지역을 둘러싸고 백제는 물론 신라와 왜의 세력까지 집중되면서, 5세기 가야 지역의 정치적 변동이 격렬해지게 되었다.

## 맺음말

한성기 백제가 추진한 대외교섭의 변천 과정을 정리하면 다음과 같다.

제 1기에는 3세기 말에 동방정책을 적극적으로 추진한 西晉에 의해 낙랑군 - 진한(신라)으로 이어지는 내륙교역망이 다시 복원되었고, 동시에 마한(백제) - 新彌國 등 - (변한) - 倭로 이어지는 해상 교역망이 복원되었다. 이 때 백제는 서진과의 교섭을 매개로 세력권을 확대하여 3세기 말 4세기 초에 홍성~천안을 잇는 권역을 남한선으로 포괄하는 영역을 확보하게 되었다.

제 2기의 대외 교섭의 특징을 보면, 우선 백제가 주변의 여러 국가와 다양한 교섭의 관계를 맺고 있다는 점이다. 백제와 동진과의 외교 관계를 보면, 372년에 근초고왕이 동진으로부터 '鎭東將軍領樂浪太守'의 책봉을 받은 이후에는 의례적인 수준에서 벗어나지 못하였지만, 고고물질 자료를 통해볼 때 오히려 문물 교역의 측면이 보다 두드러지지 않을까 짐작된다. 對신라 관계 역시 사료상의 문제가 있어 그다지 비중을 두지 않아도 좋을 것이다.

이 시기 백제의 대외 교섭에서 가장 눈여겨 볼 대상은 對가야 및 對倭 교섭 관계이다. 3세기 후반에서 4세기 전반에 백제는 이 중 금강 하구까지의 해상 교역망을 장악하고 있었는데, 4세기 중반 근초고왕대에 들어 서남해안 - 남해안 - 倭로 이어지는 교역망을 다시 복원한 것이다.

그 결과 이 시기에는 고구려와 백제가 각각 구축한 양대 교역망 내지는 정치·군사적 동맹이 대립하게 되었다. 즉 고구려 - 신라의 동맹축과 백제 - 가야 - 왜의 동맹축의 대립이 그것인데, 이 양대 축의 역사적 기원은 후한·위진대에 구축되었던 낙랑군 - 진한의 내륙교역망 및 대방군 - 마한 - 변한 - 왜로 이어지는 해상교역망으로 소급해 볼 수 있다. 4세기를 전후하여 고구려와 백제에 의해 복원된 교역망은 고구려·백제가 각각 자신을 기점 혹은 중심축으로 하여 새롭게 구성한 교역망인 동시에 정치적·군사적 동맹의 축이었다.

3기에도 백제의 남조 외교 전략은 대고구려 전략이라기 보다는 조공·책봉제를 백제 국내의 왕권 기반과 연관하여 활용한다는 점이 특징이다. 對倭 관계에 있어서도 송과 倭가 직접적 교섭을 갖게 됨에 따라 이전의 2기와 같은 백제 중심의 교역망과 군사적 동맹 체제는 유지되기 어려웠다. 이에 백제는 나제동맹에 주력하였다.

  나제동맹은 그 이전 백제 – 가야 – 왜의 동맹축과 고구려 – 신라의 동맹축이 대립하는 구도를 완전히 해체시키고 새롭게 국제질서를 재편한 계기가 되었다. 이 외에 倭와 宋의 직접 교섭도 이 시기 국제질서의 변화를 보여주고 있다. 이렇게 고구려와 백제 외에 신라·왜 등의 성장으로 동북아시아의 국제질서는 더욱 다원화되었다. 5세기 중반 이후 동아시아에서 중국의 조공·책봉체제가 갖는 국제질서 상의 의미가 높아지게 되었던 것은 이러한 변화상과 연관되어 있다.

〈참고문헌〉

강종훈, 1991, 「신라 上古紀年의 재검토」, 『한국사론』 26.
권오영, 2001, 「백제국에서 백제로의 전환」, 『역사와 현실』 40.
권오영, 2003, 「백제의 對中交涉의 진전과 문화변동」, 『강좌 한국고대사』 4.
金壽泰, 1998, 「3세기 중·후반 백제의 발전과 마한」, 『馬韓史硏究』.
朴淳發, 1999, 「漢城百濟의 對外關係」, 『百濟硏究』 30.
尹龍九, 1999, 「三韓의 對中交涉과 그 性格」, 『國史館論叢』 85.
李賢惠, 1988, 「4세기 가야사회의 교역체계의 변천」, 『한국고대사연구』 1.
임기환, 2000, 「3세기~4세기초 魏·晋의 동방정책」, 『역사와 현실』 36.
임기환, 2003, 「南北朝期 韓中 책봉·조공관계의 성격 -고구려·백제의 인식을 중심으로」, 『한국고대사연구』 32.

[토론문]

# 漢城期 百濟의 對外交涉 – 3~5세기를 중심으로 –

文東錫*

　　임기환 선생님의 원고를 잘 읽어보았습니다. 선생님이 오늘 발표하신 한성기 백제의 대외교섭에 대한 시기 구분과 그 전개 과정에 대하여 전적으로 동감하는 바입니다. 그러나 토론자로서의 소임을 다하기 위하여 몇 가지 질문을 드리고자 합니다.

　1. 3세기 伯濟國의 대외교섭은 서진과 낙랑·대방군과의 교섭이 중심을 이루는 시기이다. 그리고 3세기 후반에 서진과의 교섭을 伯濟國이 주도하면서 百濟로 전환되고 있다고 보여진다. 百濟로서의 대외교섭 주도권 장악은 백제의 지방지배 방식과 밀접한 연관이 있다고 보여진다. 그렇다면 이 시기 백제의 지방지배 방식은 어떠했는지, 백제 국가권력이 완성되었다고 보여지는 4세기 중엽 이후 지방지배와 어떠한 차별성이 있는지에 대한 선생님의 견해를 묻고 싶습니다.

　2. 4세기 중반 이후 백제의 외교정책에서 주목되는 현상은 倭와의 통교이다. 백제는 367년에 倭와 통교하며, 396년 광개토왕의 원정 때까지는 양국의 관계는 군사적 동맹 체제에서 유지되었던 것 같다. 그러나 396년 전투에서

---

* 한신대학교 학술원 연구교수

고구려의 군사적 우월성과 백제의 국력 위축을 확인한 이후 왜는 백제에 대한 군사적 지원을 꺼리며, 한발 물러선 행위를 보이고 있다. 이러한 倭를 붙잡아두기 위해 백제에서는 전지를 볼모로 보내고, 왕인과 아직기 등을 파견하였던 것으로 보여진다. 이러한 倭의 입장 변화는 5세기 백제와 고구려의 외교전에서 중요한 변수로 작용한다고 보여진다. 따라서 5세기 백제와 왜의 관계를 단지 군사적 관계로만 설명하기에는 한계가 있을 것 같다.

3. 5세기 백제 정책의 기본은 고구려의 압박에서 벗어나는 것이다. 백제는 이를 위해 434년 나제동맹을 체결한다. 나제동맹의 결과로 고구려대 백제-신라-왜로 이어지는 전선이 형성되게 된다. 이러한 백제의 고구려 고립화 정책은 필연적으로 고구려의 반발을 가져왔을 것은 자명한 사실일 것이다.

고구려는 백제와 신라의 동맹관계를 깨뜨리기 위한 외교정책을 펴기 시작하며, 그 대상은 왜이다. 『日本書紀』에 의하면 仁德天皇 12년(444)에 '고구려가 철로 만든 방패와 과녁을 바쳤다'라는 기사는 고구려가 왜를 백제에서 떨어뜨려 놓기 위한 의도에서 접근한 것으로 보여진다. 그리고 450년대 이후 나제동맹이 본격 가동되자, 고구려는 왜를 더욱 적극적으로 이용하려는 전략을 세운 것으로 보인다. 그것이 신라와 왜 관계의 분리를 통해 백제-신라-왜의 전선을 와해시키려고 했던 것 같다.

이러한 고구려의 분리 정책은 어느 정도 성과를 거두었다. 『三國史記』에 의하면 자비왕 2년(459), 5년(462), 6년(463)에 왜의 신라 침략 사례가 급증하고 있다. 왜의 신라 침략은 백제를 당황하게 만들었으며, 이를 설득하게 하기 위해 개로왕은 곤지를 461년 왜에 파견하였다. 곤지의 왜 파견은 군사적 지원의 요청보다는 신라에 대한 침략 저지가 주목적이었던 것 같다.

이와 같은 고구려의 외교정책은 일정한 성과를 거두었을 뿐만 아니라 백제로 하여금 북위를 통한 고구려 견제라는 무리한 외교정책을 전개하도록 유도하였던 것 같다. 그 결과 백제는 한성 함락이라는 최후를 맞게 되었다. 이와 같이 5세기 백제의 대외교섭을 살펴보는 데 있어서는 고구려의 백제를 견제하기 위한 국제적 활동, 왜의 등거리 외교도 중요한 요소가 된다고 하겠다. 이에 대한 선생님의 견해를 말씀해 주시기 바랍니다.

〔답변〕

사회 : 예. 전반적인 논문의 내용에 대해서는 동의를 하시는 것 같고요. 기본적으로 몇 가지 질문을 해주셨습니다.

첫 번째로는 3세기대와 4세기 중엽 이후에 백제의 대외교섭과 관련해서 백제 내부의 지방 지배 방식이 어떻게 달라졌는지에 대한 얘기고요. 두 번째는 왜의 대외정책 문제를 제기하셨습니다. 그래서 왜의 경우에는 광개토대왕의 남정 이후에 고구려나 백제에 대한 정책이 바뀐 것으로 문 선생님께서는 보셨는데 거기에 대해서 답변 해주시고, 세 번째는 고구려가 왜에 대해서 신라와 왜의 관계를 분리시키기 위해서 나름대로 왜에 대한 외교전을 펼친 것이 아닌가 하는 문제를 제기하셨습니다.

임기환 : 첫 번째 질문해 주신 것은 제가 여기에서 발표한 기본적인 논지와는 조금 거리가 있는 것이라고 생각됩니다만, 실제로 대외교섭 통로를 3세기 단계에 지방 지배에 활용했다는 주장들이 제기된 바가 있습니다. 그와 연관시켜서 질문을 하신 것으로 생각됩니다. 잘 알다시피 하나의 정치체가 다른 정치체를 복속해 나가는 과정에서 가장 우선적으로 박탈하는 것은 대외교섭권, 외교권 그런 것이죠. 그것은 현대에 들어서도 마찬가지입니다. 그리고 이 시기 서진과의 교섭 양상에서도 볼 수 있듯이, 백제가 주도해 나가면서 다른 소국들의 교섭권을 박탈하고 다른 지역을 정복, 지배해 가는 것이 일반적인 형태라고 생각됩니다. 물론 교섭권들을 박탈해 나간다 하더라도 아무래도 소국 단계에 일정한 자립성을 갖고 있었던 지역인데 초기부터 강력한 지배가 이루어졌다고 보기는 어렵겠죠. 이러한 양상을 굳이 대외교섭의 양상과 연관시켜 본다면, 아마 초기에는 주로 교환의 형태로 이루어지다가, 대개 4세기 중반 이후에 직접적인 지배라고 할 수 있는 수취의 형태로 변해가지 않았을까 합니다. 인적 물자 교류의 수준이 아니라 수취의 수준으로 가는 것이, 곧 직접 지배의 상황이 아닐까 생각합니다. 다만 이것과 관련시

켜서 한 가지 언급한다면, 이미 본문 중에 말씀드린 바입니다만, 근자에 영산강 지역의 마한론이 학계에 대두되고 있습니다. 이것도 교섭권의 시각에서 본다면 그 성격을 이해할 수 있는 방향이 잡힌다는 생각입니다. 왜냐하면 이 시기 자료 어디에도 영산강 유역에 독자적인 정치체가 나타난 흔적은 찾아볼 수 없습니다. 다시 말해서 고구려든 백제든 신라든 가야든 중국이든 왜든 어느 나라도 영산강 지역에 있는 정치체를 교섭의 파트너로' 생각한 나라가 없다는 뜻입니다. 그랬을 때 과연 영산강에 있는 이 세력을 독자적인 정치세력이라고 할 수 있을까 하는 의문을 갖게 됩니다. 바로 첫 번째 질문과 연관시켜서 본다면 그런 일정한 대외 교섭권들은 이미 근초고왕 때 박탈당한 상태라고 생각됩니다. 다만 지배의 방식들은 상당한 층위가 있겠죠. 그래서 영산강 지역을 지배하는 지방 지배 방식이라든가, 어쩌면 지방 지배 방식이라는 표현도 어색할지 모르겠습니다만, 영산강 지역의 통제 방식과 기타 다른 지역에 대한 지배나 통제 방식에는 아마 상당한 차이는 있었으리라는 생각입니다.

    그 다음에 두 번째 질문에서 실제 고구려와 백제와 왜의 관계를 군사적으로 설명하기는 어렵다는 지적은 옳으신 지적입니다. 다만 4세기 때 가장 특징적으로 등장하는 현상은 광개토대왕비에 보이듯이 왜의 군사적인 한반도 출병이라고 할 수 있습니다. 실제로 백제로서는 왜의 군사적인 지원이랄까 동원이라는 것이 유효했던 것 같고, 그런 현상들이 광개토대왕 비문을 보면 잘 드러나 있습니다. 이것만 가지고 양자의 관계가 규정되는 것은 아니겠습니다만, 당시 백제가 어디에 더 주목을 하고 있는가를 볼 때는 역시 군사적인 것을 왜과의 관계에서 중요한 특징으로 볼 수 있고, 그것이 중심이 아니었겠는가 하는 생각입니다. 물론 이후로도 계속 그렇다는 뜻은 아니고, 대개 4세기 경 백제가 근초고왕 때에 고구려를 압도했다가 수세로 몰리면서, 그런 과정에서 왜병의 군사적 지원 쪽에 주력했던 것이 아닌가 하는 생각이 듭니다. 역시 선생님 말씀 대로 다양한 관계로 설명해야겠지만, 여기에서는 개관적인 흐름을 찾아보는 것이기 때문에 그렇게 보았습니다.

세 번째 질문은 재미있는 말씀을 해주셨는데, 사실 많은 사람들이 백제가 고구려 고립화정책을 추진하였다는 주장을 하고 있습니다만 저는 인정하고 있지 않습니다. 사실 이 시기 국제관계를 좀더 면밀하게 보면 백제의 고구려 고립화정책이라는 것은 오늘날의 상상에 불과한 것입니다. 우선 송과 백제의 관계도 마찬가지인데, 송에 있어서 백제는 부차적인 문제이기 때문에, 백제의 그런 고립화정책에 끼어들 의도도 없는 것입니다. 그 다음에 고구려와 백제의 관계에 있어서도 사전에 교류가 있는 상황이 아닙니다. 이미 밀접한 교류가 되어 있지 않은 상태에서 그걸 떼어놓는 것이 아닐진데, 그것을 고립화라고 얘기할 수 있을지 모르겠습니다. 더구나 신라와 왜, 그리고 백제와 신라의 관계만이 유효하고 실제적인 성격을 갖는 것이라고 볼 때, 과연 백제가 고구려를 고립화하는 정책을 취했을까 하는 의문을 갖지 않을 수 없습니다. 이것은 현실적으로 나제동맹이라는 개념이지, 고구려 고립화정책이라고 볼 수는 없는 것입니다. 그런 하나의 예로서 고구려와 왜의 관계를 둘러싼 『일본서기』 기사를 말씀하셨는데, 기본적으로 『일본서기』 기사의 기년은 현재로서는 신뢰할 수 없는 점이 많다는 것입니다. 왜와 고구려, 백제의 관계를 보여주는 하나의 자료로는 활용할 수 있는데, 과연 그 시점을 인정할 수 있느냐는 것이죠. 지금 문 선생님께서는 440년이라는 시점이 중요하다고 하시지만, 저는 이 시점을 인정할 수 없다는 것입니다. 틀렸다는 것은 아니지만 섣불리 『일본서기』 기사를 활용할 수 없다는 생각이 듭니다. 더구나 고구려가 백제와 왜를 분리시키기 위한 정책이라는 말씀을 하셨는데, 기본적으로 고구려와 왜의 관계가 이 시기에 밀접하지도 않고 소원한 상태에서 고구려가 왜에 대해서 본격적으로 이런 외교관계를 맺었으리라고 저는 보지 않습니다. 더군다나 말씀하시는 것이 신라와 백제를 분리시키기 위해서 왜를 이용했다고 말씀하시는데, 사실 조금 동의하기 어렵습니다. 설사 『일본서기』 기사를 인정한다 하더라도 한두 차례 사신을 보낸 것을 가지고, 과연 왜가 기존의 동맹관계였던 백제를 배신하고 고구려의 뜻대로 신라를 공격하는 이런 식의 행동을 할 수 있을까요? 백제가 곤지라는 왕제를 보내서 장기간 머물면서, 그리고 그 전부터 백제와 왜는 매우 밀접한 관계에 있었는데도 불구하고, 한두 차례 보낸 고구려의 사신이 기존의 백제 전략을 깨뜨리고 백제와 왜 사이를 분리시킬 수 있을까 하는 것은 매우 의문입니다. 결국 곤지의 파견 목적은 꼭 군사적이라고만 말할 수는 없겠지만, 다양한 요인들이 있을 터입니다. 더욱 이 시기 왜가 백제의 전략에 수동적으로만 움직여 나간 존재는 아닙니다. 우리가 너무 우리 입장에서만 생각하는데 왜는 왜대로 자기 입장에서 자기 나름대로의 외교 전략을 구사하는 것이고, 그 과정에서 백제와 왜의 관계가 설정되는 것이지, 일방적으로 백제에 의해서 왜가 동원되거나 외교적으로 움직여지는 것은 아니라고 생각됩니다. 문선생님 말씀은 재미있는 견해라고 생각됩니다만, 당시 그러한 실제 상황을 인정하기는 힘들지 않을까 하는 생각입니다. 먼저 사료가 검토된 이후에 그 사료가 사실로 인정한 위에서 당시 국제 상황을 분석하는 것이 옳으리라고 생각됩니다.

# 南朝時代 建康地域 蓮花紋 瓦當의 變遷 과정 및 관련 문제의 研究

賀云翱*

## 머리말

최근 10년 동안, 필자는 과거 여섯 왕조의 수도였던 남경시의 고대 와당 출토 상황에 대해 주목하여 왔다. 1998년에 육조시대 와당연구에 관한 최초의 논문을 발표하여 육조시대 와당을 운문, 인면, 문자, 수면, 연화문의 다섯 유형으로 분류하였다.[1] 이후 남경의 鐘山南朝壇類建築遺存,[2] 栖霞區境內梁南平王蕭偉墓闕,[3] 鐘山南朝寺廟(二號寺)遺址,[4] 栖霞山南朝石窟遺址, 淸凉山 六朝石頭城遺址[5] 및 毘盧寺東側의 六朝時期 灰坑유적을 발굴하였다.[6] 또한

---

* 중국 난징대학교 역사학과 교수
1) 拙作:『六朝瓦當初探』,『六朝文化國際學術研討會論文摘要』,『東南文化』增刊, 1998季9月.
2) 參見南京市文物研究所, 中山陵園管理局文物處, 南京大學歷史系考古專業:『南京鐘山南朝壇類建築遺存一號壇發掘簡報』,『文物』2003季 7期.
3) 參見南京市文物研究所, 南京栖霞區文化局:『南京梁南平王蕭偉墓闕發掘簡報』,『文物』2002季 7期
4)『南京鐘山南朝寺廟(二號寺)遺存試掘簡報』, 待刊稿.
5)『南京淸凉山六朝石頭城遺阯調査勘探簡報』,『考古』待刊稿.
6) 拙作:『南京毘盧寺東齣土的六朝時代瓷器和瓦當』,『東南文化』待刊稿.

南京市 大行宮地區, 新街口地區, 成賢街地區, 張府園地區, 白下路沿線, 瞻園路地區, 窯灣村地區等 10여 개 지점의 와당 출토 상황을 조사하였다. 이러한 기초 조사를 바탕으로하여 학계에 관련조사의 결과들을 지속적으로 발표하였다.[7] 현재 대체적으로 보아 동오시기의 도성 건업에는 운문과 인면문와당이 유행하였으며, 동진시기의 도성 건강에서는 수면문와당으로 바뀌고, 남조시기에 이르러 연화문와당을 주류로 하여 宮殿, 禮儀建築, 官署, 府第, 寺院, 陵寢 등의 고급건축물에 광범위하게 사용되었다. 이 시기 수면문와당도 계속 사용되었으나 수량으로 보아 연화문와당에는 미치지 못한다. 이와 같이 서로 다른 시기에 사용된 서로 다른 유형의 와당은 어떤 면에서 육조시기 도성인 건업-건강의 문화변천을 보여준다. 이외 필자의 조사에 의하면 남경지역뿐만 아니라 鎭江, 楊州, 蘇州, 紹興, 九江, 廣州, 成都 등 도시에서도 모두 남조시기 연화문와당이 발견되었다. 하지만 남경지역에서 출토된 남조시기 연화문와당의 종류가 다양하며 수량이 많아, 다른 도시와 비교가 되지 않는다. 이는 남조의 수도였던 건강의 특수한 지위를 반영하는 것이다.

본문에서 다시 한번 남조시대 도성 건강 지역의 연화문와당에 대한 체계적인 연구를 진행하고자 한다.

## Ⅰ. 南朝時代 蓮花紋瓦當의 類型

南京에서 출토된 南朝시대 蓮花紋瓦當은 當面에 모두 활짝 핀 蓮花紋樣이 시문되어 있으며, 그 중심에는 圓形의 蓮房과 주변에는 蓮瓣이 배치되어 있다. 연화는 8瓣蓮花를 爲主로 하며 9瓣, 10瓣, 12瓣 심지어 16瓣인 것도 있다. 필자는 그 조형 특징과 서로 다른 특징을 가진 瓦當 類型의 발전과 변화

---

7) 賀雲翺·邵磊:『南京出土南朝椽頭裝飾瓦件』,『文物』2001年 8期;拙作『南京出土六朝瓦當初探』,『東南文化』2003年 1期;『南京出土의六朝人面紋與獸面紋瓦當』,『文物』2003季 7期.

과정을 설명하기 위해 남조시대 蓮花紋瓦當을 十一型으로 분류하고 일부는 다시 몇 개의 式으로 재분류하였다. 分型, 分式의 근거는 아래의 4가지를 들 수 있다.

① 瓦當출토시의 지층관계

② 蓮瓣사이의 구획선 끝 부분 장식문양의 차이와 변화. 蓮瓣사이에는 일반적으로 구획하는 장식선이 있으며, 이러한 구획선의 끝 부분에 서로 다른 문양들을 장식한다. 일부는 측면에서 보아 "蓮蕾形",[8] 즉 측면에서 볼 때 마치 한 송이 방금 피어나는 蓮蕾와 같고, 중간蓮蕾의 봉오리 끝은 솟아 있고, 양측의 각 瓣葉은 위로 솟아 葉尖을 향하고 있다. 어떤 것은 4개 혹은 5개의 瓣葉葉尖이 있고, 혹은 "倒弧邊三角形", 혹은 "箭頭形", 혹은 "樹杈形", 혹은 "T字形" 등이 있다. 이러한 차이는 아마도 동일시기 서로 다른 蓮花瓦當에서 보이는 紋飾造型의 표현이거나, 혹은 서로 다른 시기 동일 와당에서 나타나는 변화의 결과로 보인다. 그러므로 瓦當의 型, 式分析에 중요한 意義가 있다.

③ 蓮瓣의 瓣形의 變化. 南朝시대 蓮花紋瓦當은 單瓣蓮花 위주이며 復瓣(寶裝)蓮花문양은 극소수이다. 하지만 單瓣蓮花라 할지라도 瓣數의 多寡와 瓣形의 肥瘦 및 瓣上에 잎맥이 나온 유무에 따라 分型, 式을 나누는 중요한 참고 근거가 된다.

④ 기타 因素. 예로 蓮房의 高低, 蓮房중 蓮子의 多少, 蓮花週邊의 줄무늬 혹은 연주문의 유무, 瓦當주연부의 장식 유무 등, 모두 型, 式 연구에 일정한 보조역활을 한다.

이하 필자는 구체적인 型, 式 분류를 진행하고자 한다. 다만 본문에서 언급되는 瓦當의 실례는 대부분 미공개 발표된 것으로 문양을 묘사하는 과정에서 설명이 길어질 수밖에 없을 것이다.

---

8) 일부 학자는 "菱角形"이라 명칭한다.

1. I型

구획한 문양이 "蓮蕾形"인 경우, 이 型은 다시 두 개의 亞型으로 나누어진다.

1) IA型

"舒展式蓮蕾形分隔"蓮花紋瓦當이라 부른다. 즉 蓮瓣사이 구획선 끝 부분 蓮蕾兩側의 瓣葉葉尖이 위로 향하여 弧形으로 펼쳐진 형태이다. 이 型은 다시 두 개의 式으로 나누어진다.

A. IA型a式

주연부가 모두 當面보다 높다. 當面은 대개 8瓣(일부 9瓣혹은 10瓣)蓮花로 배치되어 있다. 蓮房은 돌출되어 있으며 그 주위에 한 줄의 凸絃紋이 둘려져 있다. 蓮房에는 대개 7顆(일부 8顆)蓮子가 장식되어 있다(중심에 1顆, 주위에 6顆혹은 7顆). 瓣形은 대체로 앙상하며 瓣 중간은 돌기되어 있다. 瓣사이 구획선 끝부분의 蓮蕾는 三尖狀이며, 中尖은 풍만하고 솟아 있고 좌우의 瓣葉葉尖은 위로 향하여 弧形으로 펼쳐져 있다. 일부는 네 개 혹은 다섯 개의 瓣尖이 있다.

① 標本一(NYW:101): 張府園 出土. 직경은 13.4, 주연부의 폭은 1cm이다. 當面에는 8瓣蓮花가 장식되어 있다. 瓣 사이 구획선 끝 부분의 蓮蕾는 세 갈래이며 蓮蕾의 중간에 하나의 원형돌기가 장식되어 있다(圖1).

② 標本二(NZJT1504:4): 鐘山南朝壇類建築遺址 出土. 殘. 직경은 약14, 주연부의 폭은 1cm이다. 當面에 8瓣蓮花가 장식되어 있으며 瓣 사이 구획선 끝 부분의 蓮蕾는 세 갈래이다. 蓮花의 둘레에 한 줄의 돌기선이 장식되어 있다(圖2).

③ 標本三(NZJT1206④: 2): 출토지점은 위와 같다. 직경은 14.5, 주연부의 폭은 0.9cm이다. 當面의 특징은 위와 같다(圖3).

④ 標本四(NZJT1206④: 4): 출토지점은 위와 같다. 직경은 13.3, 주연부

의 폭은 1cm이다. 當面에 10瓣蓮花가 장식되어 있으며 瓣 사이 구획선 끝 부분의 蓮蕾는 다섯 갈래이다. 蓮花의 주위에 한 줄의 줄무늬가 장식되어 있다(圖 4).

⑤ 標本五(97FGSM6∶1) : 太平門東側(富貴山南麓東晉帝陵區附近) 6號墓 出土. 殘. 직경은 12.3, 주연부의 폭은 1.6cm이다. 當面에 10瓣蓮花가 장식되어 있으며 瓣 사이 구획선 끝 부분 蓮蕾는 다섯 갈래이다. 蓮花의 둘레에 한 줄의 돌기선이 장식되어 있다(圖 5).

⑥ 標本六(NPHH1∶5) : 毘盧寺東側 "楊吳城濠" 西一의 六朝時期 灰坑 出土. 殘. 직경은 13.6, 주연부의 폭은 1cm이다. 當面의 특징은 위와 같다. 瓣 사이 구획선 끝 부분 蓮蕾는 네 갈래이다(圖 6).

⑦ 標本七(NYW∶102) : 大行宮中山東路南側 출토. 직경은 12.2, 주연부의 폭은 1cm이다. 當面의 특징은 위와 같다. 瓣 사이의 구획선 끝 부분 蓮蕾는 세 갈래이다(圖 7).

### B. IA型b式

주연부가 當面보다 높다. 當面에는 8瓣蓮花紋이 장식되어 a式과 비교해 볼 때 瓣形이 눈에 띄게 넓고 量感이 있다. 瓣 사이 구획선도 선명하지 않다. 구획선 끝 자락의 蓮蕾 좌우의 瓣葉葉尖은 더 이상 위로 뻗지 않고 양옆으로 자라 수평을 이루고 있다. 蓮房에는 다섯 顆의 蓮子가 장식되어 있으며, 蓮花의 둘레에는 한 줄의 돌기선이 장식되어 있다.

① 標本一(2000NQBLL∶W16) : 栖霞區梁南平王蕭偉墓闕遺址 出土. 殘. 직경은 약13.5, 주연부의 폭은 1.2cm이다. 當面의 특징은 위에서 서술한 것과 같다(圖 8).

### 2) IB型

"收斂式蓮蕾形分隔" 蓮花紋瓦當이라 한다. 즉 蓮瓣 사이의 구획선 끝 부분 蓮蕾의 양측 瓣葉葉尖은 약간 수축되어 뒤쪽으로 경사를 이루며 위로 뻗어

있다. 이 型은 세 개의 式으로 나누어 진다 :

### A. IB型a式

蓮瓣 사이의 구획 蓮蕾의 차이를 제외하면 當面의 일반적 특징은 기본적으로 ⅠA型a式과 동일하다.

① 標本一(NYW : 103) : 張府園 出土. 직경은 13, 주연부의 폭은 1cm이다. 當面에는 8瓣蓮花가 장식되어 있으며, 蓮房이 돌기되고 瓣體가 풍만하며 잎맥이 돌기되어 있다. 瓣 사이 구획선 끝 부분 蓮蕾은 세 갈래이며 좌우의 두 끝은 비스듬히 뻗어 힘차 보인다. 蓮花의 둘레에 한 줄의 돌기선이 있다 (圖 9).

② 標本二 : 建鄴路南七家灣 出土. 직경은 13.8, 주연부의 폭은 1.3cm이다. 當面에는 10瓣蓮花가 장식되어 있다. 瓣形은 앙상하며 蓮花의 둘레에는 줄무늬가 없다. 기타 특징은 위와 같다(圖 10).

③ 標本三(NZJT2702③ : 18) : 鐘山南朝壇類建築遺址 出土. 직경은 14, 주연부의 폭은 0.8cm이다. 當面에는 9瓣蓮花가 장식되어 있으며 蓮花의 둘레에는 한 줄의 돌기선이 있다. 기타 특징은 위와 같다(圖 11).

### B. IB型b式

當面의 일반적 특징은 A式과 같으며 단지, 瓣 사이 구획선 끝 부분 蓮蕾의 중간의 끝 갈래가 분명하지 않다. 좌우 蓮尖은 수평에 가깝다. IB型a式에서 IB型c式으로 넘어가는 과도기적 특징을 가지고 있다.

① 標本一(NYW : 104) : 張府園 出土. 직경은 12.5, 주연부의 폭은 1.1cm이다. 當面에는 9瓣蓮花가 장식되어 있다. 瓣 사이 구획선 끝 부분 蓮蕾는 세 갈래인 것도 있고 이미 중간 갈래가 없어진 것도 있다. 蓮花의 둘레에는 줄무늬가 없다(圖 12).

② 標本二(NYW:105) : 中山門外小衛街明孝陵下馬坊附近 出土. 직경은 9.1, 주연부의 폭은 0.7cm이다. 當面의 특징은 대체로 위와 같다(圖 13).

**C. IB型c式**

當面의 一般적 특징은 b식과 같으나 蓮瓣은 조금 넓고 量感이 있다. 蓮房은 비교적 낮고 평평하며 蓮子의 數는 늘어나 10顆 이상에 이른다. 특히 瓣 사이 구획선 끝 부분 蓮蕾는 이미 早期의 비교적 寫實적 형상에서 탈피하여 거의 수평선식의 추상적 형태로 변화하였다. 즉 瓣 사이 구획선 문양은 이미 "T"形을 이룬다.

① 標本一(NYW : 106) : 銅作坊 出土. 직경은 12.2, 주연부의 폭은 1cm이다. 當面에는 9瓣蓮花가 장식되어 있으며 蓮花의 주위에는 한 줄의 돌기선이 있다. 瓣 사이 구획선 끝 부분 蓮蕾는 이미 기본적으로 "T"字形으로 간단해졌으나 중간에 아주 짧게 솟은 것도 있어 蓮蕾의 早期형태를 간직하고 있다. 그러므로 이 標本은 IB型b식에서 IB型c식으로 넘어가는 과도기적 특징을 가지고 있다(圖 14).

② 標本二(NYW : 108) : 秣陵路 出土. 직경은 12.8, 주연부의 폭은 1cm이다. 當面의 특징은 대체로 위와 같으며 瓣 사이 구획선 끝 부분은 기본적으로 "T"型이다(圖 15).

③ 標本三(NYW : 107) : 출토지점은 위와 같다. 직경은 13.2, 주연부의 폭은 1.2cm이다. 當面은 8瓣蓮花로 장식되어 있으며, 瓣形이 넓고 量感이 있다. 기타 특징은 위와 같으나 연화의 주위에는 줄무늬가 없다(圖 16).

④ 標本四 : 大行宮中山東路南側 出土. 殘. 직경은 12.6, 주연부의 폭은 1cm이다. 當面은 9瓣蓮花로 장식되어 있으며 蓮花의 주위에는 한 줄의 돌기선이 있다. 기타 특징은 위와 같다(圖 17).

**2. II型**

當面에는 만개한 매우 寫實적인 蓮花로 장식되어 있어 "寫實型" 蓮花瓦當이라 한다. 蓮瓣은 모두 상하 兩층으로 각각 8瓣이 있으며 上層 8瓣의 瓣形은 편평하고 풍만하며 잎맥은 돌기하여 있다. 下層의 8瓣은 上層에 의해 덮혀 있어 잎의 끝 부분만 드러나 있다. 두 개의 式으로 나눌 수 있다.

1) II型a式

蓮花의 寫實性이 매우 강하며 정교하게 제작되어 생동감이 있다.

① 標本一(NYW : 109) : 張府園 出土. 略殘. 직경은 13.4, 주연부의 폭은 1.2cm이다. 當面은 上下兩層에 각각 8瓣의 蓮花로 장식되어 있다. 下層의 瓣尖은 노출되어 있으며 上, 下잎맥은 모두 돌기되어 있다. 蓮房은 돌기되어 있고 둘레에는 줄무늬가 없으며 7顆의 蓮子가 장식되어 있다(圖 18).

2) II型b式

대체로 a式 분위기를 유지하고 있으나 寫實性이 약하며 蓮瓣이 비교적 넓고 量感이 있다. 下層蓮瓣의 瓣尖이 드러난 부분은 간략화 되어 점의 형태를 하고 있다.

② 標本一(NYW : 110) : 張府園 出土. 직경은 11.8, 주연부의 폭은 1cm이다. 當面에는 8瓣蓮花가 장식되어 있으며 蓮瓣은 비교적 넓고 量感이 있다. 잎맥은 돌기되어 있다. 下層의 瓣尖은 잘 드러나지 않아 대체로 불규칙적인 점의 형태를 하고 있다. 蓮房은 조금 낮으며 둘레에 한 줄의 돌기된 줄무늬가 있다(圖 19).

3. III型

當面의 蓮瓣사이 구획선의 끝 부분이 삼각형의 화살촉형태로 "箭頭型" 蓮花紋瓦當이라 한다. 當面은 대체로 8瓣蓮花로 장식되어 있으며 瓣尖은 들려 올라 화살촉 모양이다. 瓣 사이 구획선 끝 부분도 화살촉 형태이다. 다시 두 개의 式으로 나눈다.

1) III型a式

최대의 특징은 蓮瓣의 瓣尖과 瓣 사이 구획선 끝 부분이 寫實적인 정삼각형의 화살촉 형태를 이룬다.

① 標本一(NYW : 112) : 銅作坊 出土. 직경은 12.2, 주연부의 폭은 1cm이

다. 當面에는 8瓣蓮花가 장식되어 있으며 蓮瓣의 잎맥이 돌기되고 瓣尖까지 뻗어서 화살촉 모양을 이룬다. 瓣 사이 구획선 끝 부분도 화살촉 모양을 이루고 있어 當面 주위의 16개 화살촉이 주연부를 가리키는 구성효과를 내고 있다는 점이 눈에 띈다. 蓮房은 높고 7顆의 蓮子가 있다(圖 20).

② 標本二(NZJT601③ : 11) : 鐘山南朝壇類建築遺址 出土. 직경은 14.5, 주연부의 폭은 1cm이다. 當面의 특징은 위와 같다(圖 21).

2) III型 b式
本式의 瓣尖은 위로 치솟아 올라 화살촉 모양과 유사하나 대부분 이미 정삼각형은 아니다. 瓣 사이 구획선이 분명하지 않으며 선 끝 부분의 화살촉 모양이 점차 간략화 되는 추세이다.

③ 標本一(NYW : 114) : 大行宮南科巷西口南側 出土. 殘. 직경은 約12.4, 주연부의 폭은 0.9cm이다. 當面에는 8瓣蓮花가 장식되어 있으며, 瓣形은 약간의 量感이 있다. 瓣尖은 위로 솟아 올라 화살촉 모양이다. 瓣 사이 구획선은 보이지 않고 다만 양쪽 蓮瓣尖 사이에 箭頭形紋樣만이 남아 있다. 그 외 本式의 瓣 사이 화살촉장식은 마치 下層의 蓮瓣瓣尖이 노출되어 생긴 것처럼 보인다. III型a式이 瓣 사이 화살촉을 독립적인 문양으로 한 것과 구별이 된다(圖 22).

④ 標本二(NYW : 115) : 中華門內瞻園商廈工地 出土. 직경은 12.5, 주연부의 폭은 1cm이다. 當面의 특징은 위와 같다(圖 23).

4. IV型
當面에 장식된 蓮花가 12瓣 이상이며 "多瓣型" 蓮花紋瓦當이라 한다.

① 標本一(NYW : 120) : 張府園 出土. 직경은 12, 주연부의 폭은 0.7cm이다. 當面에는 12瓣蓮花가 장식되어 있다. 瓣尖은 둥글고 매끄러우며 瓣 사이 구획선의 끝 부분이 線으로 연결되어, 12개의 부채형 틀이 형성되고 각 蓮瓣은 부채형 틀안에 놓인다. 當面에 부채형의 틀과 蓮瓣이 연속적으로 배열되

는 예술적 효과를 나타낸다(圖 24).
② 標本二(NYW : 250) : 新街口南豊富路 出土. 직경은 12, 주연부의 폭은 1cm이다. 當面에는 16瓣蓮花가 장식되어 있으며 구성방법 및 蓮瓣의 특징은 위와 같다. 蓮房은 비교적 크며 19顆의 蓮子가 장식되고 蓮子는 안팎의 세 겹으로 배치되어 있다(圖 25).

5. V型
주요특징은 當面의 蓮瓣사이 구획선 끝 부분이 비대하여 활형으로 휘어져 역삼각형을 이루고 있어, "倒弧邊三角形分隔" 蓮花紋瓦當이라 한다. 2개 式으로 나누어진다.

1) V型a式
특징은 瓣 사이 구획선과 그 끝 부분의 활형으로 휜 역삼각형의 구도가 완성된다.
① 標本一(NZJT601③ : 10) :鐘南朝壇類建築遺址 出土. 略殘. 직경은 13.8, 주연부의 폭은 1.1cm이다. 當面에는 8瓣蓮花가 장식되어 있다. 瓣形이 앙상하며, 瓣 사이 구획선의 끝 부분이 비대한 활형으로 휜 역삼각형이다. 蓮房은 돌기되어 있으며 8顆의 蓮子가 장식되어 있다(圖 26).
② 標本二(NYW : 121) : 八府塘 出土. 직경이 13.2, 주연부의 폭은 1cm이다. 當面에 8瓣蓮花가 장식되어 있다. 瓣體는 풍만하고, 잎맥은 돌기되어 있다. 瓣 사이 구획선의 끝 부분 특징은 위와 같다. 蓮房은 높고 7顆의 蓮子가 장식되어 있다. 蓮花의 둘레에는 한 줄의 돌기선이 있다(圖 27).

2) V型b式
a式과 구별되는 주요특징은 瓣 사이 구획선의 長短 혹은 有無이다. 本式의 구획선은 불확실하거나 혹은 이미 소실되었다. 하지만 끝 부분의 활형으로 휜 역삼각형은 여전히 남아 있다.

③ 標本一(2000NQBLL : W14): 栖霞區梁南平王蕭偉墓闕遺址 出土. 직경은 約12.2, 주연부의 폭은 1cm이다. 當面에 8瓣蓮花가 장식되어 있으며 瓣形은 약간 量感이 있다. 瓣 사이 구획선의 하단은 거의 보이지 않으며 상단은 여전히 남아 있다. 끝 부분은 비대한 활형으로 휜 역삼각형이다(圖 28).

④ 標本二(NYW : 125): 八府塘 出土. 略殘. 직경은 12, 주연부의 폭은 1cm이다. 當面에 8瓣蓮花가 장식되어 있으며, 蓮瓣은 비대한 편이며 잎맥이 돌기되어 있다. 瓣 사이의 구획선은 보이지 않고 瓣尖 사이에 활형으로 휜 역삼각형 裝飾이 있다(圖 29).

6. VI型

當面은 復瓣이며 寶裝형 蓮花가 장식된 것이 특징으로 "復瓣寶裝型" 蓮花紋瓦當이라 부른다. 이상의 各單瓣型蓮花紋瓦當과는 명확히 구별된다. 출토량은 매우 적다.

① 標本一(NXYW : 1): 南京雨花臺西西營邨 出土. 직경은 11.2, 주연부의 폭은 0.6cm이다. 주연부는 當面보다 높으며 當面에는 8瓣(復瓣)蓮花가 장식되어 있다. 瓣頭는 치 솟아 있고 瓣尖 사이에 마름모형의 장식이 있어 下層蓮瓣의 瓣尖을 상징하는 듯하다(圖 30).

② 標本二(NYW : 126): 銅作坊 出土. 직경이 12.8, 주연부의 폭은 1.2cm이다. 當面의 특징은 위와 같다(圖 31).

7. VII型

주요 특징은 當面의 蓮瓣 사이 구획선의 끝 부분이 작살형이며, "樹杈形分隔" 蓮花紋瓦當이라 한다.

① 標本一(2000NQBLL : W20): 栖霞區梁南平王蕭偉墓闕遺址 出土. 직경은 12, 주연부의 폭은 1.1cm이다. 當面에는 10瓣蓮花가 장식되어 있다. 瓣形은 앙상하며 잎맥은 돌기되어 있다. 瓣 사이 구획선의 끝 부분은 작살형(三扠形)이다. 蓮房이 높고 약 20여 顆의 蓮子가 장식되어 있다. 蓮花의 둘레에는

한 줄의 돌기선이 있다. 주연 부위에 간략화된 忍冬紋이 장식되어 있어 매우 특색이 있다(圖 32).

②標本二：大行宮中山東路南側 出土. 殘. 當面의 직경이 13, 주연부의 폭은 0.9cm이다. 當面의 특징은 대체로 위와 같으나 蓮房의 蓮子는 겨우 8顆뿐이며 주연부에는 장식이 없다(圖 33).

8. Ⅷ型

當面은 內外로 양분되어 있으며 內區에는 8瓣蓮花가 장식되어 있고 外區에는 忍冬紋이 장식되어 있어 "忍冬蓮花紋" 瓦當이라 부른다.

①標本一：中山南路東金沙井 出土. 직경이 11.3, 주연부의 폭은 1.1cm이다. 當面의 內區는 8瓣蓮花紋으로 瓣形이 비교적 넓고 量感이 있고 잎맥은 돌기되어 있다. 瓣尖 사이 下層蓮瓣의 끝이 드러나 있다. 蓮房은 높고 5顆의 蓮子가 장식되어 있다. 蓮花의 둘레에는 두 줄의 돌기선이 있다. 外區에는 內區의 둘레를 따라 8組의 忍冬紋이 장식되어 있다(圖 34).

②標本二：大行宮中山東路南側 出土. 殘. 직경은 13, 주연부의 폭은 1.2cm이다. 當面의 특징은 대체로 위와 같으나 주연부에도 忍冬紋樣이 장식되어 있다(圖 35).

9. Ⅸ型

當面의 蓮花瓣尖과 瓣 사이 구획선의 끝 부분이 모두 역삼각형이며, 그 중에서 蓮瓣 끝 부분의 역삼각형은 瓣尖에 切入式으로 장식되어 있어 "瓣尖切入型" 蓮花紋瓦當이라 한다.

①標本一(NYW : 127)：明瓦廊 出土. 직경은 13, 주연부의 폭은 1.4cm이다. 當面에 10瓣蓮花가 장식되어 있으며 잎의 끝부분은 비교적 넓다. 瓣尖과 瓣 사이 구획선의 끝 부분은 모두 역삼각형이며 "三角"의 저변은 서로 연결되어 부채모양의 틀을 형성한다. 그 구성방식이 본문에서 언급한 Ⅳ型과 유사하다. 本型의 蓮瓣瓣尖이 역삼각형의 切入式이라는 점은 중요한 특징이다

(圖36).

② 標本二 : 建鄴路南七家灣 出土. 略殘. 직경은 14.5, 주연부의 폭은 1.1cm이다. 當面의 특징은 대체로 위와 같으나 瓣尖의 역삼각형과 瓣 사이 구획선 끝 부분의 역삼각형 底邊은 서로 연결되어 있지 않다(圖37).

③ 標本三(NYW : 128): 張府園 出土. 직경은 11.5, 주연부의 폭은 1cm이다. 當面에는 8瓣蓮花가 장식되어 있다. 瓣體의 끝 부분이 넓고 크며 잎맥은 돌기되어 있다. 돌기된 부분은 잎 갈래에서 굵고 크게 변하여 切入式을 만든다. 瓣 사이 구획선 끝 부분은 세 갈래식의 蓮蕾형태를 만든다(圖38).

10. X型
주요 특징은 當面蓮花의 둘레에 한 줄의 聯珠紋띠가 장식되어 있다.

① 標本一(NYW : 150): 珠江路中段南側 出土. 殘. 직경은 14.2, 주연부의 폭은 1.3cm이다. 當面에는 8瓣蓮花가 장식되어 있다. 瓣形은 비교적 넓고 풍만하며 잎맥에는 돌기현상이 없다. 瓣 사이 구획선의 끝 부분은 역삼각형이다. 蓮房은 높고 9顆의 蓮子가 장식되어 있다. 蓮花紋의 둘레에 한 줄의 聯珠紋띠가 장식되어 있다(圖39).

② 標本二(NYW : 152): 秣陵路 出土. 직경이 15, 주연부의 폭은 0.3cm이다. 當面에는 17瓣蓮花가 장식되어 있다. 蓮瓣은 圓形이며 蓮房은 크고 바닥은 편평하며 40顆의 蓮子가 장식되어 있다. 蓮花의 둘레로 한 줄의 돌기선이 있으며 줄무늬 밖과 주연부 사이에 聯珠紋띠가 있다(圖40).

11. XI型
주요 특징은 蓮花 둘레와 혹은 줄무늬를 장식한 밖에 일정한 空白이 남아 있거나 혹은 톱니문양띠와 일정한 空白이 남아 있다.

① 標本一(NYW : 151): 長江路中段北側 出土. 殘. 직경은 약 17.2, 주연부의 폭은 1.4cm이다. 當面에는 8瓣蓮花가 장식되어 있으며 蓮瓣의 주위에 각각 한 줄의 돌기된 윤곽선이 있어 重瓣狀이다. 瓣 사이 구획선의 끝 부분은

역삼각형이다. 蓮房은 낮고 편평하며 세 겹에 모두 18顆의 蓮子가 장식되어 있다. 蓮花의 둘레에 한 줄의 돌기선이 장식되어 있으며 줄무늬의 밖과 주연부 사이에 한 겹의 폭 1cm 정도의 空白구역이 있다(圖 41).

②標本二(NPHH1：8)：毘盧寺東, 楊吳城濠西 六朝시기 灰坑 出土. 略殘. 직경이 13.2, 주연부의 폭은 1.5cm이다. 當面에는 10瓣蓮花가 장식되어 있으며 瓣體는 짧고 편평하다. 瓣 사이 구획선은 이미 소실되고 끝 부분에 장식된 역삼각형만이 보인다. 蓮房은 크고 바닥은 편평하며 7顆의 蓮子가 장식되어 있다. 蓮花의 둘레에는 한 줄의 톱니문띠가 있으며 그 바깥과 주연부 사이는 폭이 약 0.5cm의 空白구역이다(圖 42).

以上의 型, 式분류는 일반적인 瓦當에 대한 것이다. 실제로 필자의 고고학적 조사 과정에서 목격한 南朝蓮花紋瓦當의 조형은 더욱 풍부하다. 즉 동일型 혹은 동일식의 蓮紋瓦當일지라도 細部적인 구성상의 差異가 있으며 이는 당시 瓦當 제작과정의 복잡성을 보여준다. 필자가 진행한 瓦當類型研究의 목적은 南朝시대 蓮花紋瓦當의 전체적인 문화면모와 서로 다른 型, 式 瓦當 사이의 구조관계를 복원하려는 시도이며 아울러 그 속에서 와당의 연변과정을 이해하려는 것이다. 그러므로 그 주류를 파악하기 위하여 미세한 차이를 언급하지 못한 부득이 한 부분도 있다.

다음으로 이상의 형식분석의 기초 위에서 南朝시대 蓮花紋瓦當에 대한 分期연구를 시도해 보고자 한다.


## II. 南朝蓮花紋瓦當의 分期

현재 우리는 南朝蓮花紋瓦當을 三期로 나눈다. 第一期：혹은 早期, 대체로 東晉晩期에서 劉宋時期에 속한다. 第二期：혹은 中期, 대체로 齊에서 梁代에 속한다. 第三期：혹은 晩期, 대체로 陳代에 속한다. 이하 구체적인 해석을 시도해 보면 다음과 같다.

1. 第一期

 본문에서 분석한 IA型a式, IB型a式, II型a式, III型a式, IV型, V型a式 등이 이에 속한다. 本期의 主要 特徵은 ① 풍부한 寫實性. 예로 IA型 瓦當瓣 사이의 구획선 끝부분의 蓮蕾紋樣, II型a式 瓦當의 寫實적 風格, 풍만하고 높게 돌출 된 蓮房 등이다. ② 早期蓮紋瓦當 風格의 계승. 예로 이미 원형이 秦代에 나타나는 III型a式, V型a式 瓦當이 이 시기에 더욱 발전하였다. ③ 當面의 구성요소가 完整하고 안정적이다. 예로 蓮瓣이 상대적으로 비교적 앙상하며 瓣 사이 구획선이 명확하며 蓮房의 蓮子는 일반적으로 7~8顆 이다.

 分期의 근거로 IA型a式, IB型a式, III型a式과 V型a式이 鐘山南朝壇類建築遺址에서 출토되었으며, 이 건물지의 시대는 劉宋 大明年間(457~464)에 속한다. 이는 이러한 유형의 와당이 최소한 그 이전에 이미 출현하였음을 설명해 준다. 그 외 IA型a式 瓦當 또한 太平門 동편의 東晉晩期에서 南朝早期에 속하는 무덤에서 볼 수 있으며,[9] II型a式 蓮花紋樣은 과거 湖北老河口市의 西晉시대 무덤에서 출토된 청동기 장식에서 보인다.[10] III型a式과 V型a式 瓦當의 原型은 최고 秦代에 출현한다(圖 43, 44). 비록 이들 사이에 직접적인 전승관계를 증명하기에는 부족하다. 하지만 양자간의 구성의 유사성은 여전히 우리로 하여금 불교의 유행이라는 배경 아래에서 성행한 연화문와당이 중국 고유의 "蓮花厭火"의 전통관념과 융합된 것이 아닌가 하는 추측을 하게 한다.[11] IV型 瓦當이 출토되는 지층의 時代가 때때로 약간씩 올라가며

---

9) 南京市博物館, 南京市玄武區文化局：『江蘇南京市富貴山六朝墓地發掘簡報』,『考古』 1998年 8期.

10) 老河口市博物館：『湖北老河口市李樓西晉紀年墓』,『考古』1998年 2期. 該墓出土西晉泰始九年(272年) 銘陶帳座, 墓中一件銅洗內底飾盛開的 三層蓮花紋樣, 蓮花具有寫實風格, 與本文 II型a式蓮花紋樣甚為接近. 該墓發掘者認爲銅洗蓮花裝飾昰佛敎影響下的産物.

11) 圖四十二, 四十三的瓦當資料分別見陝西省考古硏究所秦漢考古室：『新編秦漢瓦當圖泉』第34頁(三秦出版社, 1986年版) 及徐錫臺, 樓宇棟, 魏效祖：『周秦漢瓦當』第149圖, 文物出版社, 1983年版. 蓮花厭(勝)火之說載在東漢應劭『風俗通義 佚文』, 資料見『風俗通義校釋』, 吳樹平校釋, 天津古籍出版社, 1988年版. 此說至南朝時仍流行, 『宋書』捲十八『禮誌五』曰："殿屋之爲圓淵方井兼植荷華者, 以厭火祥也".

그 시대는 대체로 劉宋晚期이다.

## 2. 第二期

IA型b式, IB型b式, II型b式, III型b式, V型b式, VI型, VII型, VIII型, IX型이 이에 속한다.

이 시기의 특징은 다음과 같다. ① 瓦當의 蓮紋樣式이 많아지며 品種도 증가하여 풍부하고 정교해진다. 예로 復瓣寶裝蓮花, 忍冬蓮花瓦當 및 주연부에 忍冬紋을 장식하거나 蓮瓣의 끝 부분에 切入式 등 裝飾紋樣을 장식한 것이 출현한다. ② 일부 와당은 寫實적인 風格에서 抽象的인 圖案化방향으로 발전한다. 예로 I型 瓦當의 경우, 瓣 사이 구획선 끝 부분 蓮蕾의 형태가 서서히 간략화되어 역삼각형 혹은 "T"形으로 변화하는 과도기적 형태가 된다. ③ 일부 瓦當의 蓮瓣은 넓고 量感이 있는 방향으로 발전하여 瓣 사이 구획선의 위치까지 점유 당하게 된다. 蓮房의 蓮子 수량이 점차 복잡화되어 증가거나 감소한다.

分期의 근거로는 IA型b式, V型b式, VII型이 梁의 南平王蕭偉墓闕遺址에서 모두 출토되었으며 梁代風格임을 의심할 여지가 없다. III型b式, VI型, VIII型 瓦當의 蓮花紋樣은 河南鄧縣의 南朝畵像磚墓에서도 보이며 이 무덤의 시대는 적어도 蕭齊時代로 양자간에 서로 참조가 된다.[12] II型b式은 흔히 南朝時代의 비교적 늦은 시기의 地層에서 출토된다. IX型 蓮瓣의 끝 부분이 切入式인 것은 隋唐時代의 瓣端切入式 蓮紋瓦當(圖 45)의 시작을 열어준다. 그러므로 필자는 그것을 상대적으로 늦은 시기로 본다.

---

12) 河南省文化局文物工作隊:『鄧縣綵色畵像磚墓』, 文物出版社, 1958年版. 楊泓先生認爲, 該墓時代爲南朝較早時期, 下限不會遲于梁代, 宿白先生也有類似的看法, 分別見柳涵(楊泓)『鄧縣畵象磚墓的時代和硏究』,『考古』1959年 5期 :『中國大百科全書·考古學』, 422頁, 中國大百科全書出版社, 1986年. 我們認爲, 該墓時代下限在齊代, 非梁代. 參見拙作『對南朝幾座畵像磚墓時代的再認識』, 待刊稿.

## 3. 第三期

B型c式, X型, XI型 등이 이에 속한다. 이 시기의 특징은 ① 瓦當紋樣의 品種이 서서히 감소한다. ② 蓮紋의 추상적인 圖案化가 뚜렷하다. 예로 IB型c式 瓦當 蓮瓣 사이 구획선 끝 부분이 완전히 "T"字形이 된다. XI型은 蓮瓣 사이 구획선이 서서히 소멸되며 다만 瓣尖 사이에 역삼각형 등이 남는다. ③ 蓮房은 대체로 낮고 편평하며 蓮子는 일반적으로 수량이 많아진다. ④ 소수의 새로운 品種이 출현한다. 예로 蓮紋둘레에 聯珠紋띠 등이 나타난다. ⑤ 隋唐時期 蓮紋瓦當(圖 46) 風格의 과도기적 형태들이 나타난다.

分期의 근거로는 과거 남경 부근의 南朝時代 窯址調査에서 IB型c式 瓦當이 南朝晩期 地層 중에서 출토되었다.[13] 南京시내에서 발견된 이러한 유형의 瓦當이 X型, XI型 등과 같으며 대체로 비교적 늦은 南朝시대 地層 중에서 출토되었다. 아울러 南朝 蓮花紋瓦當의 발전계보로 볼 때, 本期의 瓦當은 造型적으로 비교적 늦은 시기의 특징들을 가지고 있다.

이상의 와당 분기는 현재까지의 자료에 기초하여 얻어진 결론이며 이후, 고고학자료가 더욱 풍부해진다면 부분적으로 일정 정도의 변동이 있으리라 생각된다. 또한 특별히 강조하고 싶은 것은 필자의 분기연구는 단지 상대적인 것으로 절대화 할 수 없다는 것이다. 예로 第二期의 일부 瓦當의 品種은 第一期의 后期에 이미 출현하였을 가능성이 있으며 第三期의 瓦當紋樣도 第二期의 后期에 이미 출현하였을 가능성을 완전히 배제할 수 없다. 그 외, 各期의 瓦當類型은 단순히 특정한 期의 시간적 범위 내에서만 존재한다고 볼 수 없으며 대체로 前后의 延用關系가 존재한다고 볼 수 있다. 예로 第一期의 瓦當은 여전히 第二期 地層 중에서도 발견된다. 즉 이것은 南朝早期에서 南朝中期까지 사용되었으며 南朝 中期의 일부 瓦當도 南朝晩期까지 사용되었다. 물론 이러한 기본적인 分期연구 이후 우리는 한층 더 蓮花紋瓦當에 반연된 역사와 문화문제의 인식에 많은 도움이 될 것이다.

---

13) 窯址調査標本及資料保存于南京大學歷史系考古專業.

## Ⅲ. 南朝 蓮花紋瓦當과 관련된 문제

### 1. 남조 연화문와당의 연원

중국의 연화문와당은 이미 秦代에 나타난다. 당시의 의도는 대체로 장식의 필요와 함께 중국고대의 "蓮花可厭(勝)火" 관념과도 관계 있으리라 생각된다.[14] 이는 육조시대 불교숭배와 관련해 출현한 연화문와당과는 본질적으로 차이가 있다. 삼국시대 불교의 점차적인 유행에 따라 연화문와당이 출현하며 비록 이 시기 와당의 실물은 출토품으로 발견되지는 않았지만 四川 樂山市의 蜀漢時期의 麻浩崖墓 묘실 내부에 두 종류의 연화문와당 도상이 조각되어 있다. 瓦當의 當面에는 四瓣蓮花가 장식되어 있고 瓣 사이에 구획선이 있다. 한 점은 구획선 끝 부분에 장식이 없으며, 한 점은 卷雲紋이 장식되어 있다(圖 47). 또한, 이 崖墓에 바로 불상 장식이 있다.[15] 연화문 장식의 建築(模型), 瓷器, 磚 등의 실례는 다수 나타나는데, 예로 四川 忠縣(現隸重慶)의 塗井5號崖墓[16]에서 연화 장식의 陶房屋模型이 출토되었는데 집에는 "胡人"이 퉁소를 부는 장면이 있으며, 또한 불상이 장식된 銅樹와 "白毫相" 장식의 도용이 함께 출토되었다.[17] 瓷器의 경우, 이미 東漢晩期 남방지역의 일부 자기에 연화문 장식이 나타나는데 이는 이 지역에 불교의 전파와 밀접한 관계를 가지고 있다.[18] 이와 유사한 현상들은 長江 下流지역에서도 나타난다.

---

14) (東漢)應劭『風俗通義·佚文』曰: "殿堂象東井形, 刻作荷蔆. 蔆, 水物也, 所以厭火". 有學者認爲, 秦漢流行的雲紋也與 "水" 有關, 中國古代木构建築易被火災, 故以 "水" 物爲瓦飾, 以收水剋火之效. 參見錢國祥:『漢魏洛陽城出土瓦當的分期與硏究』, 『考古』1996年 10期.

15) 圖三十六의 資料採自龔廷萬, 龔玉, 戴嘉陵編著:『巴蜀漢代畫像集』342圖, 文物出版社, 1998年版. 樂山麻浩崖墓의 時代過去一般認爲昰東漢晩期, 唐長壽先生認爲其時代爲蜀漢時期, 墓中門額上刻有佛像. 見唐長壽:『樂山麻浩, 柿子灣崖墓佛像年代探析』, 『東南文化』1989年 2期, 另見唐長壽:『四川出土早期佛像辨識』, 『東南文化』1991年 5期.

16) 四川省文物管理委員會:『四川忠縣塗井蜀漢崖墓』, 『文物』1985年 7期.

17) 趙殿增·袁曙光:『四川忠縣三國銅佛像及硏究』, 『東南文化』1991年 5期.

18) 沈宜楊:『湖北當陽劉家塚子東漢畫像墓發掘簡報』, 『文物資料叢刊』1輯, 文物出版社, 1977年版. 其中二號墓時代爲東漢晩期, 墓中出土靑瓷鉢, Ⅰ式靑瓷罐都裝飾着蓮瓣紋. 有資料顯示, 長江中上游地區早在東漢中期已有了佛像製做, 重慶市丰都縣曾發現東漢延光

南京 江寧縣上坊鎭東吳天冊元季(275季)墓(79M1)에서 출토된 8瓣蓮花가 장식된 벽돌이 출토되었으며, 불상이 장식된 靑瓷魂甁[19]도 이 무덤에서 출토되었다. 長江 下流 및 남경시내에서 여러 점의 불상과 연화 도안을 장식한 東吳 西晉時期의 靑瓷器와 瓷器片들이 출토되었다.[20] 東晉時期 蓮花紋은 磚, 瓷器 등에 더욱 보편적으로 사용되었다. 南京地區에서 출토된 墓磚 등의 경우, 이미 南京大學北園 東晉早期大墓(疑爲東晉早期帝陵),[21] 太平門東晉早期墓,[22] 苜蓿園東晉2號墓,[23] 鐵心橋王家山1號墓[24] 등의 墓磚 등에서 연화문 장식도안들이 다수 나타난다. 이러한 연화문 도안들은 대체로 8瓣形으로 이후에 가장 유행하는 8瓣 蓮花紋瓦當과 직접적인 구도상 계승관계가 있다. 그러므로 墓磚蓮花紋 등의 예로 볼 때, 당시 가마에서 磚의 제작기술이 손쉽게 瓦의 제작에 영향을 주었으며 사회적 조건과 요구에 의해 와당을 장식하는 연화도상은 磚을 장식하던 蓮花紋의 모형들에서 비롯되었다.

현재 우리는 六朝時期 首都 建康地區에서 蓮花紋瓦當이 최초로 출현한 정확한 시기에 대해서 확신할 수 없지만 대체로 東晉晚期에는 출현하였다고 본다. 本文의 以上에서 진행된 型, 式 分析을 통해 볼 때, 필자는 太平門 동편에서 출토된 東晉晚期에서 南朝早期에 속하는 무덤(M6)의 A型a式 標本五

---

四年(125) 飾佛像的銅搖錢樹, 見劉宏斌, 倖怡華『陝西寶鷄考古隊完成三峽文物發掘任務』,『中國文物報』2002. 3. 22. 第2版.

19) 南京市博物館:『南京郊縣四座墓葬發掘簡報』,『文物參考資料』8輯, 文物出版社, 1984年.

20) 參見賀雲翺, 阮榮春, 劉儻文, 山田明爾, 木田知生, 入澤崇等『佛教初傳南方之路文物圖錄』, 文物出版社, 1993年版. 另我們在南京大行宮地區及古越城地區做考古調査時, 于東吳 西晉地層中發現多件飾蓮花紋瓷片, 飾錢紋瓷片及飾錢紋硬陶片等. 標本資料保存于南京大學歷史系考古專業.

21) 南京大學歷史系考古組:『南京大學北園東晉墓』,『文物』1973年 4期. 主持該墓發掘的蔣贊初先生認爲 "个別瓷器和少數墓磚上出現了被認爲是晩出的類似蓮瓣紋的裝飾", "有較少數(墓磚) 打印着三組以八瓣花紋爲中心的圖案……". 他幷認爲該墓主人爲東晉前期晉元帝, 明帝或成帝之一, 見『南京東晉帝陵考』,『東南文化』1992年 3·4合刊.

22) 同註 8.

23) 南京博物院:『南京中山門外苜蓿園東晉墓淸理簡報』,『考古通訊』1958年 4期.

24)『南京鐵心橋王家山東晉晚期墓發掘簡報』,『考古』待刊稿. 該墓由筆者主持挖掘.

(97FGSM6 : 1)는 瓦當의 演變規律에 비추어 시기적으로 東晉晚期에 더욱 가까운 것으로 생각된다. 필자는 前 鎭江古城考古所所長 劉建國先生의 도움으로 鐵甕城遺址의 東晉시대 지층에서 출토된 蓮花紋瓦當(圖 48)을 관찰 할 수 있었다. 그리고 앞서 발표한 논문에서 四川 樂山市 麻澔崖墓 蓮花紋瓦當 圖案이 심지어 三國時期까지 올라 갈 수 있음을 언급하였다. 이는 建康 지역의 蓮花紋瓦當이 東晉 晚期에 출현하였음을 추정할 수 있는 보조자료가 된다. 만약 東晉 晚期 蓮花紋瓦當 출현의 사회적 배경에 대해 살펴본다면 필자는 불교의 유행과 함께 釋道安, 釋慧遠 등의 고승들이 東晉境內에서 佛教淨土思想을 적극적으로 제창한 것과 慧遠이 廬山에서 蓮社를 건립한 사실과 밀접한 관계가 있다고 본다.[25] 蓮花는 佛, 佛國, 淨土 및 生命, 光明의 상징으로 광범위하게 받아들여지고 숭배되었다. "그리고 건축은 일상에서 가장 많이 사용되는 장소이며 사람들의 이목을 끄는 처마에 연화문을 장식한 와당은 '佛國淨土'를 구현하고 彌陀信仰을 널리 알리는 가장 간단하고 쉬운 방법의 하나이다."[26] 연화문와당은 이러한 시대적 요구에 의해서 나타나 秦代이래 지속적으로 성행하였던 雲紋와당을 대체함으로써 시대적 新思潮의 建築 藝術符號를 대표하며 더욱 발달하였다.

## 2. 蓮花紋瓦當은 南朝時期 文化交流와 傳播를 연구하는데 重要한 例証이다.

南朝 蓮花紋瓦當은 출토 수량이 많으며 시대의 특색이 선명하여 조형과 도안방면에서 首都 建康과 기타지역의 문화관계를 미루어 짐작할 수 있다. 이러한 연화문와당의 형태는 대체로 중원지역 秦漢이래의 와당과 구조적으

---

25) 參見湯用彤: 『漢魏兩晉南北朝佛教史』 第八章・釋道安, 第十一章・釋慧遠, 上海書店, 1991年 12月版. 劉長東: 『晉唐彌陀淨土信仰硏究』 第一・二章, 巴蜀書社, 2000年 5月版. 另南朝地區至遲在宋元嘉二年已出現淨土變佛造像, 見劉誌遠, 劉廷壁: 『成都萬佛寺石刻藝術』 第31章, 中國古典藝術出版社, 1958年版. 又參見[日]吉邨怜著: 『天人誕生圖硏究』, 卞立强, 趙瓊譯, 中國文聯出版社, 2001年版.
26) 參見拙作: 『南京出土六朝瓦當初探』, 『東南文化』 2003年 1期.

로 동일하여 원형의 형태로 當面과 주연부 안팎으로 양분되어 있다. 제작방법은 먼저 當面의 모형을 제작하고 이후 주연부와 筒瓦를 이어 붙인다. 대체로 와당의 주연부가 높고 좁으며 당면이 눈에 띄게 주연부보다 낮아서 같은 시기 북방지역 洛陽等地[27] 와당이 주연부가 낮고 당면이 높은 것과는 비교된다. 남조 연화문와당은 자체적인 演變과정이 있으나 북방지역 와당의 영향도 받았다. 예로 南朝中期에 출현하는 復瓣寶裝蓮花紋瓦當의 경우, 최초로 유행하는 지역은 북방의 大同과 洛陽등지이다. 錢國祥先生의 연구에 의하면, 이러한 유형의 와당은 北魏洛陽城遺址에서 대체로 이른 시기의 蓮花紋瓦當類型에 속하며 493년에서 시작하여 502년 전후까지 유행한다.[28] 그러나 建康과 洛陽의 復瓣寶裝蓮花瓦當을 비교해 보면 瓣形, 蓮房, 瓣 사이 구획장식, 주연부 등 다방면에서 양자가 비교적 큰 차이가 존재함을 알 수 있다. 그 중에서 洛陽과 北方지역 瓦當의 風格과 大同의 雲崗石窟에서 가장 유행한 復瓣寶裝蓮花瓦當는 매우 유사하며 建康 지역의 이러한 瓦當의 蓮瓣紋樣은 東吳時期에 出現한 復瓣寶裝蓮花형식과 일맥상통함을 알 수 있다. 그러므로 남북 兩지역의 復瓣寶裝蓮花瓦當의 관계는 보다 더 연구를 진행할 필요가 있다. 다음으로 南朝晩期에 출현하는 蓮花둘레에 聯珠紋을 장식하는 風格은 최초에 북방에서 온 것으로 보인다. 이는 洛陽지역에서 太和十七년(493)에서 景明年間(500~502)에 이미 聯珠紋을 장식한 蓮花紋瓦當이 출현하며 南北朝晩期에 이르러 南北 兩지역에서 유행한다.[29] 그리하여 隋唐시대 蓮花紋瓦當의 기본적인 양식과 격조가 갖추어 진다.

  다른 각도에서 본다면, 北方지역에 대한 남조 蓮花紋瓦當의 영향도 매우

---

27) 崔叙:『石子灣北魏古城的方位, 文化遺存及其他』,『文物』1980年 8期. 文中提到大同方山永固陵出現肥短花瓣的蓮花紋瓦當.
28) 錢國祥:『漢魏洛陽城出土瓦當的分期與研究』,『考古』1996年 10期.
29) 參見上文. 另見『北魏洛陽永寧寺』, 中國大百科全書出版社, 1996年版. 相關瓦當實例見中國社會科學院考古研究所等:『河北臨漳縣鄴南城朱明門遺址的發掘』,『考古』1996年 1期：『河北臨漳鄴北城遺址勘探發掘簡報』,『考古』1990年 7期：張俊英:『邯鄲市博物館收藏的部分瓦當』,『文物春秋』1995年 1期 等.

분명하다. 먼저 현재까지의 자료를 통해 볼 때, 대체로 魏晉南北朝시기 불교 유행이라는 배경에서 탄생한 中國 蓮花紋瓦當의 體系는 먼저 남방지역에서 그 뿌리를 내리고 있다. 최근 北方지역 蓮花瓦當을 연구한 학자들에 의하면 北魏境內에서 이러한 와당유형의 출현과 유행은 대체로 太和年間(477~499) 前后이며 특히, 孝文帝元宏太和十八年(494) 낙양천도 이후 대체로 보편화되는데[30] 이는 彌陀淨土信仰이 남방에서 먼저 성행하고 나서 북방에 다투어 나타나는 것과 부합된다. 둘째, 남북 兩지역의 蓮花紋瓦當은 최초에 현저한 지역적 차이를 가진다. 남방은 간결하고 소박한 單瓣蓮花紋瓦當 체계이며 북방은 복잡하고 화려한 復瓣寶裝蓮花瓦當 체계를 가진다. 이는 남북지역의 서로 다른 민족과 문화전통의 차이 및 불교문화의 체계와 예술미학의 차이가 숨겨져 있는 것이다. 특히, 주목할 점은 北魏 낙양천도 이후 中·晩期(約 516~519 이후)에 이르러 復瓣寶裝蓮花瓦當은 單瓣蓮花紋瓦當으로 대체된다.[31] 그리고 單瓣蓮花紋瓦當의 蓮花도상은 더욱 더 南朝 蓮花紋瓦當의 中期 風格에 가까워진다. 以後 東魏, 北齊의 鄴城定都 이후에도 여전히 單瓣蓮花紋瓦當이 사용된다.[32] 북조지역 고유의 復瓣寶裝蓮花瓦當이 南朝 單瓣蓮花紋瓦當으로 대체된 것은 孝文帝의 낙양천도 이후 "漢化"정책으로 南朝 文化因素의 흡수와 직접적인 관계가 있는 것으로 생각된다. 南北朝后期에 이르면 南北의 風格을 종합한 聯珠紋(원래는 북방요소) 장식의 單瓣蓮花紋(원래는 남방요소) 瓦當이 남북 공통의 와당유형으로 자리 잡으며 隋唐時代 가장 대표적인 瓦當品種이 된다. 이는 隋唐文化가 앞 시기 南北朝文化의 基礎 위에서 이룩되었다는 역사과정과 서로 부합된다.

當時 동아시아의 주요한 문화적 중심도시였던 南朝의 首都 建康의 蓮花紋瓦當의 風格과 제작기술은 우호사절들에 의해 한반도 특히 남부의 百濟에

---

30) 參見 註26·27.
31) 參見 27.
32) 參見 『河北臨漳鄴北城遺址勘探發掘簡報』, 『考古』 1990年 7期 : 『河北臨漳縣鄴南城朱明門遺址的發掘』, 『考古』 1996年 1期 等.

전파되었다. 필자는 韓國과 日本學者들의 百濟瓦當에 관한 硏究論著들을 통해 百濟에서 使用된 蓮花紋瓦當의 樣式이 南朝 建康의 같은 종류 와당의 "飜版"임을 보았으며 비록, 이후의 발전과정에서 백제인 스스로의 창조적인 측면도 나타나지만 기본 風格은 單瓣蓮花, 瓣 사이 구획선 끝 부분이 弧邊의 역삼각형 혹은 "T"字形, 돌기된 蓮房과 규칙적으로 배치된 蓮子, 대부분 좁고 높은 주연부 등,[33] 이러한 특징은 南朝 建康지역 第二期(中期) 蓮花紋瓦當의 風格과 매우 가깝다. 이는 필자로 하여금 자연스럽게 南朝史書 등에 기재된 百濟와 南朝의 관방교역을 포함하여 백제 지역에서 출토된 中國 南朝 建康지역의 文化의 特色을 띤 靑釉瓷器, 黑釉瓷器, 銅焦斗, 銅熨斗, 銅椀, 銅鏡, 陶硯, 陶虎子, 鐵農具 및 手工業工具, 鐵鏃, 특히 武寧王(王妃)의 陵墓제도 및 무덤에 사용된 蓮花紋磚, 墓誌, 地券, 石彫鎭墓獸 등을 연상하게 하였다.[34] 필자는 D4~6세기에 中國 南朝와 일반 평민을 포함한 百濟 上層社會와의 밀접한 문화교류관계를 어렵지 않게 느낄 수 있었다. 우리는 비록 兩國간의 이러한 造型, 材質 등의 相同 혹은 유사한 물품들을 모두 문화유통의 결과로

---

33) 主要參考[日]大川淸編『百濟考古學』, 雄山閣考古學選書, 5, 雄山閣出版株式會社, 1972年版. 京都國立博物館:『畿內與東國』, 1988年 印行. [日]坪井淸足, 田邨晃一等『古代的日本』第十一『佛敎傳來與蓮華紋瓦當』, 日本株式會社角川書店, 1992年版[日]荒木敏夫編, 水野佑監脩:『古代王權與交流 5』畿內與朝鮮半島所見瓦』(龜田脩一撰), "瓦當紋樣的開創與七世紀的佛敎政策"(菱田喆郞撰), 株式會社名著出版, 1994年 12月版. 韓文資料主要有『百濟』,『錦江』,『風納土城』,『百濟斯麻王』등, 蒙近年韓國忠南大學百濟硏究所朴淳發教授등 韓國 多位來訪學者贈送相關資料,特此感謝!

34) 百濟國與東晉南朝的交往參見『宋書』捲九十七『夷蠻傳』;『南齊書』捲五十八『東南夷傳』;『梁書』捲五十四『諸夷傳』;『南史』捲七十九『夷貊傳』等. 其中『梁書』曰: 中大通六年, 大全七年, 累遣使獻方物, 幷請『涅槃』等經義,『毛詩』博士, 幷工匠, 畵師等, 勅幷給之. 這些代表梁中央政府前去百濟國的學者, 匠人和藝術家爲兩國間文化的交流做出了特殊貢獻, 故韓國會出土刻有 梁官瓦爲師矣 銘文的墓磚. 除此之外, 當時南朝與百濟應存在民間的人員和技術的流通. 熊海堂先生認爲, 磚瓦技術的對外傳播可能都是通過正式的官方交流纔實現的. 幷以韓國忠淸南道淸陽郡王津里錦江西北岸瓦窯遺存, 忠淸南道扶餘郡場岩麵岩亭里內洞部落的B地和C地發現的窯群爲實例, 說明中國南朝磚瓦窯技術曾在百濟時期(約350-660年間) 傳到朝鮮半島. 這些材料對探討南朝蓮花紋瓦當與百濟國蓮花紋瓦當的關系有重要意義. 見熊海堂『東亞窯業技術發展與交流史硏究』137-145頁, 南京大學出版社, 1995年版.

단언할 수 없지만 동아시아 각 국의 문화 발전사와 문화 교류사의 연구각도에서 본다면, 이러한 관계 및 물질문화의 배후에 숨겨진 복잡한 과정과 인간의 활동 및 그 발생의 역사적 영향은 여전히 매우 의미 있는 학술과제이다. 이는 필자가 南朝 蓮花紋瓦當의 硏究를 통해 얻은 하나의 시사점이다.

만약 우리가 시선을 다시 일본에서 출토된 早期의 瓦當資料들에 돌린다면 백제라는 문화교량을 통하여 南朝 蓮花紋瓦當의 傳統이 日本早期의 瓦當形式에 영향을 미쳤음을 알 수 있다. 이는 여러 학자들에 의해 지적된 바와 같이 『日本書紀』 등에 기재된 내용들을 통해 볼 때, 崇峻天皇元年(588) 3月, 백제에서 승려 한 명, 寺工 두 명, 櫨盤博士 한 명, 瓦博士 네 명, 畵工 한 명을 파견하여 日本의 寺院 창건에 협조하였으며 파견된 장인 중에서 기와를 제작하는 기술인원이 가장 많으며 신분이 가장 높았다.[35] 당시 백제의 와당 風格은 주로 南朝 首都 建康에서 왔으므로 백제의 기와제작 기술인원들이 일본으로 가져간 와당의 예술형식은 당연히 南朝 建康의 연화문와당과 하나의 체계에 속한다. 실제로 日本境內에서 출토된 早期의 蓮花紋瓦當과 百濟 및 南朝의 蓮花紋瓦當은 그 風格에서 一致性을 가진다.

### 3. 南朝 蓮花紋瓦當은 建康의 都城 공간 배치를 연구하는 중요한 "指示器".

蓮花紋瓦當은 南朝시대 都城의 중요건축(宮殿, 衙署, 禮製建築, 寺廟, 府第, 陵墓等)에서 없어서는 안 될 재료로, 그 매장지점은 도성의 공간범위와 도시배치를 연구하는데 효과적인 자료이다. 최근 우리는 南京시내의 몇 십 개 지점에서 출토된 와당자료를 이용하여 다량의 문헌내용과 결합하여 육조의 궁성과 도성 및 揚州治所인 西州城, 東府城, 石頭城 등에 대한 공간적인 복원연구를 시도하여 선학들과 또 다른 결론을 얻었다.[36] 이후, 보다 깊이

---

35) 『國史大系』 I, 后篇, 吉川弘文館出版, 1966年版. 轉引自上註熊海堂先生大著 第139-149頁.
36) 參見拙, 『六朝瓦當與六朝都城』, 待版.

있는 六朝 瓦當硏究를 통해 六朝시대 都城建設, 文化面貌, 磚瓦技術, 文物斷代, 佛敎藝術傳播, 동아시아 각 민족과 국가 사이의 문화교류 등 관련문제의 연구에 새로운 시각과 증거들을 제공할 것이다.

圖 1  NYW:101

圖 2  NZJT1504③:4

圖 3  NZJT1206④:2

圖 4  NZJT1206④:4

圖 5  97FGSM6:1

圖 6  NPHH1:5

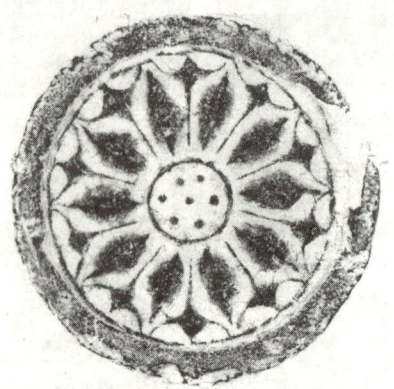

圖 7  NYW:102

圖 8  2000NQBLL:W16

圖 9  NYW:103

圖 10　　　　　　　　　圖 11　NZJT2702③:18

圖 12　NYW:104　　　　圖 13　NYW:105

圖 14　NYW:106　　　　圖 15　NYW:108

圖 16　NYW:107

圖 17

圖 18　NYW:109

圖 19　NYW:110

圖 20　NYW:112

圖 21　NZJT601③:11

圖 22 NYW:114

圖 23 NYW:115    圖 25 NYW:250

圖 24 NYW:120   圖 26 NZJT601③:10

圖 27  NYW:121

圖 28  2000NQBLL:W14    圖 29  NYW:125

圖 30  NXYW:1

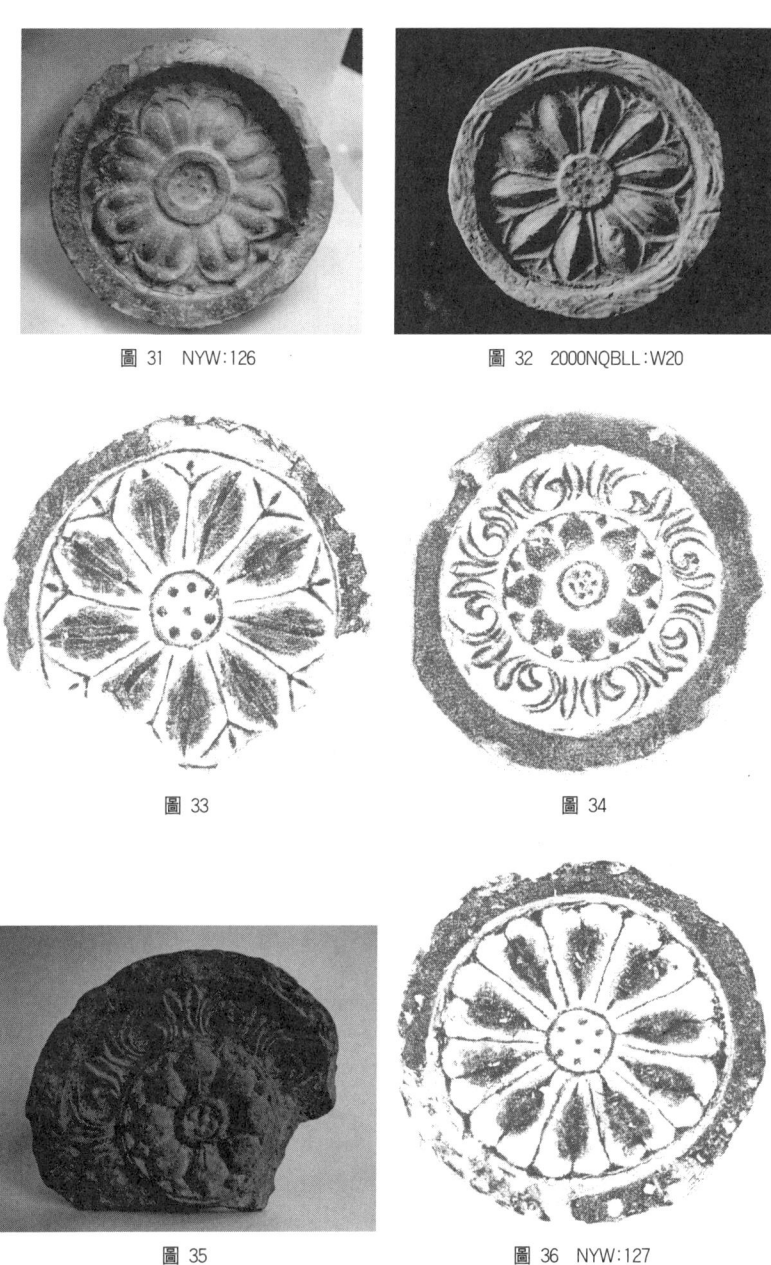

圖 31 NYW:126  圖 32 2000NQBLL:W20

圖 33  圖 34

圖 35  圖 36 NYW:127

圖 37   　　　　　　　　圖 38   NYW:128

圖 39   NYW:150

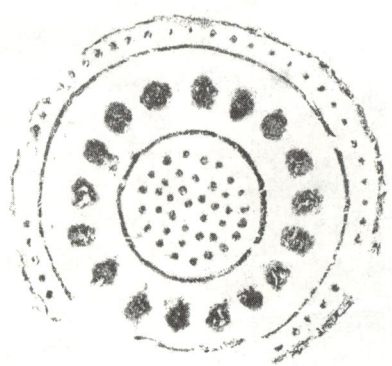

圖 40   NYW:152

圖 41  NYW:151

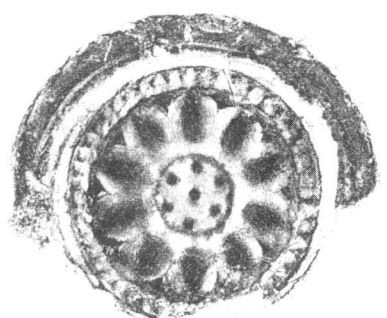

圖 42  NPHH1:8

 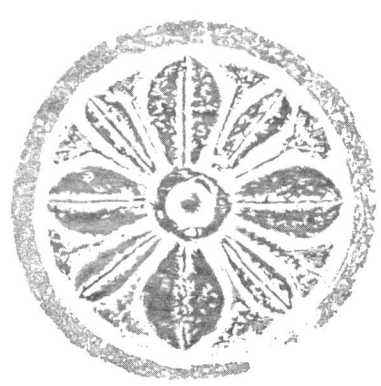

圖 43  秦 蓮花紋 瓦當(陝西 風翔 出土)   圖 44  秦 蓮花紋 瓦當(西安 阿房宮遺址 出土)

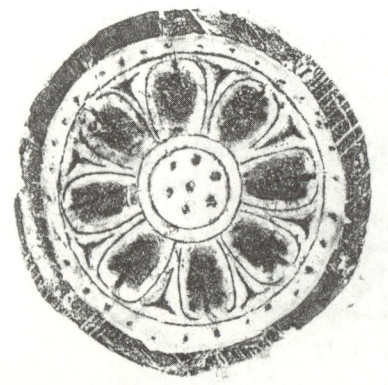 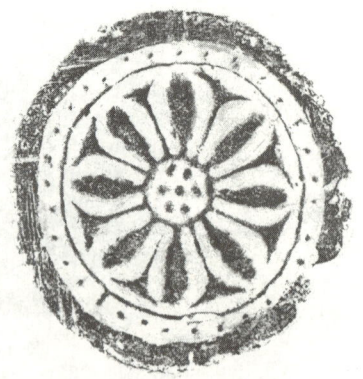

圖 45  唐代 蓮花紋 瓦當(南京 城東 出土)　圖 46  唐代 蓮花紋 瓦當(南京 城東 出土)

圖 47  四川 樂山市 麻浩崖墓內 裝飾의 蓮花紋 瓦當 紋飾

圖 48  東晋 蓮花紋 瓦當(鎭江 鐵甕城西 蔬菜倉庫工地 出土)

# 南朝都城建康蓮花紋瓦當的變遷及相關問題研究

賀 云 翺*

　　近10年來，我們比較關注曾經作爲六朝首都的今南京市的古代瓦當出土情況．1998年，撰寫了第一篇關于六朝瓦當研究的文章，當時將六朝瓦當分爲云紋，人面，文字，獸面，蓮花五類[1]．此后，先后在南京主持發掘了鍾山南朝壇類建築遺存[2]，棲霞區境內梁南平王蕭偉墓闕[3]，鍾山南朝寺廟(二號寺)遺址[4]，棲霞山南朝石窟遺址，清凉山六朝石頭城遺址[5]以及城區毗盧寺東側的六朝灰坑遺存等[6]．還調查過南京市區大行宫地區，新街口地區，成賢街地區，張府園地區，白下路沿線，瞻園路地區，窑灣村地區等十多個地點的瓦當出土情况．在此基礎上，陸續向學術界報道了有關的工作結果[7]．目前可以比較肯定地説，在東吳時期，都城建業流行的是云紋和人面紋瓦當；東晉時期，作爲都城的建康，瓦當改以獸面紋爲主；而到了南朝時期，則以蓮花紋瓦當爲主流，廣泛運用于宫殿，禮儀建築，官署，府第，寺院，陵寝等各類高等級建築物，獸面紋瓦當也繼續在使用，但數量上顯然不及蓮花紋瓦當．這些不同時期使用的不同瓦當類型，從某個方面體現了六朝首都建業建康的文化變遷．此外，據筆者調查，除南京以外，在鎮江，揚州，蘇州，紹興，九江，廣州，成都等城市都有南朝蓮花紋瓦當的發現，但南京出土的南朝蓮花紋瓦當品類之多，數量之大，是其他任何一個城市所無法比擬的，這正反映

---

\* 中國 南京大學歷史系

了南朝首都建康的特殊地位.

本文作重對南朝都城建康蓮花紋瓦當做一較系統的研究.


## 一, 南朝蓮花紋瓦當的類型

南京出土的南朝蓮花紋瓦當當面均裝飾一朵盛開的蓮花紋樣, 中爲圓形蓮房, 周邊圍繞着蓮瓣, 以8瓣蓮花爲主, 也有9瓣, 10瓣, 12瓣甚至16瓣者. 爲了更清楚地說明其造型特徵及不同特徵的瓦當類型之發展和流變過程, 筆者將南朝蓮花紋瓦當分爲十一型, 有的還做了分式. 分型, 分式的依據主要是四點:

1, 瓦當出土時的地層關系;

2, 蓮瓣之間的分隔線頂端裝飾紋樣的差異和變化. 在蓮瓣之間, 一般都有分隔裝飾線條, 在分隔線的頂端, 做出不同的紋樣: 有的作側視"蓮蕾形"(有的學者稱"菱角形"), 卽從側面看上去象一朵剛剛開放的蓮蕾, 中間蓮蕾蕾尖高聳, 兩側各有一個瓣葉向上伸出葉尖, 有的還伸展出四個或五個瓣葉葉尖; 有的作"倒弧邊三角形"; 有的作"箭頭形"; 有的作"樹杈形"; 有的作"T"字形等. 這些差異或是同一時期不同的蓮花瓦當紋飾造型的表現, 或是同一類型瓦當在不同時期的變化結果, 因此具有瓦當型, 式分析上的意義.

3, 蓮瓣瓣形的變化. 南朝蓮花紋瓦當以單瓣蓮花爲主, 只有極少量復瓣(寶裝)蓮花紋飾, 但卽使是單瓣蓮花, 也有瓣數的多寡, 瓣形的肥瘦, 瓣上有無出筋等區別, 這也是劃分型, 式的重要參考依據;

4, 其他因素. 如蓮房的高低, 蓮房中蓮子的多少, 蓮花周邊有無弦紋或聯珠紋, 瓦當邊輪上有無裝飾等, 它們對型, 式的研究也有一定的輔助作用.

以下我們便對具體型, 式做一探討, 因本文所涉瓦當實例大多尚未公開發表, 所以描述時不得不多費些筆墨.

(一), I型: 分隔紋樣爲"蓮蕾形", 該型又可分爲兩個亞型.

IA型：我們稱之爲"舒展式蓮蕾形分隔"蓮花紋瓦當，卽蓮瓣間分隔線頂端的側視蓮蕾兩側瓣葉葉尖向上作弧形舒展狀．此型可分2式：

IA型a式：邊輪均高出當面．當面多飾8瓣(有的作9瓣或10瓣)蓮花；蓮房高凸，周邊有一道凸弦紋；蓮房上多飾7顆(少數爲8顆)蓮子(中間1顆，周圍6顆或7顆)．瓣形較爲瘦削，瓣中脊出筋．瓣之間分隔線頂端的蓮蕾作三尖狀，中尖飽滿而高聳，左右兩片瓣葉葉尖向上作弧形舒展．有的有四個或五個瓣尖．

1, 標本一(NYW:101)：市區張府園出土．直徑13.4, 邊輪寬1釐米．當面飾8瓣蓮花，瓣之間分隔線頂端的蓮蕾出三尖，蓮蕾中部飾一小乳丁．(圖一)

2, 標本二(NZJT1504③:4)：鍾山南朝壇類建築遺址出土．殘．直徑約14, 邊輪寬1釐米．當面飾8瓣蓮花，瓣間分隔線頂端的蓮蕾出三尖．蓮花周邊飾一道凸弦紋．(圖二)

3, 標本三(NZJT1206④:2)： 出土地點同上．直徑14.5, 邊輪寬0.9釐米．當面特征同上．(圖三)

4, 標本四(NZJT1206④:4)： 出土地點同上．直徑13.3, 邊輪寬1釐米．當面飾10瓣蓮花．瓣間分隔線頂端蓮蕾出五尖．蓮花周邊飾一道弦紋．(圖四)

5, 標本五(97FGSM6:1)： 出土于太平門東側(富貴山南麓東晉帝陵區附近)6號墓中．殘．直徑12.3, 邊輪寬1.6釐米．當面飾10瓣蓮花，瓣間分隔線頂端蓮蕾出五尖．蓮花周圍有一道凸弦紋．(圖五)

6, 標本六(NPHH1:5)： 出土于毗盧寺東側"楊吳城濠"西一六朝灰坑中．殘．直徑13.6, 邊輪寬1釐米．當面特征略同上，瓣之間分隔線頂端蓮蕾出四尖．(圖六)

7, 標本七(NYW:102)： 出土于大行宮中山東路南側．直徑12·2, 邊輪寬1釐米．當面特征略同上．瓣之間分隔線頂端蓮蕾出三尖．(圖七)

IA型b式：邊輪高出當面．當面飾8瓣蓮花紋，與a式相比，瓣形明顯寬肥，瓣間分隔線也若隱若現，不甚清晰，線端蓮蕾左右兩側瓣葉葉尖不再向上方伸展, 而是向兩側延伸, 顯得較爲水平. 中間蓮房飾五顆蓮子, 蓮花周圍有一道凸弦紋.

1. 標本一(2000NQBLL：W16)： 棲霞區梁南平王蕭偉墓闕遺址出土. 殘. 直徑約13.5, 邊輪寬1.2釐米. 當面特徵如上所述. (圖八)

IB型： 我們稱之爲"收斂式蓮蕾形分隔"蓮花紋瓦當, 卽蓮瓣間分隔線頂端的側視蓮蕾兩側瓣葉葉尖略收縮后斜直上伸. 此型可分3式：

IB型a式：除蓮瓣之間的分隔蓮蕾差異外, 當面一般特徵基本同于ⅠA型a式.

1. 標本一(NYW：103)： 市區張府園出土. 直徑13, 邊輪寬1釐米. 當面飾8瓣蓮花, 蓮房凸起, 瓣體飽滿, 瓣中脊出筋. 瓣間分隔線頂端蓮蕾出三尖, 左右兩尖斜伸有力. 蓮花周圍有一道凸弦紋. (圖九)

2. 標本二： 市區建鄴路南七家灣出土. 直徑13.8, 邊輪寬1.3釐米. 當面飾10瓣蓮花, 瓣形瘦削. 蓮花周邊無弦紋. 其他特徵同上器. (圖十)

3. 標本三(NZJT2702③：18)： 鍾山南朝壇類建築遺址出土. 直徑14, 邊輪寬0.8釐米. 當面飾9瓣蓮花, 蓮花周圍有一道凸弦紋. 其他特徵同上. (圖十一)

IB型b式：當面一般特徵同于A式, 唯瓣間分隔線頂端蓮蕾的中間一尖變得似有似無, 左右兩側蓮尖接近水平. 具有從IB型a式向IB型c式過渡的特點.

1. 標本一(NYW：104)： 市區張府園出土. 直徑12.5, 邊輪寬1.1釐米. 當面飾9瓣蓮花, 瓣間分隔線頂端蓮蕾有的還是出三尖,有的已無中間一尖. 蓮花周圍無弦紋. (圖十二)

2. 標本二(NYW：105)： 中山門外小衛街明孝陵下馬坊附近出土. 直徑9.1, 邊輪寬0.7釐米. 當面特徵略同于上器. (圖十三)

IB型c式： 當面一般特徵同于b式, 但蓮瓣形體稍寬肥, 蓮房較低平, 蓮子數量增加到10顆以上, 特別是瓣間分隔線頂端蓮蕾已脫離早期較爲寫實的形象, 而變得近乎水平線式的抽象形狀, 卽瓣間分隔紋樣已作"T"形.

1. 標本一(NYW：106)： 市區銅作坊出土. 直徑12.2, 邊輪寬1釐米. 當面飾9瓣蓮花, 蓮花周圍有一道凸弦紋. 瓣間分隔線頂端蓮蕾已基本簡化爲

"T"字形,但少數中間還有很短的出尖,保留了蓮蕾的早期形態. 因此, 這件標本具有從IB型b式向IB型c式過渡的造型特點. (圖十四)

2. 標本二(NYW:108): 市區秣陵路出土. 直徑12.8, 邊輪寬1釐米. 當面特征大略同上器, 唯瓣間分隔線頂端基本作"T"型. (圖十五)

3. 標本三(NYW:107): 出土地點同上. 直徑13.2, 邊輪寬1.2釐米. 當面飾8瓣蓮花, 瓣形寬肥, 其他特點同于上器, 但蓮花周邊無弦紋. (圖十六)

4. 標本四: 出土于市區大行宮中山東路南側. 殘. 直徑12.6, 邊輪寬1釐米. 當面飾9瓣蓮花, 蓮花周邊有一道凸弦紋. 余同上器. (圖十七)

(二), II型: 當面滿飾一朵富有寫實性的盛開蓮花, 所以我們稱之爲"寫實型"蓮花瓦當. 蓮瓣均作上下雙層, 上下層各有8瓣, 上層8瓣瓣形扁平丰滿, 瓣中脊出筋, 下層8瓣被上層覆蓋, 露出瓣尖部分. 可分2式.

II型a式: 蓮花寫實性很强, 做工精美, 富有生意.

1. 標本一(NYW:109): 市區張府園出土. 略殘. 直徑13.4, 邊輪寬1.2釐米. 當面飾下, 上兩層各8瓣蓮花, 下層瓣尖露出, 上, 下瓣脊皆出筋. 蓮房凸起, 周邊無弦紋, 上飾7顆蓮子. (圖十八)

II型b式: 大體保持a式風格, 但寫實性減弱, 蓮瓣較寬肥, 下層蓮瓣瓣尖出露部分簡化爲點狀.

1. 標本一(NYW:110): 市區張府園出土. 直徑11.8, 邊輪寬1釐米. 當面飾8瓣蓮花, 蓮瓣較寬肥. 瓣脊出筋. 下層瓣尖由于出露太少, 多作不規則點狀. 蓮房略低, 邊有一道高起的弦紋. (圖十九)

(三), III型: 當面蓮瓣之間分隔線頂端作三角箭頭狀, 故稱"箭頭型"蓮花紋瓦當. 當面一般飾8瓣蓮花, 瓣尖翹起作箭頭型, 瓣間分隔線頂端也作箭頭型. 可分2式.

III型a式: 其最大特點是蓮瓣瓣尖和瓣間分隔線頂端呈寫實性的正三角形箭頭狀.

1. 標本一(NYW:112): 市區銅作坊出土. 直徑12.2, 邊輪寬1釐米. 當面飾8瓣蓮花, 蓮瓣中脊出筋, 并延伸到瓣尖成箭頭形. 瓣間分隔線頂端也作

箭頭形, 使當面周邊形成16個箭頭指向邊輪的構圖效果, 頗爲醒目. 中間蓮房高起, 上飾7顆蓮子. (圖二十)

2, 標本二(NZJT601③：11): 鍾山南朝壇類建築遺址出土. 直徑14.5, 邊輪寬1釐米. 當面特征同上器. (圖二十一)

III型 b式：本式瓣尖上翹似作箭頭型, 但多已不呈正三角形. 瓣間分隔線不顯, 線端箭頭形造型趨向簡化.

3, 標本一(NYW：114): 大行宮南科巷西口南側出土. 殘. 直徑約12.4, 邊輪寬0.9釐米. 當面飾8瓣蓮花, 瓣形稍肥, 瓣尖上翹作箭頭形. 瓣間分隔線不見, 僅在兩蓮瓣尖之間保留一箭頭形紋樣. 另本式瓣間箭頭裝飾似爲下層蓮瓣瓣尖出露所致, 與III型a式瓣間箭頭爲獨立紋樣有區別. (圖二十二)

4, 標本二(NYW：115): 市區中華門內瞻園商廈工地出土. 直徑12.5, 邊輪寬1釐米. 當面特征同于上器. (圖二十三)

(四), IV型: 當面所飾蓮花多達12瓣以上, 故稱"多瓣型"蓮花紋瓦當.

1, 標本一(NYW：120): 市區張府園出土. 直徑12, 邊輪寬0.7釐米. 當面飾12瓣蓮花, 瓣尖圓潤, 瓣之間分隔線頂端有線條連接, 形成12個扇形框格, 使每個蓮瓣置于一個扇形框格內, 由此造成了當面扇形框格和蓮瓣連續排列的藝術效果. (圖二十四)

2, 標本二(NYW：250): 市區新街口南丰富路出土. 直徑12, 邊輪寬1釐米. 當面飾16瓣蓮花, 構圖方法及蓮瓣特征同于上器. 蓮房較大, 上飾19顆蓮子, 蓮子呈內外3圈分布. (圖二十五)

(五), V型: 其特征是當面蓮瓣之間的分隔線頂端作肥大的倒弧邊三角形, 故稱之爲"倒弧邊三角形分隔"蓮花紋瓦當. 分2式.

V型a式: 特點是瓣間分隔線與其頂端的倒弧邊三角形構圖完整.

V型a式: 特點是瓣間分隔線與其頂端的倒弧邊三角形構圖完整.

1, 標本一(NZJT601③：10): 鍾山南朝壇類建築遺址出土. 略殘. 直徑13.8, 邊輪寬1.1釐米. 當面飾8瓣蓮花, 瓣形瘦削, 瓣間分隔線頂端呈肥大的倒弧邊三角形. 蓮房凸起, 上飾8顆蓮子. (圖二十六)

2, 標本二(NYW：121)：市區八府塘出土．直徑13.2, 邊輪寬1釐米．當面飾8瓣蓮花, 瓣體飽滿, 中脊出筋．瓣間分隔線頂部特徵同于上器．蓮房高起, 上飾7顆蓮子．蓮花周圍有一道凸弦紋．(圖二十七)

V型b式：與a式的區別主要是瓣間分隔線的長短或有無．本式的分隔線若隱若現或多已消失, 但頂端的倒弧邊三角形仍存．

3, 標本一(2000NQBLL：W14)：棲霞區梁南平王蕭偉墓闕遺址出土．直徑約12.2, 邊輪寬1釐米．當面飾8瓣蓮花, 瓣形略肥, 瓣之間分隔線下端几乎不見, 上端仍存, 頂部作肥大的倒弧邊三角形．(圖二十八)

4, 標本二(NYW：125)：市區八府塘出土．略殘．直徑12, 邊輪寬1釐米．當面飾8瓣蓮花, 蓮瓣較肥大, 中脊出筋．瓣之間分隔線不見, 僅在瓣尖之間有一倒弧邊三角形裝飾．(圖二十九)

(六), Ⅵ型：特徵是當面飾複瓣寶裝蓮花, 故稱"複瓣寶裝型"蓮花紋瓦當, 與以上各單瓣型蓮花紋瓦當有明顯區別．出土數量很少．

1, 標本一(NXYW：1)：南京雨花台西西營村出土．直徑11.2, 邊輪寬0.6釐米．邊輪高于當面．當面飾8瓣(複瓣)蓮花, 瓣頭翹起, 瓣尖之間有菱形飾, 似象征着下層蓮瓣的瓣尖．(圖三十)

2, 標本二(NYW：126)：市區銅作坊出土．直徑12.8, 邊輪寬1.2釐米．當面特徵同于上器．(圖三十一)

(七), Ⅶ型：其主要特徵是當面蓮瓣之間分隔線頂端作樹杈形, 故稱"樹杈形分隔"蓮花紋瓦當．

1, 標本一(2000NQBLL：W20)：棲霞區梁南平王蕭偉墓闕遺址出土．直徑12, 邊輪寬1.1釐米．當面飾10瓣蓮花, 瓣形瘦削, 中脊出筋．瓣間分隔線頂端作樹杈形(三叉形)．蓮房高起, 上飾約20余顆蓮子．蓮花周圍有一道凸弦紋．邊輪上裝飾簡化的忍冬紋, 頗有特色．(圖三十二)

2, 標本二：市區大行宮中山東路南側出土．殘．當面直徑13, 邊輪寬0.9釐米．當面特徵大略同于上器, 但蓮房上的蓮子僅8顆, 邊輪上無紋飾．(圖三十三)

(八), Ⅷ型: 當面分內外兩區, 內區裝飾8瓣蓮花, 外區裝飾忍冬紋. 故稱"忍冬蓮花紋"瓦當.

1, 標本一: 市區中山南路東金沙井出土. 直徑11.3, 邊輪寬1.1釐米. 當面內區爲8瓣蓮花紋, 瓣形較寬肥, 中脊出筋, 瓣尖之間出露下層蓮瓣尖. 蓮房高起, 上飾5顆蓮子. 蓮花周邊有二道凸弦紋. 外區環內區周圍裝飾8組忍冬紋. (圖三十四)

2, 標本二: 市區大行宮中山東路南側出土. 殘. 直徑13, 邊輪寬1.2釐米. 當面特征大略同上, 但邊輪上也裝飾着忍冬紋樣. (圖三十五)

(九), Ⅸ型: 當面蓮花瓣尖與瓣間分隔線頂端均作倒三角形, 其中蓮瓣尖的倒三角形似對瓣尖作切入式裝飾, 故稱"瓣尖切入型"蓮花紋瓦當.

1, 標本一(NYW: 127): 市區明瓦廊出土. 直徑13, 邊輪寬1.4釐米. 當面飾10瓣蓮花, 瓣端較寬. 瓣尖和瓣間分隔線頂端都作倒三角形, 且"三角"底邊互相連接形成扇形框格, 其構圖方式與本文所述Ⅳ型類似, 但本型蓮瓣瓣尖作倒三角形切入式則頗具特征. (圖三十六)

2, 標本二: 市區建鄴路南七家灣出土. 略殘. 直徑14.5, 邊輪寬1.1釐米. 當面特征略同上器, 但瓣尖倒三角形與瓣間分隔線頂端的倒三角形底邊不相連接. (圖三十七)

3, 標本三(NYW: 128): 市區張府園出土. 直徑11.5, 邊輪寬1釐米. 當面飾8瓣蓮花, 瓣體尖部寬大, 瓣脊出筋, 筋在瓣尖處略變粗大作切入式. 瓣間分隔線頂端作三出尖式的側視蓮蕾狀. (圖三十八)

(十), Ⅹ型: 其主要特征是在當面蓮花周邊裝飾一道聯珠紋帶.

1, 標本一(NYW: 150): 市區珠江路中段南側出土. 殘. 直徑14.2, 邊輪寬1.3釐米. 當面飾8瓣蓮花, 瓣形較寬肥, 無中脊出筋現象. 瓣間分隔線頂端作倒弧邊三角形. 蓮房高起, 上飾9顆蓮子. 蓮花紋周圍有一道聯珠紋帶. (圖三十九)

2, 標本二(NYW: 152): 市區秣陵路出土. 直徑15, 邊輪寬0.3釐米. 當面飾17瓣蓮花, 蓮瓣作圓形, 蓮房大而低平, 上飾40顆蓮子. 蓮花外圍有一

道凸弦紋, 弦紋外與邊輪之間爲聯珠紋帶. (圖四十)

(十一), XI型: 主要特征是在蓮花周圍或裝飾弦紋并在弦紋外留一段空白, 或做成鋸齒紋帶并在其外留出一段空白.

1, 標本一(NYW：151)：市區長江路中段北側出土. 殘. 直徑 約17.2, 邊輪寬1.4釐米. 當面飾8瓣蓮花, 蓮瓣周邊各有一道凸起的輪廓線, 使呈重瓣狀. 瓣間分隔線頂端作倒弧邊三角形. 蓮房低平, 上飾三圈共18顆蓮子. 蓮花外圍飾一道凸弦紋, 弦紋外與邊輪之間有一圈寬約1釐米左右的空白區. (圖四十一)

2, 標本二(NPHH1：8)：市區毗盧寺東, 楊吳城濠西六朝灰坑中出土. 略殘. 直徑13.2, 邊輪寬1.5釐米. 當面飾10瓣蓮花,瓣體短而扁平, 瓣之間分隔線消失, 僅見頂端所飾倒弧邊三角形. 蓮房大而低平, 上飾7顆蓮子. 蓮花周邊有一鋸齒紋帶,其外圍與邊輪之間爲寬約0.5釐米的空白區. (圖四十二)

以上的型, 式分析主要是針對多數瓦當而言, 實際上, 筆者在考古過程中所見南朝蓮花紋瓦當的造型還要丰富得多, 卽使是同一型或同一式的蓮紋瓦當, 也存在細部構圖的差異, 這表明當時瓦當制做過程中的復雜性. 但是我們所做瓦當類型研究的目的, 是試圖恢復南朝蓮花紋瓦當的整體文化面貌和不同型, 式瓦當之間的結構關系, 并從中了解它們的演變過程, 因此, 抓住主流, 舍棄細微差別, 是我們不得不采用的方法. 下面, 我們借助以上的型式分析, 試對南朝蓮花紋瓦當做一分期.

## 二, 南朝蓮花紋瓦當的分期

目前, 我們將南朝蓮花紋瓦當分爲三期：
第一期：或稱早期, 約相當于東晉晚期劉宋時期；
第二期：或稱中期, 約相當于齊梁代；
第三期：或稱晚期, 約相當于陳代.

以下試做具體解釋:

第一期:包括本文所析的IA型a式, IB型a式, II型a式, III型a式, IV型, V型a式等。

本期主要特徵是:1, 富有寫實性。如IA型瓦當瓣間分隔線頂端的蓮蕾紋樣, II型a式瓦當的寫實風格, 飽滿高凸的蓮房等;2, 繼承了早期蓮紋瓦當的風格, 如III型a式, V型a式瓦當的原型早在秦代已經產生, 這一時期不過加以發展而已;3, 當面構圖要素完整, 穩定, 如蓮瓣相對比較瘦削, 瓣間分隔線清晰, 蓮房上的蓮子一般爲7-8顆等。

我們的分期依據主要是IA型a式, IB型a式, III型a式和V型a式在鍾山南朝壇類建築遺址出土, 而該建築遺存的時代屬于劉宋大明年間(457～464年), 這說明這些瓦當類型至少在此之前已經產生;另IA型a式瓦當還見于太平門東側東晉晚期到南朝早期墓葬[8];II型a式蓮花紋樣曾見于湖北老河口市西晉墓葬出土銅器裝飾[9];III型a式和V型a式瓦當的原型最早出現于秦代(圖四十三, 四十四), 它們之間盡管缺少直接的傳承關系, 但兩者構圖上的近似, 仍然讓我們推想佛教流行背景下蓮花紋瓦當的盛行, 是否也包融了中國固有的"蓮花厭火"的傳統觀念[10];IV型瓦當出土地層的時代往往也略偏早, 其時代大約爲劉宋晚期。

第二期:包括IA型b式, IB型b式, II型b式, III型b式, V型b式, VI型, VII型, VIII型, IX型。

這一期特徵是:1, 瓦當蓮紋樣式增多, 品種更加丰富, 精美, 如出現了復瓣寶裝蓮花, 忍冬蓮花瓦當及邊輪上飾忍冬紋, 蓮瓣尖作切入式等裝飾紋樣;2, 部分瓦當從寫實風格向抽象的圖案化方向發展, 如I型瓦當瓣間分隔線頂端蓮蕾形態逐漸簡化, 向倒弧邊三角形或"T"形過渡;3, 部分瓦當的蓮瓣向寬肥方向發展, 以致瓣間分隔線的位置被擠占;4, 蓮房上的蓮子數量趨向復雜化, 或者增多或者減少等。

分期的主要依據是:IA型b式, V型b式, VII型在梁南平王蕭偉墓闕遺址都有出土, 其屬梁代風格無疑;III型b式, VI型, VIII型瓦當的蓮花紋樣見于河南鄧縣南朝畫像磚墓,而該墓時代應至少爲蕭齊時代[11],兩者可以互相參照.II型b式經常出土于南朝時代偏晚的地層;IX型之蓮瓣尖部作切入式,則開啓了隋唐時代之瓣端切入式蓮紋瓦當(圖四十五)的先河,所以我們認爲其時代相對較晚.

第三期:包括IB型c式,X型,XI型等.

這一期的特征是:1,瓦當紋樣品種逐步減少;2,蓮紋抽象圖案化明顯,如IB型c式瓦當蓮瓣間分隔線頂端完全作"T"字形;XI型蓮瓣之間分隔線逐漸消失,只在瓣尖之間留有倒弧邊三角形等;3,蓮房多低平,蓮子一般數量較多;4,出現少數新品種,如蓮紋周邊帶聯珠紋帶等;5,開始向隋唐時期蓮紋瓦當(圖四十六)風格過渡等.

分期的主要依據是:我們曾在南京附近一南朝時代窯址調查中發現,IB型c式瓦當出土于南朝晚期地層中[12],在南京市區發現的這類瓦當與X型,XI型等一樣,多于時代偏晚的南朝地層中出土.同時,從南朝蓮花紋瓦當發展譜系上看,本期瓦當造型上也具有時代較晚的特征.

以上瓦當分期是基于現有資料得出的結論,今后,隨着考古資料的增多,相信局部還會有所變動.此外,特別要強調的是,我們所做的分期只是相對而言,并不可以絶對化,如第二期的部分瓦當品種很可能在第一期后期卽已出現,第三期的瓦當紋樣也不完全排除在第二期后期已經產生的可能;另外,各期瓦當類型并不能完全說只存在于某一期的時間範圍內,而是肯定存在着前后延用的關系,如第一期的瓦當在第二期地層中仍可以見到,卽它們會從南朝早期延用到南朝中期,南朝中期的部分瓦當也會延用到南朝晚期.當然,有了這個基本的分期之后,對于我們進一步認識蓮花紋瓦當所反映出來的歷史和文化問題是大有幫助的.

## 三, 南朝蓮花紋瓦當所涉及到的相關問題

### 1, 南朝蓮花紋瓦當的造型來源.

中國的蓮花紋瓦當早在秦代已經產生, 當時的用意一方面可能是裝飾的要求, 另一方面也許與中國古代蓮花可厭(勝)火的觀念有關[13], 它和六朝時代因佛教崇拜而出現的蓮花紋瓦當具有文化意義上的本質差別. 三國時期, 隨着佛教的逐漸流行, 蓮花紋瓦當開始產生, 盡管這一時期的瓦當實物未見出土, 但四川樂山市蜀漢時期的麻浩崖墓的墓室內刻有兩種蓮花紋瓦當的圖像, 瓦當當面飾四瓣蓮花, 瓣之間有分隔線, 一件分隔線頂端無裝飾, 一件裝飾着卷云紋(圖四十七). 而該崖墓中恰恰也有佛像裝飾[14]. 以蓮花紋裝飾建築(模型), 瓷器, 磚等實例則更為多見, 如四川忠縣(現隸重慶)塗井5號崖墓中卽出土裝飾蓮花的陶房屋模型, 房屋中還有"胡人"吹簫的場景, 且該墓中也同時出土了飾有佛像的銅樹和帶"白毫相"裝飾的陶俑[16]. 就瓷器而言, 實際上早在東漢晚期, 南方地區的一些瓷器上已經裝飾蓮花紋, 這與佛教在本地區的逐漸傳播有密切關系[17]. 類似的現象也見于長江下游地區. 南京江寧縣上坊鎭東吳天冊元年(275年)墓(79M1)中曾出土飾8瓣蓮花紋磚, 該墓亦出土了一件飾有佛像的青瓷魂瓶[18]. 長江下游及南京市區出土過多件裝飾佛像及蓮花圖案的東吳西晉時期的青瓷器和瓷器殘片[19]. 東晉時期, 蓮花紋在磚, 瓷器上使用更加普遍, 以南京地區出土墓磚為例, 已先后在南京大學北園東晉早期大墓(疑爲東晉早期帝陵[20]), 太平門東晉早期墓[21], 莒蓿園東晉2號墓[22], 鐵心橋王家山1號墓[23]等墓磚上見到多例蓮花紋裝飾圖案, 而且這些蓮花圖案基本都作8瓣形, 與后來最爲常見的8瓣蓮花紋瓦當有直接的構圖承襲關系. 我們之所以要以墓磚蓮花紋爲例, 主要是認爲在當時的窯場中, 制磚技術很容易會影響到瓦的制做, 只要社會條件允許和需要, 裝飾瓦當的蓮花圖樣自然就會從裝飾磚的蓮花紋印模中脫胎而出.

目前, 我們還無法肯定六朝時期首都建康地區的蓮花紋瓦當最早出現的准確時間, 但我們大致可以說它約產生于東晉晚期. 在本文以上所做型, 式分

析中，A型a式標本五(97FGSM6：1)出土于太平門東側一東晉晚期到南朝早期墓葬(M6)中，根據該型瓦當的演變規律，筆者傾向于它的時代可能更接近東晉晚期．承蒙原鎭江古城考古所所長劉建國先生幫助，我們也在鎭江觀察過出土于鐵甕城遺址東晉地層中的蓮花紋瓦當(圖四十八)．此外，前文我們還提到四川樂山市麻浩崖墓中所刻蓮花紋瓦當圖案甚至可以早到三國時期，這些都爲推斷建康地區蓮花紋瓦當出現于東晉晚期提供了輔助的材料．如果還要進一步探索東晉晚期蓮花紋瓦當出現的背景，我們認爲除了當時佛教已較爲流行的原因之外，還與釋道安，釋慧遠等高僧在東晉境內積極提倡佛教"淨土"思想及慧遠在廬山建"蓮社"有關[24]．蓮花作爲佛，佛國，淨土及生命，光明的象徵，受到社會廣泛的接受和崇仰，"而建築作爲人們日常使用最爲頻繁的場所，在醒目的屋檐處裝點蓮花紋瓦當是營造'佛國淨土'和弘化彌陀信仰最簡單易行的方式之一"[25]．蓮花紋瓦當由此便應運而生，完全取代了秦漢以來一直盛行的云紋瓦當，從而成爲代表時代新思潮的建築藝術符號而日益發達．

## 2. 蓮花紋瓦當是研究南朝時期文化交流傳播現象的重要例證．

南朝蓮花紋瓦當出土數量較多，時代特色鮮明，從其造型，圖案方面可以窺見首都建康與其他地區的文化關系．這類瓦當的大致形狀與中原地區秦漢以來的瓦當結構基本相同，形狀作圓形，由當面和邊輪內外兩個部分組成，在制做工藝上，先模制當面，后粘接邊輪及筒瓦．但它的邊輪較高，較窄，當面明顯低于邊輪，與同一時期北方洛陽等地的瓦當之低邊輪，高當面的做法形成了強烈對比．

南朝蓮花紋瓦當有着自身的發展演變過程，但也可能接受過北方瓦當的影響，如大約南朝中期出現的復瓣寶裝蓮花紋瓦當，其最初流行地區是在北方大同，洛陽等地[26]．據錢國祥先生的研究，這種瓦當屬于北魏洛陽城遺址中時代較早的一種蓮花紋瓦當類型，從公元493年開始一直流行到公元502年左右[27]．不過，將建康和洛陽的復瓣寶裝蓮花瓦當做對比，能發現兩者在瓣形，蓮房, 瓣間分隔裝飾, 邊輪等多方面仍存在較大差異, 其中洛陽及北方地區瓦當風格與大同云崗石窟最流行的復瓣寶裝蓮花形狀非常一致, 而建康地區這類瓦當蓮瓣紋樣則與東吳時期出現的復瓣寶裝蓮花形式一脈相承. 因此, 南北兩地復瓣寶裝蓮花紋瓦當的關系還值得進一步研究. 其次, 南朝晚期出現的蓮花周邊帶聯珠紋的風格最初可能來自北方, 因爲洛陽地區早在太和十七年(493年)至景明年間(500-502年)已有飾聯珠紋帶的蓮花紋瓦當的出現, 到南北朝晚期, 南北地區均流行這類瓦當[28], 從而爲隋唐蓮花紋瓦當確立了基本的樣式和格調.

而從另一個角度看, 南朝蓮花紋瓦當對北方地區的影響也是明顯且深刻的. 首先, 我們依據已有材料, 大致可以認爲, 魏晉南北朝時期, 在佛教流行背景下誕生的中國蓮花紋瓦當體系首先植根于南方地區. 目前, 研究北方蓮花瓦當的專家指出, 北魏境內這類瓦當之出現與流行時間約爲太和年間(477499年)前后, 尤其是孝文帝元宏太和十八年(494年)遷都洛陽后才普遍使用[29], 這與彌陀淨土信仰先盛行于南方后競現于北方存有某種契合. 第二, 南, 北兩地蓮花紋瓦當初起時即有明顯的區域差異, 南方是簡潔素雅的單瓣蓮花紋瓦當體系, 北方是復雜富麗的復瓣寶裝蓮花紋瓦當體系, 這背后隱藏着南北地區不同的民族差異, 文化傳統差異和佛教文化體系與藝術審美特質的差異. 值得注意的是, 北魏遷都洛陽以后的中, 晚期(約516-519年以后), 其復瓣寶裝蓮花紋瓦當就被單瓣蓮花紋瓦當所取代[30]. 而且, 其單瓣蓮花紋瓦當的蓮花圖樣更接近南朝蓮花紋瓦當的中期風格. 此后, 東魏, 北齊在鄴城定都, 也仍然延用單瓣蓮花紋瓦當[31]. 北朝地區原有的復瓣寶裝蓮花紋瓦當之所以被南朝單瓣蓮花紋瓦當所取代, 我們認爲與孝文帝遷洛以后進一步采取 "漢化" 政策, 吸收南朝文化因素有直接關系. 到南, 北朝后期, 綜合南, 北風格的飾聯珠紋(原爲北方因素)的單瓣蓮花紋(原爲南方因素)瓦當就成了南北共有的瓦當類型, 同時, 它也是隋唐時代最常見的瓦當品種. 這與强盛的隋唐文化是建立在前期南, 北朝文化的基礎之上的歷史過程正相符合.

南朝首都建康作爲當時東亞地區重要的文化中心城市, 其蓮花紋瓦當風格包括制做技術也隨着友好的使者傳達到朝鮮半島, 尤其是當時半島南部的百濟國. 我們在閱讀韓國和日本學者研究百濟瓦當的論著時, 深深感到百濟國使用的蓮花紋瓦當樣式完全是南朝建康同類瓦當的"翻版", 盡管在后來的發展過程中, 也揉進了百濟人民自己的創造, 但其基本風格: 單瓣蓮花, 瓣間分隔線頂端作倒弧邊三角形或"T"字形, 凸起的蓮房和有規律分布的蓮子, 多數有較窄較高的邊輪[32]等等, 它們的特征更接近南朝建康地區第二期(中期)的蓮花紋瓦當的風格. 這讓我們很自然地會聯想起在古老的百濟國範圍內出土的具有中國南朝建康地區文化特色的青釉瓷器, 黑釉瓷器, 銅焦斗, 銅熨斗, 銅碗, 銅鏡, 陶硯, 陶虎子, 鐵農具和手工工具, 鐵鏃, 特別是武寧王(王妃)陵墓制度及其造墓的蓮花紋磚, 墓志, 地券, 石雕鎮墓獸等, 包括南朝史書中記載的百濟國與南朝的官方交往[33], 我們就不難感受到在公元4-6世紀時期, 中國南朝與百濟國上層社會包括普通人民之間密切的文化交流關系. 盡管我們不能說存在于兩國的這些造型, 材質相同或相似的物品就一定全部是文化流通的結果, 但站在東亞各國文化發展史與文化交流史的研究角度, 探討它們之間的關系以及隱藏在物質文化遺存背后的復雜過程和人的活動及其產生的曆史影響, 仍然是一個極有意義的學術課題. 這就是我們從南朝蓮花紋瓦當的研究中獲得的一點啓示.

如果我們再把眼光投向日本出土的早期瓦當資料, 我們也會看到, 通過"百濟國"這座文化橋梁, 南朝蓮花紋瓦當傳統同樣也影響到日本早期的瓦當形式. 正如許多專家指出的那樣, 根據《日本書紀》等書的記載, 崇峻天皇元年(588年)3月, 百濟國派遣一個僧人, 二個寺工, 一個櫨盤博士, 四個瓦博士, 一個畫工, 協助日本創建正式的寺院, 所遣工匠中以造瓦的技術人員最多, 身份最高[34]. 由于當時百濟國瓦當的風格主要采自南朝首都建康, 因此, 由百濟國造瓦技術人員帶到日本去的瓦當藝術形式自然會與南朝建康的蓮花紋瓦當屬于一個體系. 事實上, 日本境內出土的早期蓮花紋瓦當與百濟及南朝蓮花紋瓦當確實具有風格上的一致性.

### 3. 南朝蓮花紋瓦當是研究建康都城空間布局的重要"指示器".

蓮花紋瓦當作爲南朝時期都城重要建築(包括宮殿, 衙署, 禮制建築, 寺廟, 府第, 陵墓等)必不可少的用材, 它的埋藏地點成爲今天研究都城空間範圍甚至城市布局的有效的資料. 最近, 我們利用南京市區几十個地點出土的瓦當材料, 幷結合大量文獻記載, 試圖對六朝宮城, 都城以及揚州治所西州城, 東府城, 石頭城等做空間上的復原研究, 得出了一些不同于前人的結論[35]. 今后, 隨着對六朝瓦當研究工作的深入, 我們會由此對涉及六朝都城建設, 文化面貌, 磚瓦技術, 文物斷代, 佛敎藝術傳播, 東亞地區不同民族和國家間的文化交流等相關問題的研究提供新的視角和佐證.

注釋：

1. 拙作：《六朝瓦當初探》，《六朝文化國際學術研討會論文摘要》，《東南文化》增刊，1998年9月.
2. 參見南京市文物研究所，中山陵園管理局文物處，南京大學歷史系考古專業：《南京鍾山南朝壇類建築遺存一號壇發掘簡報》，《文物》2003年7期.
3. 參見南京市文物研究所，南京棲霞區文化局：《南京梁南平王蕭偉墓闕發掘簡報》，《文物》2002年7期.
4. 《南京鍾山南朝寺廟（二號寺）遺存試掘簡報》，待刊稿.
5. 《南京清凉山六朝石頭城遺址調查勘探簡報》，《考古》待刊稿.
6. 拙作：《南京毗盧寺東出土的六朝時代瓷器和瓦當》，《東南文化》待刊稿.
7. 賀云翱，邵磊：《南京出土南朝橼頭裝飾瓦件》，《文物》2001年8期；拙作《南京出土六朝瓦當初探》，《東南文化》2003年1期；《南京出土的六朝人面紋與獸面紋瓦當》，《文物》2003年7期.
8. 南京市博物館，南京市玄武區文化局：《江蘇南京市富貴山六朝墓地發掘簡報》，《考古》1998年8期.
9. 老河口市博物館：《湖北老河口市李樓西晉紀年墓》，《考古》1998年2期. 該墓出土西晉泰始九年(272年)銘陶帳座，墓中一件銅洗內底飾盛開的三層蓮花紋樣，蓮花具有寫實風格，與本文Ⅱ型a式蓮花紋樣甚爲接近. 該墓發掘者認爲銅洗蓮花裝飾是佛教影響下的產物.
10. 圖四十二，四十三的瓦當資料分別見陝西省考古研究所秦漢考古室：《新編秦漢瓦當圖錄》第34頁(三秦出版社，1986年版)及徐錫台，樓宇棟，魏效祖：《周秦漢瓦當》第149圖，文物出版社，1983年版."蓮花厭(勝)火"之說載于東漢應劭《風俗通義·佚文》，資料見《風俗通義校釋》，吳樹平校釋，天津古籍出版社，1988年版. 此說至南朝時仍流行，《宋書》卷十八《禮志五》曰："殿屋之爲圓淵方井兼植荷華者，以厭火祥也".
11. 河南省文化局文物工作隊：《鄧縣彩色畫像磚墓》，文物出版社，1958年版. 楊泓先生認爲，該墓時代爲南朝較早時期，下限不會遲于梁代，宿白先生也有類似的看法，分別見柳涵(楊泓)《鄧縣畫象磚墓的時代和研究》，《考古》1959年5期；《中國大百科全書·考古學》，422頁，中國大百科全書出版社，1986年. 我們認爲，該墓時代下限在齊代，非梁代. 參見拙作《對南朝幾座畫像磚墓時代的再認識》，待刊稿.

12. 窯址調查標本及資料保存于南京大學曆史系考古專業.
13. 〔東漢〕應劭《風俗通義·佚文》曰: "殿堂象東井形, 刻作荷菱. 菱, 水物也, 所以厭火". 有學者認爲, 秦漢流行的云紋也與 "水" 有關, 中國古代木構建築易被火災, 故以 "水" 物爲瓦飾, 以收 "水克火" 之效. 參見錢國祥:《漢魏洛陽城出土瓦當的分期與研究》,《考古》1996年10期.
14. 圖三十六的資料采自龔廷萬, 龔玉, 戴嘉陵編著:《巴蜀漢代畫像集》342圖, 文物出版社, 1998年版. 樂山麻浩崖墓的時代過去一般認爲是東漢晚期, 唐長壽先生認爲其時代爲蜀漢時期, 墓中門額上刻有佛像. 見唐長壽:《樂山麻浩, 柿子灣崖墓佛像年代探析》,《東南文化》1989年2期, 另見唐長壽:《四川出土早期佛像辨識》,《東南文化》1991年5期.
15. 四川省文物管理委員會:《四川忠縣塗井蜀漢崖墓》,《文物》1985年7期.
16. 趙殿增, 袁曙光:《四川忠縣三國銅佛像及研究》,《東南文化》1991年5期.
17. 沈宜楊:《湖北當陽劉家塚子東漢畫像墓發掘簡報》,《文物資料叢刊》1輯, 文物出版社, 1977年版. 其中二號墓時代爲東漢晚期, 墓中出土青瓷鉢, Ⅰ式青瓷罐都裝飾着蓮瓣紋. 有資料顯示, 長江中上游地區早在東漢中期已有了佛像制做, 重慶市丰都縣曾發現東漢延光四年 (125年) 飾佛像的銅搖錢樹, 見劉宏斌, 幸怡華《陝西寶鷄考古隊完成三峽文物發掘任務》,《中國文物報》2002年3月22日第2版.
18. 南京市博物館:《南京郊縣四座吳墓發掘簡報》,《文物參考資料》8輯, 文物出版社, 1984年.
19. 參見賀云翺, 阮榮春, 劉俊文, 山田明爾, 木田知生, 入澤崇等《佛教初傳南方之路文物圖錄》, 文物出版社, 1993年版. 另我們在南京大行宮地區及古越城地區做考古調查時, 于東吳西晉地層中發現多件飾蓮花紋瓷片, 飾錢紋瓷片及飾錢紋硬陶片等. 標本資料保存于南京大學曆史系考古專業.
20. 南京大學曆史系考古組:《南京大學北園東晉墓》,《文物》1973年4期. 主持該墓發掘的蔣贊初先生認爲 "個別瓷器和少數墓磚上出現了被認爲是晚出的類似蓮瓣紋的裝飾", "有較少數 (墓磚) 打印着三組以八瓣花紋爲中心的圖案……". 他并認爲該墓墓主人爲東晉前期晉元帝, 明帝或成帝之一, 見《南京東晉帝陵考》,《東南文化》1992年3, 4合刊.
21. 同注8
22. 南京博物院:《南京中山門外苜蓿園東晉墓清理簡報》,《考古通訊》1958年4

期.
23. 《南京鐵心橋王家山東晉晚期墓發掘簡報》,《考古》待刊稿. 該墓由筆者主持挖掘.
24. 參見湯用彤:《漢魏兩晉南北朝佛教史》"第八章·釋道安","第十一章·釋慧遠", 上海書店, 1991年12月版. 劉長東:《晉唐彌陀淨土信仰研究》第一, 二章, 巴蜀書社, 2000年5月版. 另南朝地區至遲在宋元嘉二年已出現淨土變佛造像, 見劉志遠, 劉廷壁:《成都萬佛寺石刻藝術》第31圖, 中國古典藝術出版社, 1958年版. 又參見〔日〕吉村憐著:《天人誕生圖研究》, 卞立強, 趙瓊譯, 中國文聯出版社, 2001年版.
25. 參見拙作:《南京出土六朝瓦當初探》,《東南文化》2003年1期.
26. 崔睿:《石子灣北魏古城的方位, 文化遺存及其他》,《文物》1980年8期. 文中提到大同"方山永固陵出現肥短花瓣的蓮花紋瓦當".
27. 錢國祥:《漢魏洛陽城出土瓦當的分期與研究》,《考古》1996年10期.
28. 參見上文. 另見《北魏洛陽永寧寺》, 中國大百科全書出版社, 1996年版. 相關瓦當實例見中國社會科學院考古研究所等:《河北臨漳縣鄴南城朱明門遺址的發掘》,《考古》1996年1期;《河北臨漳鄴北城遺址勘探發掘簡報》,《考古》1990年7期; 張俊英:《邯鄲市博物館收藏的部分瓦當》,《文物春秋》1995年1期等.
29. 參見注26, 27.
30. 參見27.
31. 參見《河北臨漳鄴北城遺址勘探發掘簡報》,《考古》1990年7期;《河北臨漳縣鄴南城朱明門遺址的發掘》,《考古》1996年1期等.
32. 主要參考〔日〕大川清編《百濟考古學》, 雄山閣考古學選書, 5, 雄山閣出版株式會社, 1972年版. 京都國立博物館:《畿內與東國》, 1988年印行.〔日〕坪井清足, 田村晃一等《古代的日本》第十一《佛教傳來與蓮華紋瓦當》, 日本株式會社角川書店, 1992年版〔日〕荒木敏夫編, 水野佑監修:《古代王權與交流·5》"畿內與朝鮮半島所見瓦"(龜田修一撰), "瓦當紋樣的開創與七世紀的佛教政策"(菱田哲郎撰), 株式會社名著出版, 1994年12月版. 韓文資料主要有《百濟》,《錦江》,《風納土城》,《百濟斯麻王》等, 蒙近年韓國忠南大學百濟研究所朴淳發教授等韓國多位來訪學者贈送相關資料, 特此感謝!
33. 百濟國與東晉南朝的交往參見《宋書》卷九十七《夷蠻傳》;《南齊書》卷五十八《東南夷傳》;《梁書》卷五十四《諸夷傳》;《南史》卷七十九《夷貊傳》等. 其中

《梁書》曰:"中大通六年, 大同七年, 累遣使獻方物, 幷請《涅槃》等經義,《毛詩》博士, 幷工匠, 畫師等, 敕幷給之". 這些代表梁中央政府前去百濟國的學者, 匠師和藝術家爲兩國間文化的交流做出了特殊貢獻, 故韓國曾出土刻有 "梁官瓦爲師矣" 銘文的墓磚. 除此之外, 當時南朝與百濟應還存在民間的人員和技術的流通. 熊海堂先生認爲, "磚瓦技術的對外傳播可能都是通過正式的官方交流才實現的". 幷以韓國忠淸南道靑陽郡王津里錦江西北岸瓦窯遺存, 忠淸南道扶余郡場岩面岩亭里內洞部落的B地和C地發現的窯群爲實例, 說明中國南朝磚瓦窯技術曾在百濟時期(約350-660年間)傳到朝鮮半島. 這些材料對探討南朝蓮花紋瓦當與百濟國蓮花紋瓦當的關系有重要意義. 見熊海堂《東亞窯業技術發展與交流史研究》137-145頁, 南京大學出版社, 1995年版.

34.《國史大系》Ⅰ, 后篇, 吉川弘文館出版, 1966年版. 轉引自上注熊海堂先生大著第139-149頁.

35. 參見拙著《六朝瓦當與六朝都城》, 待版.

〔토론문〕

# 南朝時代 建康地域 蓮花紋 瓦當의 變遷 과정 및 관련 문제의 硏究

成 正 鏞*

　백제 기와 특히 막새기와에 대한 연구는 최근 漢城期의 자료가 증가하여, 종래 熊津·泗沘期 蓮花文瓦當의 문양 중심적 연구에서 탈피하여 통시대적인 제작기술 및 양식의 변천과 그 기원을 좀 더 세부적으로 추구하는 경향을 보이고 있다. 이 백제 기와의 제작기술과 계통이 궁극적으로 중국에 있으며, 특히 熊津期 이후의 蓮花文瓦當을 중심으로 한 기와 文化가 中國 南朝의 그것과 밀접히 연관되어 있다는 것은 通說的으로 인정되고 있다. 이에 따라 백제 기와의 제작 기술 및 문양의 계통과 전개과정, 東亞細亞에서 百濟 瓦塼文化가 차지하는 역사적 위치 등을 이해하기 위해 南朝 瓦塼文化에 대한 관심은 그 어느 때 보다 높아져 있는 상태이지만, 사실 南朝 瓦塼文化에 대한 정보가 빈약하여 그 구체적인 접근은 매우 제한적일 수밖에 없는 상황이었다. 그런데 이러한 기대에 부응이라도 하듯 최근 중국에서 南北朝時期의 기와 관련 유적에 대한 발굴이 잇따르고, 賀云翺先生(南朝地域)과 錢國祥先生(北朝地域) 등이 이들 조사성과를 토대로 그 분류와 편년, 역사적 의미 등에 대해 의욕적인 연구를 진행하고 있어 체계적인 비교 접근이 가능한 환경이 조성되고 있다. 賀선생의 금번 발표는 그 동안 축적된 연구 성과를 통해 蓮花文

---
* 일본 교토대학교 고고학연구실

瓦當의 文樣 변화를 중심으로 그 시기적 변천을 논하고, 東亞細亞 속에서 南朝 瓦塼文化의 역사적 위치를 점검하여 본 것은 발표자도 지적한 南朝 - 百濟 - 倭로 이어지는 瓦塼文化의 흐름을 이해하는데 향후 주요한 시금석이 될 것으로 여겨진다.

  토론자도 백제 기와에 대해 약간의 관심을 갖고 있던 차에 2년전 賀云翶선생의 안내로 南京 鐘山遺蹟 등에서 출토된 연화문와당 등을 견학하는 기회를 가질 수 있었다. 그렇지만 토론자는 남조막새의 구체적인 양상에 대해서는 백지상태에 가까워, 금번 토론은 평소 궁금하게 생각했던 것을 포함한 보충적인 성격의 질문을 드리려고 한다.

  1. 백제 蓮花文瓦當의 출현 시점에 대해 熊津期로 보는 것이 大勢를 이루고 있다. 그런데 백제 초기 蓮花文瓦當이 농숙한 형태로 등장하고 있는 점과 남조 와당의 출현 시점 및 백제와 東晉·南宋의 관계 등을 고려해 漢城期까지 소급될 수 있지 않을까 추정하기도 하지만, 이는 아직 資料上 뒷받침이 되지 않고 있다. 賀선생도 南朝 瓦當의 분류를 통해 熊津期說을 뒷받침하고 있다. 그렇다면 남조 와전문화가 구체적으로 어떠한 과정을 통해 어떠한 수준과 범위까지 이식되었으며, 이를 토대로 한 백제의 공인 집단 조직과 관리 등은 어떠하였을지도 궁금해진다. 이 점에서 公州 宋山里 6號墳 출토 '梁官瓦爲師矣' 銘塼에 있는 '梁官瓦'에 대해 관심이 다시 쏠리게 되는데, 이 '梁官瓦'의 구체적인 실체에 대해 문헌이나 고고학적으로 밝혀진 것이 있는지 알려주시기 바란다.

  2. 연화문와당의 유행이 불교문화의 성립과 곧바로 궤를 같이하는 것은 아니라는 점 등에 대한 賀선생님의 지적은 주변 지역 연화문와당의 전개과정을 이해하는데도 시사하는 바가 크다. 그런데 중국 주변 지역 연화문와당의 출현 시기 및 개시와 관련하여 朝陽地域 등에서 최근 三燕時期(341~436)에 해당하는 연화문와당이 출토되는 것으로 알려져 있다. 이 지역의 것

은 蓮子가 없고 구획된 내부에 蓮瓣이 배치되며 蓮瓣 사이의 구획선이 1~2줄의 직선으로 배치되는 점 등이 南北朝의 것과는 차이가 있으며, 고구려의 것과 근사함이 지적되고 있다.[1] 이는 또 賀선생이 언급한 四川 樂山市의 麻浩崖墓 출토품과 유사한 것으로 보여지는데, 이러한 東北地域 및 高句麗地域의 蓮花文瓦當 출현 시점 및 그 배경은 어떻게 보면 좋을지요?

3. 남조의 연화문와당 제작기법에 대해 남북조의 차이를 중심으로 간단히 언급하고 계시다. 사실 와당의 제작기법은 當面에 周緣의 일부 또는 전부를 같이 만든다던지 혹은 當面과 수키와의 접합기법도 다양한 방법이 존재하고 있는데, 세부적인 제작기법의 비교도 백제 와당의 기술적 계보 등을 이해하는데 하나의 방법이 될 수 있다. 한편 同范瓦 관계 등을 파악하여 공인집단의 운영 및 기와의 공급과 유통 등에 대해서도 접근할 수 있다. 이와 관련하여 남조 와당의 세부적인 제작기법이나 그 변천에 대해 관찰된 양상이 있다면 소개해 주시기를 부탁드린다.

4. 그리고 이 제작기술과 관련하여 1637년경에 明의 宋應星이 저술한 『天工開物』은 기와 연구에 큰 영향을 미치고 있다. 그런데 여기에 소개되어 있는 기와의 제작기술이 어느 정도의 歷史性을 갖고 있으며, 어느 시점까지 그 제작기술이 소급될 수 있는지 가르쳐 주시기를 부탁드린다.

---

1) 李新全, 1996, 「三燕瓦當考」, 『遼海文物學刊』 96年 1期, pp.12~15.

[답 변]

　이렇게 문제를 제기해 주셔서 감사합니다. 첫 번째로 "梁官瓦"명문전에 대한 문제를 답변 드리겠습니다. 본인이 생각하기에 공주 송산리 6호분에서 나온 이 명문전은 백제 무녕왕 제위시기에 제작된 것이라고 생각됩니다. 그리고 이 자료를 처음 접하고 나서 본인이 생각했던 점들은 이것이 梁代에 백제의 요청으로 梁의 장인 집단들이 백제로 와서 제작한 것이 아닌가 하는 의구심을 처음에 갖게 되었습니다. 그래서 지금 이야기가 되고 있는 기원 541년 이전에는 이미 무녕왕이 죽고 없기 때문에 이 문제는 그런 각도에서 접근을 하면 문제가 있다고 생각합니다. 그래서 이 명문에 있는 내용을 우리가 그대로 해석한다면 양의 관에서 사용되었던 와당을 가지고 제작한다고 그 의미를 해석할 수 있다고 봅니다. 그리고 여기에 나와 있는 와라는 것은 狹義의 기와만을 얘기하는 것이 아니라 廣義의 기와를 의미하는 것이라고 생각합니다. 중국 고대의 瓦器라는 것은 단순히 기와만을 지칭하는 것이 아니라 토기를 포함하는 넓은 의미의 용어라고 봅니다. 그래서 심지어는 자기의 경우에도 瓦器라고 표현되는 예들이 있습니다. 그래서 "梁官瓦"의 경우에는 두 가지의 의미를 가지고 있습니다. 첫 번째 梁이라는 것과 官瓦라는 의미입니다. 먼저 梁의 경우에는 梁과 백제와의 밀접한 교류관계를 보여주는 것입니다. 다음으로 관와의 경우에는 당시 梁의 瓦제작 시스템과 관련이 있습니다. 梁代에는 기본적으로 관에서 제작하는 것과 민간에서 제작하는 두 가지 형태로 구분할 수 있습니다. 최근 남경 근교에서 남조 시기 관에서 사용한 와당의 제작 작업장을 발굴한 적이 있습니다. 그래서 이후에 토론 시간에 官窯에서 출토된 명문이 있는 것들을 한번 보여 드리겠습니다. 이렇게 관에서 제작된 것은 주로 황실과 궁전에서 사용되는 것들입니다. 그리고 일부 이런 와전의 경우에는 건축 방향을 나타내는 형태의 瓦塼들도 있습니다. 그래서 이러한 관에서 제작된 것은 황제의 능묘라든가 禮制 건축물과 같은 高級建築物에서 사용됩니다.

그래서 방금 얘기한 명문의 내용에는 이런 가능성들이 있습니다. 첫 번째 경우는 梁代의 와 제작에 참여했던 장인집단들이 백제에 와서 백제의 장인 집단을 지도하고 그렇게 해서 이러한 명문들이 새겨졌을 가능성이 있고, 두 번째의 경우는 백제의 사절이 양에 가서 양에서 제작된 와당의 모형을 가지고 와서 백제에서 제작되었을 가능성이 있습니다. 그래서 이 두 가지 경우에 모두 이런 명문을 기재할 수 있다고 봅니다. 그래서 결과적으로 두 가지 경우를 통해 봤을 때 백제의 기와 제작 과정에서 양과의 밀접한 관계들을 보여준다고 할 수 있겠습니다. 그래서 어쩌면 백제 시기에도 이런 관과 민간에서 따로 제작되는 시스템이 있을 수도 있지 않겠느냐 하는 생각이 듭니다.

두 번째 문제에 대해서 사비시기 와당에 대해서 그렇게 많은 연구를 해본 경험이 없습니다. 단지 고구려 연화문와당에 대해서는 조금 주의를 기울인 적이 있습니다. 고구려 연화문와당의 경우에는 독자적인 스타일이 있습니다. 그래서 어떤 부분들에 대해서 사비와의 관계가 매우 밀접하다고 봅니다. 하지만 남조적인 영향도 일부 남아 있다고 봅니다. 그리고 이러한 것들은 당시 고구려와 사비의 불교 교류관계, 그리고 지리적인 인접성, 이런 것들이 주요한 역할을 했으리라고 봅니다. 그래서 지금 본인의 경우에는 고구려와 사비 지역 와당의 출현 시기라든가 유형 분석들이 되어 있지 않아서 보다 자세한 답변은 드리기가 곤란하겠습니다. 그리고 마지막으로 사천에서 발견된 麻浩崖墓에서 나온 연화문 도안에 대해서 이러한 도안들은 고구려에서 출토된 와당들과는 어떤 관계성을 설정하기 어렵지 않겠는가, 이렇게 봅니다.

세 번째로 남조 와당의 제작 기법에 관한 문제입니다. 남조에서 와당 제작기술은 기본적으로 동진 이후에 기술들이 전승되어 온 것입니다. 이러한 제작은 세 단계로 나뉘어서 진행되었습니다. 먼저 중심에 當面을 제작하고 그리고 나서 周緣 부분을 제작합니다. 그리고 마지막으로 뒷부분에 있는 筒瓦와 연결해서 결합시키는 것입니다. 그래서 이러한 제작 과정을 통해서 기와에는 상당히 많은 제작과정의 흔적들이 남아 있습니다. 손바닥으로 그것을 접합시킨 것이나 손바닥으로 눌러서 결합시킨 흔적들이 기와 자체에 남아 있는 것들이 상당 부분 있습니다. 그래서 東吳시기부터 이런 현상들이 나타나서 남조 시기까지도 여전히 이러한 제작상의 흔적들이 기와에 남아 있습니다. 그리고 현재 남조 와당의 제작기법에 관해서는 그렇게 세부적인 연구가 진행되어 있지 않습니다. 그래서 이 질문에 대해서도 이 정도밖에 답변을 드릴 수가 없겠습니다.

그리고 네 번째로 『天工開物』에 관해서 답변 드리겠습니다. 이 책은 明代에 쓰여 진 책입니다. 그리고 이 책 속에는 기와 제작에 관해서 크게 두 가지로 구분해서 기술되어 있습니다. 첫 번째는 우리가 일반적으로 사용하는 보통 기와의 경우이고 두 번째는 琉璃瓦의 경우입니다. 이 책이 비록 명대에 제작되고 있는 기와 제작방법을 보고 기술하였지만 이 제작기술 자체는 東吳시기에도 사용되었던 기와 제작기술입니다. 그리고 琉璃瓦의 경우에는 최근 남경 남쪽에 있는 西霞山 석굴지역에서 명대 황궁에서 사용하기 위한 유리와를 제작했던 지점들을 발굴한 일이 있습니다. 그래서 南唐 시기에 제작된 유리와의 기본적인 형태들이 명대 초기까지 나타나는, 아까 말씀드린 발굴되었던 유리와의 기본 형태들과 대동소이하다고 봅니다. 물론 명대 초기의 琉璃瓦와 남당 시기의 유리와 사이에는 아주 세부적인 어떤 차이점들은 실제로 존재합니다. 남당 시기에는 유리와의 표면이 굉장히 투박한 부분들이 있고, 명대 초기에 나타난 유리와의 경우는 굉장히 깔끔하게 되어 있습니다. 그래서 유리와의 경우에는 보다 많은 자료들에 대한 조사를 통해서 좀더 많은 얘기를 나눌 수 있을 것이라고 생각됩니다. 감사합니다.

# 土器資料를 통해서 본 3~5세기의 百濟와 倭의 交渉關係

吉井秀夫*

## 머리말

  일본열도 大和政權의 대외관계를 생각할 때, 한반도 여러 세력 가운데 백제와의 관계가 가장 중요했음은 문헌자료의 검토를 통해서 널리 알려져 있는 사실이다. 7세기 이후의 고고자료의 경우에도 기와를 비롯한 불교관련 자료에서 백제적인 요소를 많이 찾아볼 수 있다. 그런데 6세기 이전의 일본 고분시대의 外來系 고고자료에 대해서는 가야계 고고자료에 비해서 백제계 고고자료가 의외로 없다는 것이 일본 고고학자의 일반적인 인식이었다. 하지만 한강 유역, 금강 유역, 영산강 유역에서 3~5세기대의 유적이 많이 조사되어 이들 지역 고고자료의 실상이 밝혀짐에 따라, 이들 지역과 관련된 토기자료가 일본열도에서도 적지 않게 출토되어 있음을 알게 되었다. 한반도 서남부 지역의 고고학적인 조사 연구가 진행되면, 일본열도에서 더 많은 관련자료를 찾을 수 있을 것으로 기대된다.

---

\* 일본 교토대학교 대학원 문학연구과 교수

발표자는 1999년 국립중앙박물관에서 백제특별전이 개최되었을 때, 일본 열도에서 발견된 백제계 고고자료를 개관할 기회를 얻었다(吉井, 1999a). 또 같은 해부터 국립공주박물관이 주최하는 일본소재 백제문화재 조사에 일본 쪽 조사원으로 참가하여 토기를 중심으로 한 일본 출토의 백제계 고고자료를 실제로 조사할 수 있었고(국립공주박물관, 1999·2000·2002), 그 조사 성과로 백제와 마한에 관련된 것으로 생각되는 토기를 검토해 보았다(吉井, 1999b·2001a·2002b ; 和田·吉井, 2000). 이번 발표에서는 일본열도에서 출토된 3~5세기의 백제(마한)계 토기[1]의 종류와 출토지, 출토 시기 및 그 변천의 특징을 소개하겠다. 그리고 백제와 왜의 교섭관계의 변화를 복원하기 위한 기본작업으로 백제(마한)계 토기의 계보문제에 대해서 고찰해 보고자 한다.

## I. 일본열도에서 출토된 백제(마한)계 토기의 기종과 그 출토 상황

일본 고분시대 유적에서 출토된 외래계 토기에 대한 연구는 1980년대에 크게 진전되었다. 그 큰 이유는 경상도에서 발굴조사가 증가됨에 따라 가야 토기 연구가 진행되었고, 그 연구성과가 일본 고고학계에 소개됨으로써 외래계로 파악되었던 토기들 가운데 가야토기와 비교할 수 있는 토기가 많이 있음이 밝혀졌기 때문이다. 반면 그 당시 일본열도에서 출토된 외래계 토기 가운데 백제와 관련된 것으로 인식된 것은 삼족토기와 병형토기 등 웅진백

---

1) 이번 발표에서 검토 대상으로 한 토기는 일본열도에서 출토되고 그 계보를 한강 유역, 금강 유역, 영산강 유역에 구할 수 있는 토기이다. 이들 가운데 전형적인 백제 토기가 아닌 예를 백제 토기가 아니라 마한 토기로 파악하는 입장(白井, 2000·2001)도 있지만, 발표자는 논문(吉井, 2002b)에서 논의했듯이 백제 토기와 마한 토기에 대해서 좀 더 검토할 필요가 있다고 생각한다. 그러므로 이번 발표에서는 검토 대상으로 하는 토기의 總稱으로써 "백제(마한)계 토기"라는 용어를 쓰겠다.

제 이후의 전형적인 백제 토기에 보이는 기종뿐이었으며, 그 출토예는 몇 예 밖에 없었다(小田, 1978 ; 關川, 1988).

그러나 1980년대 후반 이후 5세기 이전의 한강 유역, 금강 유역, 영산강 유역의 토기 양상이 밝혀지면서, 일본고고학자도 일본열도에서 백제(마한)계 토기가 적지 않게 존재하고 있음을 인식하게 되었다. 예를 들면 1980년대에 조족문토기의 출토를 지적한 적이 있는 田中淸美(田中, 1985)는 일본열도의 출토예를 집성하고 한반도에서 나온 조족문토기의 분포 상황을 분석한 후, 이 토기는 백제 토기라고 생각했다(田中, 1994). 같은 시기에 竹谷俊夫도 조족문토기의 분포와 계보에 대해서 검토했다(竹谷, 1995). 또 금강 유역과 영산강 유역에서 출토예가 증가되고, 그 분포와 변천에 대한 연구의 진행(김종만, 1999 ; 서현주, 2001)이 계기가 되어 양이부호, 鋸齒文土器, 이중구연호의 일본열도에서의 출토 상황에 대한 검토가 시작되었다(白井, 2000 ; 吉井, 2001a).

이상과 같이 백제고고학의 연구가 진행됨에 따라 한강 유역, 금강 유역, 영산강 유역에서 계보를 찾을 수 있는 토기들이 일본열도에서도 적지 않게 출토되었음이 밝혀졌다. 다만 이들 토기를 분석하기 위한 기본적인 전제가 되는 계보문제에 대해서는 백제 토기로 보는 설과 마한 토기로 보는 설이 대립되어 있는 것이 실상이다. 이 문제에 대해서는 나중에 검토하기로 하고, 먼저 어떤 기종이 일본열도에서 출토되고 있는지에 대해서 개관해 보겠다. 각 기종의 출토 상황에 대해서는 벌써 白井克也가 상세히 검토해 본 적이 있다(白井, 2001·2003). 여기서는 그 성과를 바탕으로 하여 그 후에 새로 발견된 자료를 추가하면서 검토해 보고자 한다.

## 1. 양이부호, 거치문토기, 이중구연호

먼저 白井가 마한 토기의 집단A로 假稱한 양이부호, 거치문토기, 이중구연호의 출토 양상에 대해서 검토해 보겠다. 이들 기종은 원삼국시대에 나타나서 주로 4세기대에 많이 만들어진 토기들이다. 그리고 양이부호와 이중구연호는 금강 유역과 영산강 유역에 분포하고, 영산강 유역에서는 늦은 시기까지 제작되었다(김종만, 1999 ; 서현주, 2001). 반면 거치문이 시문된 토기 가운데 옹관으로 자주 사용된 대형호는 풍납토성에서도 출토되었기 때문에, 그 분포 범위는 영산강과 금강 뿐만 아니라 한강에까지 이르는 것으로 밝혀졌다. 다만 소형 기종의 경우는 양이부호와 이중구연호에 거치문이 시문된 예가 많기 때문에, 역시 분포의 중심은 금강 유역과 영산강 유역이었다고 생각된다.

일본열도의 경우 이들 토기는 彌生時代 후기부터 고분시대 중기까지 출토된다. 다만 彌生시대 후기부터 고분시대 전기까지의 양상과 고분시대 중기의 양상에는 어느 정도 차이가 보인다. 먼저 미생시대 후기부터 고분시대 전기 단계에서는 對馬島〔塔ノ首2호 석관묘(도1-1, 小田외, 1974)〕, 壹岐島〔原ノ辻 유적(長崎縣敎委, 2002)〕, 福岡縣의 玄界灘연안〔浦志유적 A지점(도1-2, 前原町敎委, 1984)〕, 新町패총(도2-4, 白井, 2000), 比惠유적군(小田·韓, 1991), 西新町유적(도1-3~4, 도2-2·3, 福岡市敎委, 1982 ; 福岡縣敎委, 2000), 博多유적군(도2-1, 福岡市敎委, 1985) 등 북부 구주 지역에서 집중적으로 출토되는 경향을 보인다. 출토 토기의 대부분은 와질 소성이지만, 西新町유적에서 나온 양이부호와 거치문 이중구연호는 적갈색 연질소성이다. 또 浦志유적 A지점과 比惠유적에서 나온 예는 미생토기의 제작기술로 양이부호를 모방해서 만든 것이다. 양이부호와 거치문 이중구연호가 많이 나온 西新町유적에서는 경상도의 토기와 일본 山陰지방의 토기도 많이 발견되었기 때문에, 이 유적은 한반도와 일본 山陰지방의 사람들이 교역을 목적으로 많이 모여 들었던 곳으로 추정되고 있다(武末, 2000). 양이부호, 거치문토기, 이중구연호가 나온 이 시기의 다른 유적도 입지와 출토유물을 통해 볼 때, 교역활동의 거점이었을 가능성이 높다. 그러므로 이 시기의 백제(마한)계 토기의 대부분은 한반도 서남부 집단과 북부구주 집단의 교역활동에 따라 일본열도로 들어왔을 가능성이 높다고 생각된다.

또 이 시기의 한반도 서남부지방 집단이 북부 구주보다 더 동쪽 지방에서도 활동했을 가능성도 있다. 島根縣 タテチョウ유적에서는, 포함층에서 출

토되어 확실한 시기를 확정하기는 어렵지만, 양이부호가 출토되었다(龜田, 2001). 島根縣 南講武草田유적에서는 미생시대 후기토기와 함께 타날된 대형 양이부호가 출토되었다(龜田, 2001). 또 兵庫縣 出合窯跡은 가마 구조가 진천 삼룡리요지군, 산수리요지군이나 해남 군곡리유적에서 발견된 가마와 관련이 있는 것으로 지적되고 있다(龜田, 1989; 田中, 2001). 토기는 아니지만 岡山縣 千足고분(和田, 1919)과 長野縣 淺川端유적[2]에서 발견된 馬形鐙帶도 금강 유역과의 관련성이 높은 유물이다. 아직까지는 자료 수가 너무 적기는 하지만, 이들 자료가 동해 연안(북부구주―島根縣―新潟縣 경유로 長野縣)과 瀨戶內海 연안(북부구주―岡山縣―兵庫縣)의 2가지 경로를 통해서 일본열도 각지까지 전파되었을 가능성을 제기할 수 있겠다. 이러한 추정을 검증하기 위해서라도 앞으로 일본 각지에서의 백제(마한)계 토기의 발견이 기대된다.

고분시대 중기단계에서는 大阪府를 중심으로 하는 近畿지방에 양이부호가 집중적으로 출토된다. 특히 陶邑古窯址群 TK216호 요(도1-14, 田辺, 1981)에서는 양이부호가 만들어졌다. 또 大庭寺유적(도1-9, 大阪府敎委, 1995), 四ツ池유적(도1-15, 堺市敎委, 1991), 小阪유적(도1-11, 大阪府, 1992), 伏尾유적(도1-7, 大阪府埋藏文化財協會, 1990)과 같은 須惠器 생산과 관련이 깊은 유적에서 발견된 경우가 많아, 白井克也가 지적하듯이, 이 시기의 양이부호와 관계된 사람들은 須惠器 생산과 깊은 관계가 있었을 가능성이 있다(白井, 2001). 또 양이부호의 뚜껑은 耳의 위치와 전체적인 형태가 다양하다. 이러한 형태의 차이가 제작지의 차이인지 일본열도에서의 변화 과정을 보여주고 있는지는 앞으로 더 검토해 볼 필요가 있겠다.

최근 長野縣 新屋敷유적에서 발견된 양이부호 뚜껑의 출토 상황은 불분명하지만, 형태적인 특징으로 보면 고분시대 중기로 볼 수 있는 자료이다(도1-

---

[2] 2001년에 長野縣 長野市 淺川端유적 제2차 조사에서 고분시대 중기 이후, 奈良시대 이전에 만들어진 주거지의 埋立土에서 馬形鐙帶 1점이 발견되었다. 필자는 2001년에 발굴조사를 담당한 長野市敎育委員會의 배려로 실물을 견학했다. 상세한 평가는 정식보고를 기다리겠다.

6, 酒井, 2002). 新屋敷유적이 있는 長野縣 남부의 飯那谷 지역은 5세기 이후에 말이 매장된 예가 여러 곳에서 발견되고, 문헌을 통해서도 이 지역에 말을 키우는 목장이 있었음을 알 수 있다. 그래서 酒井淸治는 5세기에 말 키우는 기술을 가진 한반도 사람들이 이 지역으로 이주했고, 이 토기도 그 때의 사람들과 함께 이 지역으로 왔을 가능성이 높다고 생각했다(酒井, 2002 ; pp.190~191). 이러한 해석은 '마한' 세력과 기마문화의 관계는 희박하다고 보는 종래의 인식에서 보면 이해하기 힘든 견해이다. 하지만 최근의 조사를 통해 금강 유역에서의 마구 출현은 4세기까지 올라갈 수 있고, 영산강 유역에서도 복암리1·2호분(임영진 외, 1999)의 주구와 복암리3호분(윤근일 외, 2001) 1호 석실묘에서 말뼈가 발견된 바가 있기 때문에, 이들 지역에서 기마문화의 출현상황과 양이부호의 관계를 재검토해 볼 필요가 있을지도 모르겠다.

## 2. 조족문토기

다음으로 일본열도에서 발견된 백제(마한)계 토기 가운데 가장 출토예가 많은 조족문토기의 출토 상황을 개관하겠다. 한강 유역, 금강 유역, 영산강 유역에 분포하는 조족문토기의 성격에 대해서는 백제 토기로 볼 것인지 마한 토기로 볼 것인지에 대해 의견이 대립되어 있는 상황이다. 다만 3, 4세기까지 올라갈 수 있는 빠른 시기의 자료가 주로 한강 유역과 금강 유역에 많고, 시기가 내려감에 따라 분포 지역이 남쪽으로 이동하는 경향은 인정할 수 있겠다(田中, 1994 ; 박중환, 1999a). 일본열도에서는 미생시대 후기의 大阪府 長原유적 지하철 31工區 SD03에서 나온 단경호(田中, 1985)가 가장 오래된 예인데, 이것 이외는 모두 5세기 이후의 자료이다. 또 5세기와 6세기는 출토지와 토기 양상에 차이가 있음이 지적된 바가 있다(白井, 2001 ; 吉井, 2001a). 그 후에 늘어난 자료를 포함해서 이 문제를 재검토하면 다음과 같다.

먼저 5세기의 출토예는 福岡縣 新宮町 夜臼三代유적군 출토예(도3-3, 新宮町敎委, 1995 ; 西田, 1996)와 같이 須惠器가 나타나기 전의 예도 있지만, 기본적으로는 須惠器가 본격적으로 생산되기 시작한 시기에 집중되는 것 같다.

또 福岡縣 前原市 주변[井原塚廻유적(도3-2, 前原町敎委, 1992), 井原上學유적(도3-1, 前原町敎委, 1987)], 福岡市 早良區[吉武유적군(도3-6, 福岡市敎委, 1986)], 福岡縣 宗像 지역[在自小田유적(津屋崎町委, 1994), 在自上ノ原유적(津屋崎町委, 1995), 在自下ノ原유적(津屋崎町委, 1997)], 大阪府 長原유적 주변[도3-7~13, 長原유적(田中, 1994 ; 櫻井, 1998 ; 大阪市文協, 2000 · 2002), 城山유적(도3-4, 大阪府敎委, 1986), 八尾南유적(西村, 1993), 瓜破유적(鎌田, 1987)], 奈良縣 天理市 주변[布留유적(도3-5, 竹谷 · 日野, 1993)] 등 특정한 지역이나 유적에서 집중적으로 출토된다. 소성은 在自유적군에서는 도질이 많은데, 기타 유적에서는 적갈색 연질계가 많다. 또 호 외에 장동옹, 시루, 평저발, 이동식 부뚜막 등 다양한 기종에서 조족문 타날이 확인된다. 이들 가운데 長原유적 NG95-36차 조사에서 나온 예와 같이 유적 주변의 흙을 쓰고 같은 타날판으로 몇 가지 기종의 토기가 만들어진 예도 있다(櫻井, 1998). 또 夜臼三代유적군 출토예에서는 조족문토기가 土師器적으로 변화하는 과정이 보임을 白井가 지적하고 있다(白井, 2001). 이와 같이 이 시기의 조족문토기 출토예 가운데는 적갈색 연질 소성의 조리용 기종이 많은데, 일본열도에서 생산된 것으로 생각되는 경우는 토기를 만드는 기술을 가진 사람들이 일본열도로 이주했을 가능성을 지적할 수 있다. 한반도에서는 아직 조족문이 타날된 적갈색 연질토기의 발견예가 많지 않지만, 앞으로 취락유적의 조사가 늘어나 비교연구가 진행되면, 구체적인 이주 과정을 복원할 수 있을 것으로 생각된다.

5세기 말 내지 6세기 전반(TK47, MT15, TK10 단계)이 되면, 조족문토기는 주로 고분에서 출토된다. 기종도 도질 소성의 단경호가 대부분이다. 또 조족문이 변형되거나 다른 문양과 복합되는 예가 늘어난다. 이전 단계에 조족문토기가 많이 나온 福岡縣 前原市 주변[井ノ浦고분(도2-6, 前原市敎委, 1994)], 福岡市 早良區[梅林고분(도2-5, 福岡市敎委, 1991)], 宗像 지역[在自下ノ原유적(津屋崎町委, 1997), 富地原川原田유적(도2-8, 宗像市敎委, 1994)], 奈良縣 天理市 주변[杣之內古墳群(竹谷, 1995), 星塚1호분(도2-11, 泉 외, 1993)] 이외에 佐賀縣[相賀유적(도2-7, 小田, 1960)], 福岡縣 筑紫평야[ハサコの宮 2호분(福岡縣敎委, 1979)]

와 京都평야〔番塚고분(도2-10, 九州大學文學部考古學硏究室, 1993)〕, 山口縣〔御手洗유적(山口大埋文資料館, 2001)〕, 愛媛縣〔三吉, 2002 ; 松山市考古館, 2002)〕, 京都府〔中臣유적(도2-9, 內田, 2000)〕, 滋賀縣〔太鼓塚유적(田中, 1992)〕 등 더 폭넓은 범위에서 출토된다. 이상과 같이 이 시기의 조족문토기는 기종이 한정되어 있고 고분에서 단독으로 발견되는 경우가 많기 때문에, 사람의 이주 이외의 요인으로 일본열도에 들어온 경우가 많지 않았을까라고 생각한다.

또 이 시기의 조족문토기 동향과 관련성이 주목되는 것이 영산강 유역의 전방후원형분이다(박중환, 1999b ; 吉井, 2001). 이 시기의 조족문토기 중에는 소성의 특징을 통해 영산강 유역에서 제작되었을 가능성이 높다고 생각되는 예가 있다. 또 조족문토기가 나온 고분 중에는 番塚고분처럼 전방후원형분에서 사용된 횡혈식석실과 유사한 석실을 가지는 예도 있다. 앞으로 조족문토기가 나온 고분의 피장자와 영산강 유역과의 관계를 여러 각도에서 검토해 볼 필요가 있겠다.

### 3. 전형적인 백제 토기

백제의 각 시대 왕도 주변에서 주로 사용된 토기(이하 전형적인 백제 토기로 함) 가운데 일본열도에서 출토된 것으로 알려져 있는 토기로는 福岡縣 廣石고분군 Ⅰ-1호분(山崎 외, 1977), 奈良縣 新澤千塚 281호분(奈良縣立橿原考古學硏究所, 1981), 奈良縣 石光山43호분(白石 외, 1976)에서 출토된 병형토기를 들 수 있다. 그 후 한성기 백제의 토기에 대한 연구가 진행되면서 전형적인 백제 토기로 인식되게 된 기종으로는 佐賀縣 野田유적에서 출토된 삼족배(森田, 1985), 福岡縣 西森田유적에서 출토된 고배와 직구호(西村, 2000), 長崎縣 惠比須山 7호석관에서 출토된 어깨부분에 파상문이 있는 직구호(坂田 · 永留, 1974), 長崎縣 貝口寺浦崎1호 箱式石棺外에서 출토된 기대(小田 외, 1974)를 들 수 있다.

이와 같은 전형적인 백제 토기는 5세기 후엽경의 예가 많다는 점은 白井克也가 지적한 적이 있다(白井, 2001). 이 시기가 한성에서 웅진으로 천도한 시기임은 흥미롭다. 또 西森田유적에서 출토된 고배에는 타날 흔적이 남아 있는 점이 특징적이다(武末, 2000). 백제 토기의 고배, 삼족배, 개배에도 타날된 예가 보고되고 있어서(이한상·안민자, 1998), 한반도에서의 직접적인 계보를 생각하기 위한 중요한 실마리가 될 것이다.

### 4. 기타 기종

이상에서 소개한 토기 이외에 백제(마한)계 토기로 생각되는 기종은 다음과 같다. 병형토기의 구연부에 배가 접착된 杯附甁은 奈良縣 櫻井市 출토품(小玉, 1958)이 오래전부터 알려져 있었고, 愛媛縣의 別所유적(正岡, 1982)과 土壇原9호분(松山市考古館, 2002)에서도 출토되었다. 大阪城OS99-16차 조사 제5b층 출토예를 비롯하여 구연부가 짧게 외반하는 平底鉢에 대해서는, 寺井誠이 일본과 한국의 자료를 집성하고 한반도에서는 전라남도에서의 출토예가 많음을 지적하고 있다(寺井, 2002). 江田船山고분에서 출토된 개배(本村, 1991)는 須惠器가 아니라 외래계 토기로 생각되고 있지만, 구체적으로 어느 지역에서 만들어진 것인지는 불분명하다. 岡山縣 天狗山고분에서 나온 개배는 형태적인 특징과 개배 내외면의 일부에 남아 있는 선상 자국으로 보아, 5세기 말경 영산강 유역에서 만들어졌을 가능성이 높다(국립공주박물관, 2002 ; 吉井, 2002b).

연질토기에 대해서는 아직 충분히 검토되어 있지 않은 상황이다. 그러나 구연이 직립하는 평저에 작은 圓孔이 많이 뚫린 시루는 영산강 유역에서 출토된 예가 많고, 같은 형태의 시루가 일본열도에서도 적지 않다고 지적된 바가 있다(酒井, 1998 ; 武末, 2000 ; 寺井, 2002). 다른 기종과 함께 연질토기의 계보에 대한 종합적인 비교연구가 필요하겠지만, 앞으로의 과제로 하겠다.

## II. 일본열도에서 출토된 백제(마한)계 토기의 시기적인 변천과 계보

### 1. 시기별 출토 상황

이상과 같이 백제고고학의 진전에 따라 일본열도에는 한강 유역, 금강 유역, 영산강 유역에서 그 계보를 찾을 수 있는 토기가 많이 있음이 밝혀졌다. 앞으로 백제(마한)계 토기의 연구 성과가 일본 고고학계에 소개되면 더욱 새로운 자료가 발견될 것으로 기대된다. 그러면 일본열도에서 백제(마한)계 토기의 출토 상황을 통해 백제와 왜가 서로 어떤 교섭관계에 있었는지를 검토해 보겠다.

먼저 각 시기마다 백제(마한)계 토기 출토 상황의 특징을 정리해 보겠다. 백제(마한)계 토기 가운데 일본열도에서 가장 먼저 나타난 것은 미생시대 후기 및 고분시대 전기의 양이부호를 중심으로 하는 토기군(白井이 추정하는 A군)이다. 그 분포는 對馬島, 壹岐島 및 福岡縣 玄海灘 연안에 집중한다. 또 浦志A지점이나 比惠유적군에서 출토된 예와 같이 미생토기의 기술로 양이부호를 모방한 예가 있는 점도 이 시기의 특징이다.

이 시기의 백제(마한)계 토기가 출토된 유적으로는 原ノ辻유적, 西新町유적, 博多유적군 등 당시 대외교섭의 거점이었다고 생각되는 유적이 많은 점이 주목된다. 백제(마한)계 토기 가운데 어깨부분에 거치문이 있는 이중구연호가 일본 庄內系土器와 같이 나온 부산 동래패총도 비슷한 성격을 가지는 유적이라고 생각된다. 이와 같은 출토 상황으로 보아 이 시기의 백제(마한)계 토기는 지역간의 교역에 관여한 사람들이 교역 거점인 유적에 가져와서 쓴 것이라고 생각된다. 토기의 출토 상황을 통해서 백제(마한)계 토기를 쓴 집단이 당시의 한반도와 일본열도의 여러 지역간의 교역활동에 관여했음을 알 수 있다.

많은 사람들과 기술 및 문물이 한반도에서 일본열도로 옮겨 간 5세기대가 되면 백제(마한)계 토기의 출토예는 더욱 늘어나고, 북부 구주와 함께 近畿

地方이 분포의 중심지로 된다. 이 단계에서는 양이부호를 중심으로 하는 토기군과 함께 조족문토기를 중심으로 하는 토기군(白井이 추정하는 B군)이 본격적으로 나타난다. 이 단계에 있어서 가장 주목되는 것은 한반도에서의 반입품 외에 한반도의 기술로 일본열도에서 제작되었다고 생각되는 예가 늘어난다는 점이다. 전술했듯이 이 단계의 양이부호는 陶邑고요지군 TK216호 가마에서 만들어졌고, 須惠器 생산과 관련된 유적에서 발견되는 경우가 많다. 또 須惠器의 주요 기종을 구성하는 개배와 유공광구호도 그 계보를 영산강 유역에서 구할 수 있겠다. 조족문토기의 경우는 長原유적 NG95-36차 조사 출토자료와 같이 재지의 흙을 쓰고 여러 점의 토기가 같은 타날도구를 이용해서 만들어진 예가 주목된다. 또 같은 시기에 주변에서 대규모의 토목작업 흔적이 발견되는 것으로 보아, 長原유적의 이주민은 토목기술자가 포함되었을 가능성이 있다. 이와 같이 이 단계의 백제(마한)계 토기를 쓴 집단에는 토기생산이나 토목기술의 능력을 가진 기술자가 있었고, 이들은 일본열도에 이주하였거나 장기간 살았을 경우도 적지 않았을 것으로 추정된다.

5세기 후엽 이후가 되면 양이부호를 중심으로 하는 토기군이 사라지고 전형적인 백제 토기가 나타나기 시작한다. 조족문토기는 계속해서 출토되지만, 대부분이 단경호를 중심으로 하는 반입품에 한정된다. 제작지역은 선상 흔적이 남아 있는 경우가 적지 않아 영산강 유역이 중심지였다고 여겨진다(吉井, 2002b). 분포 범위는 그전 단계보다 넓어지지만, 대부분은 고분 부장품으로 일본적인 유물과 함께 단독으로 출토되는 경우가 많다. 또 조족문토기가 출토된 고분 가운데 신덕고분과 비슷한 횡혈식석실을 가지는 福岡縣 番塚고분이 있는 점 등을 고려하면, 이 시기의 조족문토기를 중심으로 하는 토기는 영산강 유역과 일본열도 제집단과의 관계를 반영하는 것으로 생각하고 싶다.

이상의 백제(마한)계 토기의 출토 상황으로 보아, 백제(마한)계 토기는 시기에 따라 특색 있는 출토 상황을 보여주며, 그것을 통해서 추정할 수 있는 일본과 왜의 교섭관계도 다양했음을 알 수 있다. 즉 3~4세기는 북부 구주가 분포의 중심이며, 교역활동에 따라 토기가 이동되었다고 판단되는 경우가 많다. 5세기는 近畿지방에서 출토되는 예가 늘어나고, 토기 생산과 토목공사 등에 관련된 기술자를 포함한 사람들의 이주가 상정되었다. 5세기 후엽 이후에는 백제 중앙세력과 영산강 유역에 관계가 깊은 토기가 출토되었다. 일본열도에서의 출토 토기를 통해 3~5세기 백제(마한)계 토기를 쓴 집단의 다양한 활동을 엿볼 수 있다. 그런데 당시의 백제와 왜의 교섭관계를 복원하기 위한 가장 큰 문제는 백제(마한)계 토기를 쓴 집단의 성격일 것이다. 이 문제를 생각하기 위해서, 다음으로는, 백제(마한)계 토기의 계보문제를 검토해 보자.

## 2. 백제(마한)계 토기의 계보에 대해서

전술했듯이 일본열도에서 전형적인 백제 토기가 나타나는 시기는 5세기 후엽 이후이다. 그 이전의 백제(마한)계 토기의 대부분은, 475년까지 백제 왕도가 있었던 한강 유역보다는 금강 유역과 영산강 유역에서 주로 발견된 기종이다. 조족문토기(박중환, 1999a · 1999b), 양이부호(김종만, 1999), 이중구연호(서현주, 2001)가 백제 토기가 아니라 마한 토기라고 주장되는 가장 큰 근거도 바로 각 기종의 분포상이다. 발표자(吉井, 2001a)와 白井克也(白井, 2000)도 기본적으로 그러한 주장에 동의한 적이 있었다. 하지만 일본열도의 백제(마한)계 토기 출토 상황이나 기타 유물과의 관계를 생각해 볼 때, 발표자는 이들 토기의 계보를 백제 토기와 마한 토기의 어느 한쪽으로 비정해서 해결될 문제가 아니라고 생각하게 되었다.

예를 들면 박중환과 김종만이 각각 마한 토기로 생각한 조족문토기와 양이부호는 한반도에서나 일본열도에서나 같이 나온 예는 별로 없는 것 같다. 이러한 양상으로 보아 발표자는 두 가지 기종을 같은 "마한 토기"로 분류하기 전에 각 기종의 제작연대와 분포지역의 변천, 그리고 양쪽토기의 관계를 검토할 필요가 있다고 지적했다(和田 · 吉井, 2000). 또 白井克也는 일본열도의 각 기종의 분포양상을 근거로 "마한 토기"에서 거치문토기, 양이부호, 이중구연호라는 토기군과 조족문토기, 평저광구소호라는 토기군을 추출할 수 있고, 두 가지 토기군이 다른 집단에 소속된다고 추정했다(白井, 2001·2003). 발표자는 白井이 지적한 두 가지 토기군의 존재 자체는 인정하지만, 이들 토기군의 차이가 집단의 차이가 아니라 시기차일 가능성이 있다고 생각하고 있다. 일본열도의 출토양상에서 추출된 두 가지 토기군의 의미를 생각하기 위해서는 한반도에 있어서 백제(마한)계 토기가 지역이나 시간마다 어떤 조합으로 제작, 사용되었는지에 대한 연구가 진행될 것을 기대하고 싶다.

전형적인 백제토기를 제외한 일본열도에서 출토된 백제(마한)계 토기는 주로 영산강 유역과의 관계로 이해되는 경우가 일반적이었다. 발표자는 영산강 유역에서 제작된 토기임을 구체적으로 인정하는 방법으로 토기에 남아 있는 선상흔적에 주목한 적이 있다(吉井, 1999b·2002b). 이러한 관점에서 보면, 天狗山古墳에서 출토된 개배와 5세기 후엽 이후의 조족문토기 가운데 선상흔적이 남아 있는 자료는 영산강 유역에서의 반입품으로 보아도 무리가 없을 것이다. 반면 그 전단계의 백제(마한)계 토기에 대해서는 다음과 같은 이유로 금강 유역이나 아산만 연안의 토기와의 관련도 고려해 볼 필요가 있다고 생각한다.

첫째로 백제(마한)계 토기의 분포양상을 들 수 있다. 김종만과 서현주의 연구에서 밝힌 것과 같이 양이부호와 이중구연토기는 4세기대까지는 금강 유역에서도 어느 정도의 출토예가 확인되고 있다. 조족문토기와 거치문토기의 경우는 최근의 발굴조사를 통해서 금강 유역 뿐만 아니라 한강 유역에서도 출토예가 알려져 있다. 이러한 상황으로 볼 때, 각 기종의 분포의 중심이 영산강 유역이었다고 하더라도 일본으로 반입된 개개의 토기가 영산강 유역에서만 제작되었다고는 단언할 수 없을 것이다.

둘째로 일본열도에서 출토된 백제(마한)계 토기 가운데 금강 유역과의 관계를 구체적으로 생각할 수 있는 자료가 있다는 점을 들 수 있다. 예를 들면 奈良縣 唐古·鍵유적에서 출토된 단경호는 동부가 계란형, 바닥이 눌린 평저이며, 타날문양은 조족문은 아니지만 선문타날에 직교한 선문이 겹쳐진 것이다. 형태적인 특징은 영산강 유역 보다는 오히려 금강 유역에서 보이는 것과 같다. 또 발표자는 아직 실물을 보지는 못했지만 大阪府 利倉西유적에서 출토된 광구장경호(柳本, 1984)는 금강 유역에서 많이 보이는 형태적인 특징을 가지고 있다. 전술한 兵庫縣 出合窯址도 가마의 구조와 토기의 특징을 통해서 금강 上流域에서 계보를 찾을 수 있겠다(酒井, 1994 ; 田中, 2001). 영산강 유역의 토기에 비해서 3~5세기대의 금강 유역의 토기는 특징이 불분명하며, 만약 파편으로 출토되더라도 그것만으로는 금강 유역의 토기로 인정하기 힘들 것이다. 앞으로 금강 유역의 토기로 특정지을 수 있는 특징이 정리되어 일본 고고학계에 소개되면 금강 유역에서 계보를 구할 수 있는 토기가 늘어날 가능성은 충분히 있겠다. 토기는 아니지만 전술한 馬形錺帶의 출토도 일본열도와 금강 유역 및 아산만 주변지역 사이에 어떤 교섭관계가 있었음을 암시하고 있다.

셋째로 금강 유역에서도 倭系資料가 어느 정도 출토된다는 점이다. 청주 신봉동 90-B1호분에서는 須惠器와 유사한 개배와 三角板釘結板甲이 출토되었다(이원복 외, 1990). 공주 정지산유적에서도 須惠器와 유사한 토기류가 출토되었다(木下, 2003). 또 최근 高橋克壽는 천안 두정동유적 Ⅰ지구 4호 주거지에서 출토된 이형 철기가 大阪府 紫金山古墳에서 출토된 縱長板革綴板甲의 引合板과 같은 것이라고 지적하면서, 이것이 4세기대의 천안 주변지역과 일본열도의 집단이 교섭한 증거라고 생각했다(高橋, 2003). 이러한 지적이 타당하다고 하면, 금강 유역 및 아산만 연안과 일본열도 제세력과의 교섭관계는 4세기까지 올라갈 수 있겠다.

발표자는 일본열도에서 출토된 백제(마한)계 토기의 적지 않은 부분은 영산강 유역과 관련성이 있다고 생각하고 있다. 하지만 금강 유역과 일본열도의 교섭관계의 존재를 상정할 수 있다고 하면, 전형적인 백제 토기를 제외한 백제(마한)계 토기의 동향에 대해서는 영산강 유역 혹은 "마한"과의 관계로만 그 배경을 설명할 수 없을 것이다. 백제와 마한이라는 二項對立的인 사고에서 脫殼해서 지역마다 토기의 조합관계와 그 변천을 해명하는 것이 삼국시대 한강 유역, 금강 유역, 영산강 유역 사이의 지역간 관계의 해명 뿐만 아니라, 일본열도 제세력과의 교섭관계 실태를 해명하기 위해서도 중요한 작업임을 지적하고 싶다.

## 맺음말 : 토기를 통해서 백제와 왜의 교섭관계를 복원하기 위한 과제

이상으로 지금까지 일본열도에서 발견된 백제(마한)계 토기의 종류와 시기마다의 출토 상황의 변화, 그리고 계보 문제에 대해서 기본적인 검토를 시도해 보았다. 앞으로 백제(마한)계 토기의 발견 예가 늘어나면, 출토 상황의 변화를 통해 토기를 들고 온 사람들의 일본열도에서의 활동과 그 의미에 대해서 좀 더 구체적으로 검토해 볼 수 있겠다. 하지만 구체적인 교섭관계를 복원하기 위해서는 토기가 한강, 금강, 영산강의 어느 지역, 어느 시기의 토기인지를 밝혀야 하겠다. 이번에는 현 단계의 토기 출토 상황을 통해서 3~5세기의 백제와 왜의 교섭관계를 어떻게 복원할 수 있는지에 대해 언급함으로써 맺음말로 대신하고자 한다.

이번 검토를 통해서 알 수 있었듯이 백제(마한)계 토기의 계보와 출토지를 보면, 가장 밀접한 관계가 있었다고 볼 수 있는 지방은 영산강 유역(일부는 금강 유역?)과 북부 구주지방이다. 특히 3~4세기에서는 다른 지역의 토기도 같이 출토하여 교역의 거점이었다고 생각할 수 있는 유적에서 백제(마한)계 토기가 출토되는 것이 주목된다. 같은 시기에 瀨戶內海를 지나 近畿지방으로 가는 교통로와 동해를 따라 山陰지방과 北陸지방으로 가는 교통로에 따라서 백제(마한)계 토기와 관련자료가 확인되지만, 이들 자료도 기본적으로는 북부 구주를 지난 것으로 보아도 무리가 없다. 반면, 5세기 후엽 이후 전형적인 백제 토기가 일본열도에서 출토되기 전에는, 적어도 토기를 통해서는 한강 유역과 大和政權의 중심지였던 大阪府와 奈良縣과의 관계를 찾아보기 힘들다. 토기를 통한 상황만 보면, 3~5세기의 백제(마한)계 토기의 출토 상황은 영산강 유역(=마한?)과 북부구주 세력 사이에 문화적, 사회적 뿐만 아니라 정치적으로도 밀접한 관계가 있었고, 이 시기에는 한성기 백제와 大和政權의 관계는 그다지 강한 것이 아니었다고 추정할 수도 있겠다.

하지만 일본열도에 있어서 북부 구주 세력에 대한 평가를 생각해 보면, 당시의 교섭관계의 실태는 좀 더 복잡한 것이었다고 생각된다. 북부 구주는 구석기시대부터 한반도와 중국의 여러 문화가 일본열도로 들어오는 窓口였다. 그리고 對馬島와 壹岐島를 사이에 두고 한반도 남해안과 북부 구주의 제세력이 오랫동안 왕래하고 교섭하는 관계였음은 각 시기의 고고자료를 통해서 잘 알려져 있다. 3~5세기에 백제(마한)계 토기가 이 지역에서 출토된 것도 기본적으로는 그러한 지리적인 특징을 배경으로 생각해야 할 것이다. 이 시기에 있어서도 북부구주의 제세력은 한반도의 제세력과 직접적으로 교섭할 수 있는 집단이었고, 일본열도에서 가장 먼저 횡혈식석실을 도입했듯이 외래계문화를 적극적으로 받아들일 수 있는 독자성도 유지하고 있었다. 그러나 고분시대 시작 이후의 북부 구주에서는 前方後圓形墳으로 대표되는 새로운 묘제의 수용과 布留式토기의 영향을 받은 토기의 출현과 같이 大和政權과의 관계 성립을 암시하는 고고자료가 늘어난 것도 사실이다. 3~5세기의 북부 구주 세력은 한반도 각지와의 독자적인 관계를 유지하면서도 大和政權과의 관계도 무시할 수 없는 二重性을 가진 집단이었다고 생각한다. 이러한 상황에서 북부 구주 세력의 한반도 각지에 대한 교섭활동에는 자기들의 의도와 함께 大和政權의 의도를 어느 정도까지는 반영하지 않을 수 없었다고 생각한다.

이상과 같은 북부 구주의 사정을 염두에 두면, 전형적인 백제 토기가 일본열도에서 출토되기 시작한 5세기 후엽 이전의 단계에 있어서 백제 중앙세력과 금강 유역, 영산강 유역의 제세력과의 관계가 어떻게 변화했는지에 따라 토기를 통한 당시의 교섭관계의 평가는 크게 달라질 것이다. 영산강 유역의 경우 6세기 전반까지는 문화적인 독자성이 강한 것으로 보아, 교섭에 있어서의 독자성을 어느 정도 인정해야 할 것이다. 반면 금강 유역의 경우는 중국 도자기, 토기, 환두대도, 마구와 같은 고고자료로 보아 4세기 이후 백제 중앙 세력과의 관계가 밀접해지는 것으로 지적되어 왔다. 일본열도에서의 유물 출토 상황과 백제 중앙세력과의 관계를 보여주는 유물 출토 상황에 대한 비교 검토가 진행되면, 백제 중앙세력에 있어서 금강 유역의 세력이 大和政權에 있어서의 북부 구주 세력과 비슷한 존재였던 시기가 있었던 것은 아닐까 생각한다. 또 백제 중앙세력과 일본열도의 제세력이 교섭관계를 가지기 위해서는 영산강 유역 세력을 무시할 수 없었기 때문에, 백제 중앙세력과 영산강 유역과의 관계가 일본열도에서 출토되는 백제(마한)계 토기의 동향에도 반영되었을 것으로 예상된다. 특히 大阪府, 奈良縣 방면에서 백제(마한)계 토기가 늘어나는 5세기 전반대의 획기와 전형적인 백제 토기가 출토되기 시작한 5세기 후엽의 획기가 백제를 비롯한 한반도 제세력의 집단관계의 변화와 어떻게 관련되는지는 앞으로의 과제로 남기고 싶다. 이러한 문제를 해결하기 위해서 백제고고학의 연구가 더욱 진전될 것을 기원하면서 이 글을 줄이겠다.

〈참고문헌〉

국립공주박물관, 1999,『日本所在 百濟文化財 調査報告書Ⅰ-近畿地方-』(國立公州博物館 硏究叢書 第9冊).
국립공주박물관, 2000,『日本所在 百濟文化財 調査報告書Ⅱ-九州地方-』(國立公州博物館 硏究叢書 第11冊).
국립공주박물관, 2002,『日本所在 百濟文化財 調査報告書Ⅲ-近畿地方-』(國立公州博物館 硏究叢書 第14冊).
국립전주박물관, 1994,『扶安 竹幕洞 祭祀遺蹟』(國立全州博物館 學術調査報告 第1輯).
국립중앙박물관, 2001,「土器의 燒成」,『昌原茶戶里遺蹟』(국립박물관 고적조사보고 제32책).
김종만, 1999,「馬韓圈域出土 兩耳付壺 小考」,『考古學誌』10.
김종만, 2001,「公州 道川里出土 百濟土器 小考」,『國立公州博物館紀要』創刊號.
박중환, 1999a,「鳥足文土器考」,『考古學誌』10.
박중환, 1999b,「日本의 鳥足文土器와 古代 韓國文化」,『國立博物館 東垣學術論文集』第2輯.
서현주, 2001,「二重口緣土器 小考」,『百濟硏究』第33輯.
신종환, 1996,「淸州 新鳳洞出土遺物의 外來的 要素에 關한 一考 - 90B-1號墳을 中心으로 -」,『嶺南考古學』18.
윤근일·임영진·김낙중·조진선·정계옥, 2001,『羅州 伏岩里 3號墳』.
이성주, 2000,「墳丘墓의 認識」,『韓國上古史學報』제32호.
이원복 외, 1990,「청주 신봉동 B지구 날무덤 발굴조사보고」,『淸州新鳳洞百濟古墳群發掘調査報告書-1990年度調査-』.
이한상·안민자, 1998,「宋山里墳墓群出土 百濟土器」,『考古學誌』第9輯.
이한상, 1999,「艇止山 出土 土器 및 瓦의 檢討」,『艇止山』(국립공주박물관 학술조사총서 제7책).
임영진, 2001,「百濟의 成長과 馬韓勢力, 그리고 倭」,『檢證 古代の河內と百濟』.
임영진·조진선·서현주, 1999,『伏岩里古墳群』.
임학종·홍진근·장상훈, 2001,『德山-本浦間 地方道路 工事區間內 發掘調査 昌原茶戶里遺蹟』(國立博物館 古蹟調査報告 第32冊).

조상기 외, 2000, 『淸原 主城里遺蹟』(學術調査報告 第78冊).
최완규, 1995, 『益山 熊浦里 百濟古墳群 -1992, 1993年度 發掘調査-』.
최종규, 1999, 「消葉文 -大加耶系 陶質土器의 인식수단-」, 『古代硏究』第7輯.

泉武, 1988, 「須惠器にみる特殊なタタキ」, 『橿原考古學硏究所論集』第9輯.
泉武他, 1993, 『星塚・小路遺蹟の調査』(天理市埋藏文化財調査報告 第4集).
內田好昭, 2000, 「中臣遺蹟(79次)の調査」, 『第129回 京都市考古資料館文化財講座 資料』.
大阪市文化財協會, 2000, 『大阪市平野區長原・瓜破遺蹟發掘調査報告ⅩⅤ』.
大阪市文化財協會, 2002, 『大阪市平野區長原遺蹟發掘調査報告Ⅸ』.
大阪府敎育委員會・財團法人大阪文化財センター, 1986, 『城山(その2)』.
大阪府敎育委員會・財團法人大阪埋藏文化財協會, 1990, 『陶邑・伏尾遺蹟-A地區-』.
大阪府敎育委員會・財團法人大阪文化財センター, 1992, 『小阪遺蹟』.
大阪府敎育委員會・財團法人大阪埋藏文化財協會, 1995, 『陶邑・大庭寺遺蹟』Ⅳ.
小田富士雄, 1960, 「九州古式須惠器集成(2)-佐賀縣唐津市相賀の古墳-」, 『九州考古學』9.
小田富士雄 外, 1974, 『對馬-淺茅灣とその周邊の考古學調査-』.
小田富士雄, 1978, 「西日本發見の百濟系土器」, 『古文化論叢』5.
小田富士雄・韓炳三 編, 1991, 『日韓交涉の考古學 彌生時代篇』.
大津市敎育委員會, 1992, 『太鼓塚遺蹟發掘調査報告書―一般國道161號(西大津バイパス)建設に伴う-』(大津市埋藏文化財調査報告書(19)).
鎌木義昌・龜田修一, 1987, 「播磨出合遺跡出土の'陶質土器'・朝鮮三國系軟質土器・初期須惠器」, 『古文化談叢』第18集.
鎌田博子, 1987, 「瓜破遺蹟」, 『韓式系土器硏究』Ⅰ.
龜田修一, 1989, 「陶製當て具小考 -播磨出合遺蹟出土例の紹介をかねて-」, 『生産と流通の考古學』.
龜田修一, 2001, 「出雲・石見・隱岐の朝鮮系土器 - 古墳時代資料を中心に -」, 『斐伊川放水路建設豫定地內埋藏文化財發掘調査報告書ⅩⅡ-蟹澤遺蹟・上澤Ⅲ遺蹟・古志本鄕遺蹟Ⅲ-』.
木下亘, 2003, 「韓半島 出土 須惠器(系) 토기에 대하여」, 『百濟硏究』第37輯.

九州大學文學部考古學研究室, 1993, 『番塚古墳』.

小玉俊次, 1958, 『古墳 -櫻井市古墳總覽-』.

堺市敎育委員會, 1991, 『四ツ池遺蹟發掘調査槪要報吿書-YOB第100地區, 第101地區-』.

酒井淸治, 1994, 「日本における初源期須惠器の系譜」, 『伽耶および日本の古墳出土遺物の比較硏究』(平成4・5年度科學硏究費補助金(總合硏究A)硏究成果報吿書).

酒井淸治, 1998, 「日韓の甑の系譜から見た渡來人」, 『楢崎彰一先生古希記念論文集』.

酒井淸治, 2002, 「長野縣飯田市新屋敷遺蹟出土の百濟系土器」, 『駒澤考古』28.

坂田邦洋・永留史彦, 1974, 『惠比須山遺跡發掘調査報吿』.

櫻井久之, 1998, 「鳥足文タタキメのある土器の一群」, 『大阪市文化財協會硏究紀要』創刊號.

白井克也, 2000, 「日本出土の朝鮮産土器・陶器-新石器時代から統一新羅時代まで-」, 『日本出土の舶載陶磁』.

白井克也, 2001, 「百濟土器・馬韓土器と倭」, 『檢證 古代の河內と百濟』.

白井克也, 2003, 「土器からみた地域間交流-日本出土の馬韓土器・百濟土器-」, 『檢證古代日本と百濟』.

白石太一郎・河上邦彥・龜田博・千賀久, 1976, 『葛城・石光山古墳群』(奈良縣史跡名勝天然記念物調査報吿 第31冊).

新宮町敎育委員會, 1995, 『夜臼・三代地區遺蹟群』第5分冊(新宮町埋藏文化財發掘調查報吿書第10集).

關川尙功, 1988, 「古墳時代の渡來人-大和・河內を中心として-」, 『橿原考古學硏究所論集』第9.

高橋克壽, 2003, 「5世紀の日韓交渉と九州」, 『古代日韓交流の考古學的硏究-葬制の比較硏究-』(平成11年度~平成13年度科學硏究費補助金(基盤硏究(B)(1))硏究成果報吿書).

武末純一, 2000, 「九州의 百濟系 土器 -4・5世紀를 中心으로」, 『日本所在 百濟文化財 調査報吿書Ⅱ -九州地方-』.

竹谷俊夫・日野宏, 1993, 「布留遺蹟杣之內地區出土の初期須惠器と韓式系土師器-土壙出土の遺物をめぐって-」, 『韓式系土器硏究』Ⅳ.

竹谷俊夫, 1995, 「日本と朝鮮半島出土の鳥足形タタキ文土器の諸例-その分布と系譜-」, 『西谷眞治先生古稀記念論文集』.
大刀洗町敎育委員會, 2000, 『西森田遺蹟2』(大刀洗町文化財調査報告書第19集).
田中淸美, 1985, 「長原遺跡出土の特異なタタキメのみられる土器について」, 『考古學論集1』.
田中淸美, 1989, 「上町臺地北部出土の韓式系土器について」, 『韓式土器硏究』Ⅱ.
田中淸美, 1994, 「鳥足文タタキと百濟系土器」, 『韓式土器硏究』Ⅴ.
田中淸美, 2001, 「播磨出合遺蹟と瓦質土器」, 『韓式土器硏究』Ⅶ.
田中久雄, 1992, 『太鼓塚遺蹟發掘調査報告書 -一般國道161號(西大津バイパス)建設に伴う-』.
田辺昭三, 1981, 『須惠器大成』.
田原本町敎育委員會, 2002, 『たわらもと2002發掘調査速報展vol.7 -平城13年度の調査成果-』.
津屋崎町敎育委員會, 1994, 『在自遺蹟群Ⅰ』(津屋崎町文化財調査報告書第9集).
津屋崎町敎育委員會, 1995, 『在自遺蹟群Ⅱ』(津屋崎町文化財調査報告書第10集).
津屋崎町敎育委員會, 1996, 『在自遺蹟群Ⅲ』(津屋崎町文化財調査報告書第11集).
寺井誠, 2002, 「韓國全羅南道に系譜が求められる土器について」, 『大阪城蹟Ⅴ』.
長崎縣敎育委員會, 2002, 『이키·하루노쯔지 유적』.
長原遺蹟調査會, 1978, 『長原遺蹟發掘調査報告』.
中逹建一, 1993, 「大東市メノコ遺跡出土の韓式系土器」, 『韓式系土器硏究』Ⅳ.
奈良縣立橿原考古學硏究所, 1981, 『新澤千塚古墳群』(奈良縣史跡名勝天然記念物調査報告書第39冊).
西田大輔, 1996, 「夜臼·三代地區遺蹟群出土の韓式系土器について」, 『韓式系土器硏究』Ⅵ.
西村公助, 1993, 「八尾南遺跡」, 『韓式系土器硏究』Ⅳ.
西村智道, 2000, 『西森田遺跡』2(大刀洗町文化財調査報告書第19集).
福岡縣敎育委員會, 1979, 『九州縱貫自動車道關係埋藏文化財調査報告』ⅩⅩⅩⅠ集.
福岡縣敎育委員會, 2000, 『西新町遺蹟Ⅱ』(福岡縣文化財調査報告書第154集).
福岡市敎育委員會, 1982, 『西新町遺蹟』(福岡市埋藏文化財調査報告書 第79集).
福岡市敎育委員會, 1985, 『博多Ⅲ』(福岡市埋藏文化財調査報告書 第118集).
福岡市敎育委員會, 1986, 『吉武遺蹟群Ⅰ』(福岡市埋藏文化財調査報告書 第127集).

福岡市敎育委員會, 1991, 『梅林古墳』(福岡市埋藏文化財調査報告書 第240集).
福岡市敎育委員會, 1998, 『金武古墳群 金武古墳群吉武G群の調査』(福岡市埋藏文化財調査報告書 第579集).
本村豪章, 1991, 「古墳時代の基礎研究稿－資料篇(Ⅱ)－」, 『東京國立博物館硏究紀要』第26號.
前原町敎育委員會, 1984, 『浦志遺蹟 A地點』(前原町文化財調査報告書第15集).
前原町敎育委員會, 1987, 『井原遺蹟群 福岡縣絲島郡前原町大字井原字上學所在遺蹟調査報告』(前原町文化財調査報告書第25集).
前原町敎育委員會, 1992, 『井原塚廻遺蹟 福岡縣絲島郡前原町大字井原字塚廻所在遺蹟調査報告』(前原町文化財調査報告書第38集).
前原市敎育委員會, 1994, 『井ノ浦古墳・辻ノ田古墳群 福岡縣前原市大字富, 本所在の遺蹟の調査』(前原町文化財調査報告書第25集).
宗像市敎育委員會, 1994, 『富地原川原田Ⅰ』(宗像市文化財調査報告書第39集).
正岡睦夫, 1982, 「今治市櫻井唐子台における後期古墳の一考察」, 『遺蹟』22.
松山市考古館, 2002, 『海を渡ってきたひと・もの・わざ－陶質土器・初期須惠器からみる朝鮮半島と伊豫の國際交流－』.
三吉秀充, 2002, 「伊豫出土の陶質土器と市場南組窯系須惠器をめぐって」, 『陶質土器の受容と初期須惠器の生產-古墳時代・愛媛の一側面-』.
森田孝志, 1985, 『筑後川下流用水事業に係る文化財調査報告書1』(佐賀縣文化財調査報告書第80集).
山口大學埋藏文化財資料館, 2001, 『山口大學埋藏文化財資料館收藏考古資料-出土品にみる山口縣の歷史-』.
山崎純男・柳澤一男・杉山富雄, 1977, 『廣石古墳群』(福岡市埋藏文化財調査報告書第41集).
柳本照男, 1984, 「豊中市周邊」, 『日本陶磁の源流 -須惠器出現の謎を探る』.
吉井秀夫, 1999a, 「日本 속의 백제」, 『특별전 百濟』.
吉井秀夫, 1999b, 「日本 近畿地方의 百濟系 考古資料에 관한 諸問題 -5・5세기를 中心으로-」, 『日本所在 百濟文化財 調査報告書Ⅰ -近畿地方-』(國立公州博物館 硏究叢書 第9冊).
吉井秀夫, 2001a, 「榮山江流域の三國時代墓制とその解釋をめぐって」, 『朝鮮史硏究會論文集』第39集.

吉井秀夫, 2001b,「百濟の墳墓」,『東アジアと日本の考古學』Ⅰ.

吉井秀夫, 2002a,「朝鮮三國時代における墓制の地域性と被葬者集團」,『考古學研究』第49卷 第3號.

국립공주박물관, 2002b,「日本出土 百濟(馬韓)土器의 諸問題」,『日本所在 百濟文化財 調査報告書Ⅲ-近畿地方-』(國立公州博物館研究叢書 第14冊).

和田晴吾·吉井秀夫, 2000,「日本出土 '百濟'系土器をめぐる一豫察」,『福岡大學總合研究所報』240.

和田千吉, 1919,「備中國都窪郡新庄下古墳」,『考古學雜誌』第9卷 第11號.

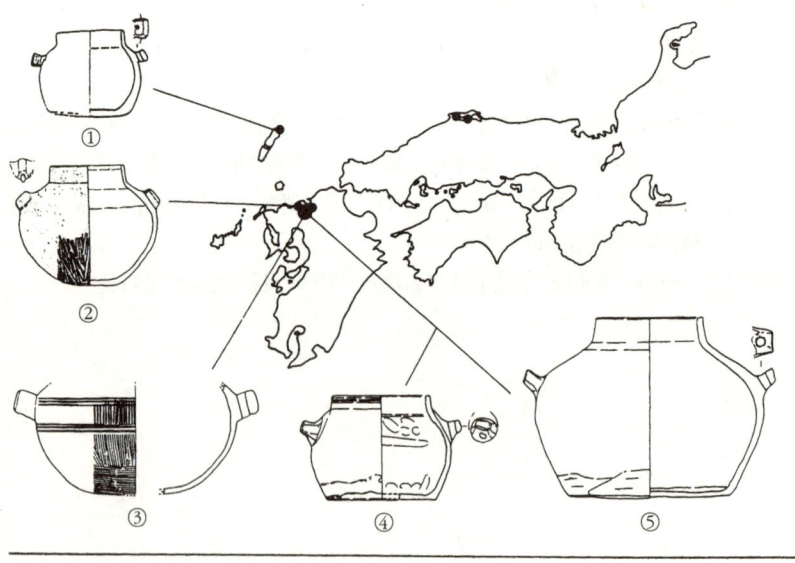
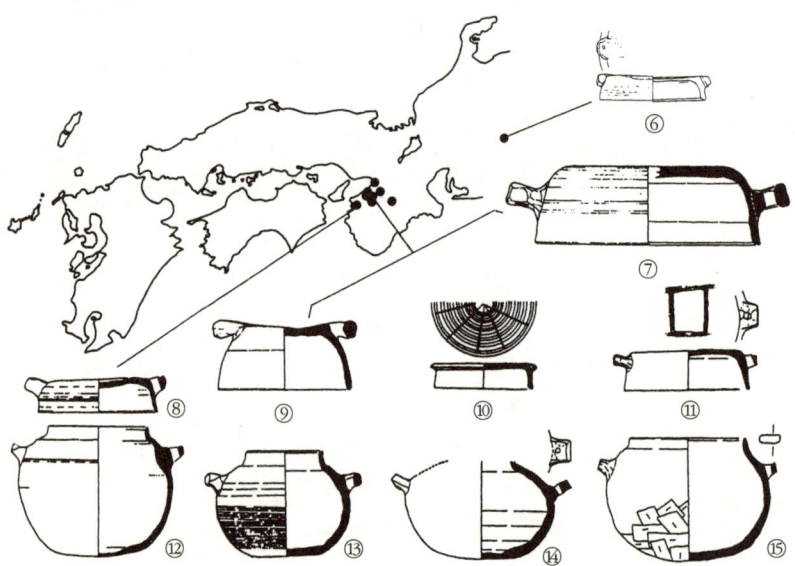

도 1. 일본 출토 양이부호(上 : 3, 4세기, 下 : 5세기)
① 塔ノ首2호 석관묘 ② 浦志유적 A 지점 ③~⑤ 西新町유적 ⑥ 新屋敷유적 ⑦ 伏尾유적 ⑧·⑫ 六十谷유적 ⑨ 大庭寺유적 ⑩ 久寶寺北유적 ⑪ 小阪유적 ⑬ 難波宮下層 ⑭ TK216窯 ⑮ 四ッ池유적

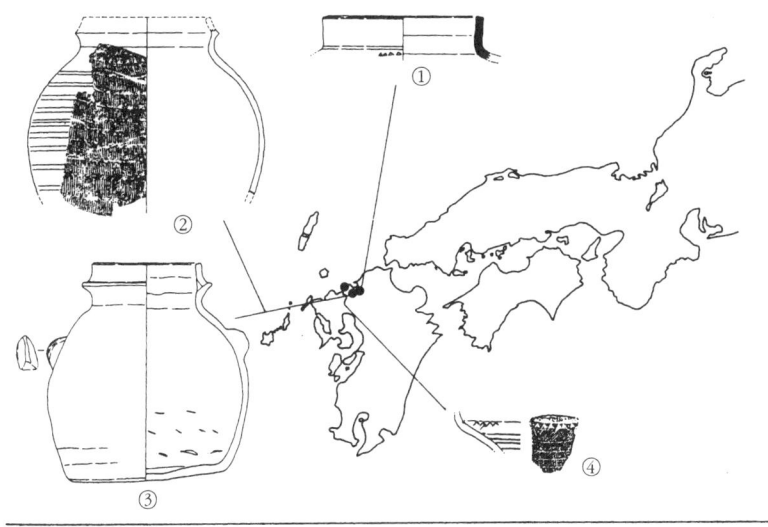

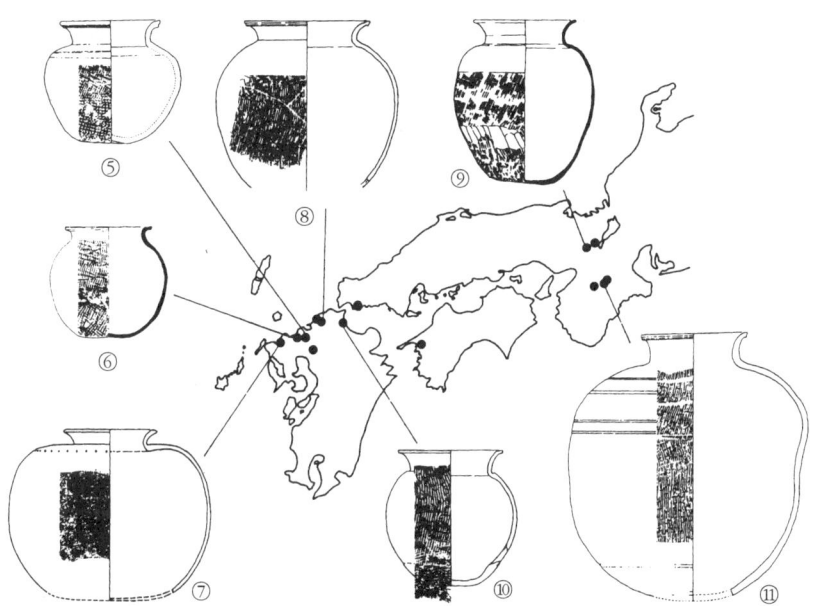

도 2. 일본 출토 거치문토기·이중구연호(上)와 조족문토기(下, 6세기)
① 博多유적 ②·③ 西新町유적 ④ 新町貝塚 ⑤ 梅林고분 ⑥ 井ノ浦고분 ⑦ 相賀고분
⑧ 富地原川原田유적 ⑨ 中臣유적 ⑩ 番塚고분 ⑪ 星塚1호분

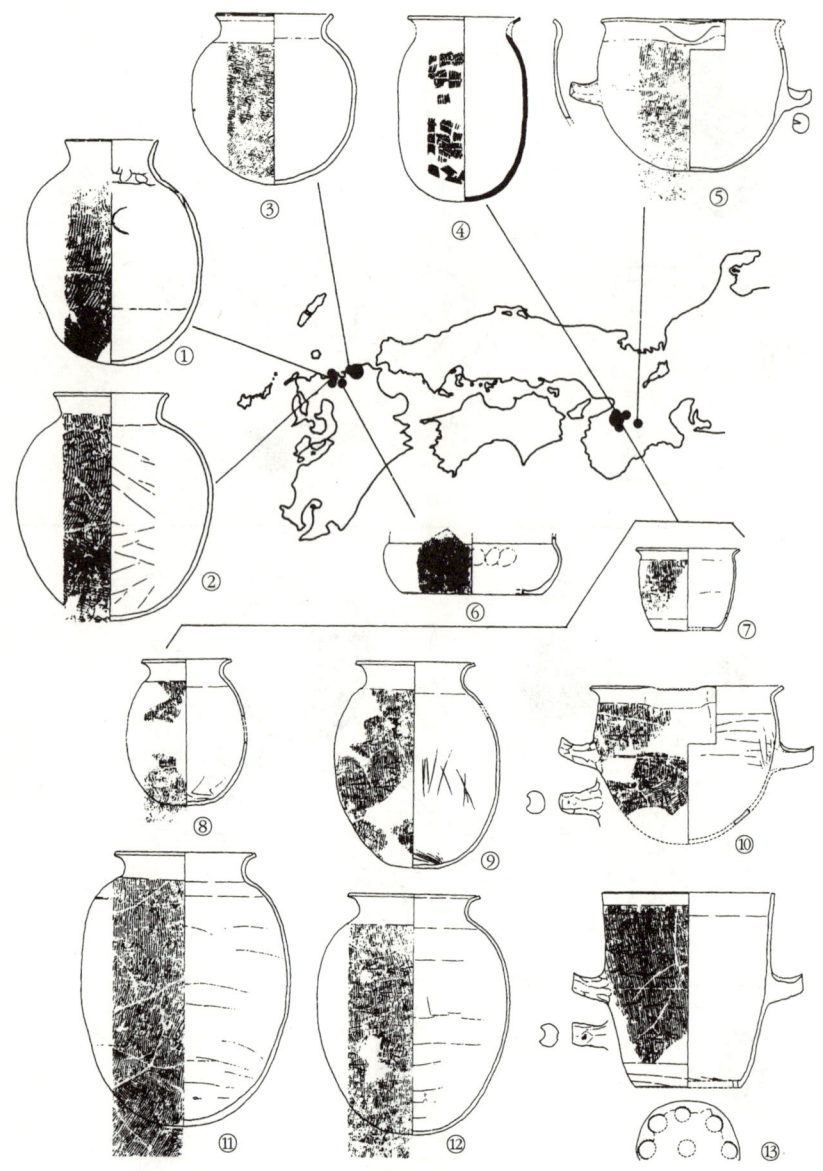

도 3. 일본 출토 조족문토기(5세기)
① 井原上學유적 ② 井原塚廻유적 ③ 夜臼·三代地區遺蹟群 ④ 城山유적
⑤ 布留유적 ⑥ 吉武유적군 ⑦~⑬ 長原유적

〔토론문〕

# 土器資料를 통해서 본 3~5세기 百濟와 倭의 交涉關係

徐賢珠*

　발표자는 일본열도에서 출토된 백제(마한)계 토기를 기종별로 나눈 다음 관련 자료를 구체적으로 들어 한반도 자료와 비교 검토하였다. 그리고 이러한 토기들의 계보를 추적하면서 한반도와 일본열도 사이의 관계에 대해서도 설명하고 있다. 본 논문은 일본열도에서 출토되는 3~5세기의 백제(마한)계 토기 자료를 체계적으로 정리하고 그에 대한 견해를 밝히고 있어서 앞으로 삼국시대 한반도와 일본열도의 관계를 파악하는데 좋은 연구 성과가 되리라고 생각된다. 토론자도 발표자의 견해에 대체적으로 공감하고 있는데 토기 자료를 중심으로 몇가지 질문을 하고자 한다.

　1. 발표자는 일본열도에서 출토된 백제(마한)계 토기를 양이부호·거치문토기·이중구연호, 조족문토기, 전형적인 백제토기 등 세 그룹으로 나누었는데 일본열도에서 이러한 토기 그룹은 시기적인 차이에 의해 나타나는 것으로 이해하고 있다. 토기 자료에 대한 발표자의 견해를 구체적으로 살펴보면,
　1) 발표자는 일본열도에서 양이부호·거치문토기·이중구연토기는 彌生時代 後期~古墳時代 中期에 九州 지역에서 집중적으로 출토되고 島根縣 등 동쪽 지역에서도 관련 자료들이 확인되는데 한반도에서 이러한 토기는 주로

---

* 전남대학교 박물관 연구원

서남부 지역에서 확인되므로 이 시기 백제(마한)토기의 대부분은 한반도 서남부집단과 北部 九州 집단의 교역활동에 따라 일본열도로 들어왔을 가능성이 높다고 이해하고 있다.

토론자도 양이부호·이중구연토기의 분포에 따른 연구 성과를 통해 볼 때 3~4세기대 일본열도 九州 지역과 한반도 서남부 지역은 관련이 있었다고 생각한다. 九州 지역에서 양이부호, 거치문이 있는 추정 원저단경호 등은 대부분 개별적으로 출토되었지만 福岡縣 西新町遺蹟에서는 이례적으로 土師器와 함께 평저와 원저의 양이부호, 이중구연토기, 그리고 타날문의 원저단경호, 난형호, 시루, 주구토기, 토제옥주형 등이 함께 출토되었다. 이 유적의 이중구연토기는 평저이면서 동체가 낮고 돌기나 양이가 붙은 것으로 고창, 영광, 함평 등에서 출토된 바 있어 호남 지역에서도 서해안 일대와 관련될 가능성이 높은 것으로 생각된다. 그리고 西新町遺蹟 출토품처럼 양이부호 중 평저이며 동체가 낮은 것은 서천, 공주 등 금강 유역부터 호남의 서해안 지역과 보성강 유역에서 출토되고 있다. 西新町遺蹟 출토 시루는 넓은 평저이며 시루구멍이 1cm 정도로 작은 것인데 2cm 정도로 큰 것들이 많은 영산강 유역보다는 금강 유역이나 보성강 유역, 그리고 남해안 일대의 주거지 출토품과 유사하다. 토제옥주형 또한 호남 지역에서는 해남 군곡리패총, 나주 왕곡, 보성 금평패총 등에서 출토된 바가 있다. 이와같은 자료들을 종합해 본다면 西新町遺蹟을 포함한 九州 지역의 토기 자료는 어느 지역으로 한정시켜 생각할 수는 없지만 영산강 유역보다는 금강 유역과 그 이남의 서해안 지역과 관련이 있는 것으로 생각된다. 이 시기에 한반도 서남부 지역에는 상대적으로 일본열도계의 유물이 드물다는 점, 西新町遺蹟에 부뚜막시설을 갖춘 주거지가 점차 많아지는 점, 많은 양은 아니지만 서남부 지역 관련 토기의 기종이 다양한 점에서 일시적이지만 北部 九州로 사람들의 이주도 상정된다. 그래서 北部 九州 지역의 관련 토기는 상당부분 이들에 의한 것일 가능성이 있을 것으로 생각된다. 이러한 토론자의 생각과 관련하여 北部 九州를 중심으로 하는 일본열도의 3~4세기대 서남부 지역 토기 자료를 교역활동에 의한 것으로 보고 있는 발표자의 의견을 듣고 싶다.

2) 발표자는 기존의 연구 성과를 바탕으로 5세기대의 일본열도 출토 백제(마한)계 토기를 양이부호 중심군과 조족문토기 중심군으로 나누고 있다. 특히 양이부호는 大阪 지역에서 집중적으로 출토되므로 이 토기와 관계된 사람들은 須惠器 생산과 깊은 관계가 있었을 것으로 보고 있다. 그리고 조족문토기와 관련하여 5세기대는 이주하여 장기간 거주한 것으로, 5세기 말~6세기대는 이주 이외의 요인으로 추정하고 있다. 후자의 조족문토기는 반입품이며 토기의 선상자국으로 보아 영산강 유역이 그 중심지일 것으로 보고 있으며 영산강 유역과 일본열도 제집단과의 관계를 반영한 것으로 생각하고 있다.

토론자도 양이부호·개와 관련된 사람들은 須惠器 생산과 관계가 있고, 5세기 말~6세기 전반대의 조족문(鳥足垂直集線文)토기는 한반도에서 6세기대까지 변형의 조족문토기가 많이 출토되는 영산강 유역과 관련된 유물도 있다고 생각한다. 그런데 5세기대 일본열도에 양이부호나 조족문토기가 나타나는 배경에 대해서는 발표자와는 약간 이해를 달리하고 있으므로 이에 대해 질문하고자 한다. 한반도에서 양이부호·개는 5세기대에 이르면 주로 호남 지역에 분포하고, 4세기 후반~5세기 전반의 조족문토기는 충청 지역에서부터 보이기 시작한다고 생각되어 한반도에서 이 시기에 두 토기는 지역적인 분포에서 약간 차이를 보인다고 생각된다. 발표자의 견해대로 5세기대에는 한반도에서 사람의 이주가 상정되는데 토론자는 일본열도의 5세기대 생활유적 출토 조족문토기는 장동호로 보이는 기형으로 보아 영산강 유역보다는 조족문토기가 이른 시기부터 나타나는 충청 지역과 관련될 가능성이 좀더 크다고 생각한다. 그러나 일본열도에서는 시기적으로, 지역적으로 중복되는 예가 확인되는 점에서 5세기대에는 주로 충청 지역과 호남 지역의 사람들이 일본열도의 畿內와 九州 지역으로 이주하였으며 그 중에서 토기생산은 유공광구호로 보아도 영산강 유역을 중심으로 하는 호남 지역의 비중이 상대적으로 컸던 것으로 추정된다. 3~4세기대와는 달리 畿內 지역에서 관련 자료가 많이 확인되고 출토 유적의 수도 많아지는 점에서 『日本書紀』

應神紀, 雄略紀에 보이는 백제가 5세기대에 여러 분야의 기술자 집단들을 보냈던 기사가 주목된다. 발표자는 5세기대 일본열도의 백제(마한) 토기에 대해서 금강 유역이나 영산강 유역 지역집단의 독자적인 면을 주목하고 있는 듯한데 이에 대한 의견을 듣고 싶다.

3) 발표자는 일본열도에서 출토되는 전형적인 백제 토기로 병, 삼족배, 고배, 직구호, 기대를 들고 있다. 그리고 이 토기들이 九州와 畿內 지역에서 5세기 후엽경에 많다는 점에서 웅진 천도에 의한 유입으로 보고 있는 듯 하다. 토론자는 5세기대 중엽부터 늘어나기 시작한 백제 왕실 중심의 교섭에 좀더 비중을 두고 있는데 이러한 유물들이 웅진 천도를 직접적인 계기로 하여 유입되었을 가능성이 있다고 생각하는지에 대해 보충 설명을 해주셨으면 한다.

4) 기타 기종의 유물들에 대한 토론자의 의견을 간단히 언급하면 구연부에 배가 달린 토기는 한반도에서의 출토 사례로 볼 때 발표자의 전형적인 백제토기로 이해해도 좋다고 생각된다. 大阪城蹟 출토 평저발(완)은 보고자나 발표자의 지적대로 전남 지역과 관련될 가능성이 있다고 생각한다. 九州의 江田船山古墳 출토 개배는 형태와 소성상태로 보아 반남고분군을 중심으로 하는 영산강 유역권의 개배와 관련될 가능성이 높다고 생각된다. 그리고 발표자는 岡山縣 天狗山古墳의 개배에 대해 형태적인 특징과 소성시 만들어진 선상자국으로 보아 영산강 유역에서 만들어진 것으로 보고 있는데 그러할 가능성도 있다. 다양한 영산강 유역의 개배중에서 선상자국이 있는 것들은 개신의 상면이 편평하게 처리된 것들이 많고 드림부가 끝으로 갈수록 좁아져 구순부는 뾰족하게 끝나는 것이 대부분이다. 따라서 개신 상면의 형태, 두께가 동일하며 끝부분이 둥글게 끝나는 드림부의 형태로 본다면 나주 복암리 3호분 1호 옹관묘 출토 개, 논산 표정리 A지구 4호분과 8호분 석곽묘 출토 개와 유사하다. 따라서 현재까지의 자료로 본다면 영산강 유역과 관련될 가능성도 있지만 충청 지역과 관련될 가능성도 있다고 생각된다.

2. 토기 자료의 검토를 통해 한반도와 일본열도 제지역간의 관계에 대한

견해를 제시하고 있는데,

1) 발표자는 3~5세기 백제(마한)계 토기로 보아 영산강 유역과 北部 九州 세력 사이에 문화적, 사회적, 정치적으로 밀접한 관계를 가진 것으로 상정하고 있다. 호남 지역과 北部 九州 지역 사이의 관련은 인정되지만 이 시기에 호남지역에는 北部 九州 지역과 관련된다고 인정되는 유물이 많지 않기 때문에 두 지역이 정치적으로까지 밀접한 관계를 가졌다고 볼 수 있는지는 의문이다. 영산강 유역이 北部 九州세력과 밀접한 관계를 유지하였다고 보는 것에 대한 좀더 구체적인 설명을 듣고 싶다.

2) 발표자는 영산강 유역은 6세기 전반까지 문화적인 독자성이 강하므로 교섭의 독자성이 어느정도 인정되며 금강 유역은 4세기 이후 백제 중앙세력과 관계가 밀접하다고 지적되어 왔지만 일본에서의 출토 상황 등을 고려하면 백제 중앙세력에 있어 금강 유역 세력은 大和정권에 있어서 九州세력과 비슷한 존재였던 시기가 있었을 가능성을 제기하고 있다. 이들 지역이 어느 정도 독자성을 가지고 있었다는 것을 일본열도와의 교섭속에서 찾고 있는 것으로 판단되는데 금강 유역이나 영산강 유역은 지역색이 강하지만 이러한 지역색이 바로 독자적인 교섭권을 갖는 집단으로 연결되는 것은 아니라고 판단된다. 그리고 일본열도와 한반도에서 관련 자료가 출토되는 것에 대해서는 지역집단의 독자적인 교섭 외에도 여러 가지 해석이 가능하다고 생각된다. 금강 유역이 大和정권에 있어서 九州세력과 비슷한 존재였던 것으로 공주 정지산과 같은 웅진기의 자료들도 들고 있는데 금강 유역이 九州세력과 비슷한 존재였다고 보는 시기와 근거를 좀더 구체적으로 설명해 주셨으면 한다.

[답 변]

　먼저 자세한 지적을 해 주셔서 대단히 고맙습니다. 저는 일본 고고학자로서는 백제 토기를 많이 본 사람이겠지만, 일본에서 나온 백제 토기의 구체적인 제작지에 대해서는 판단하기 어려운 부분이 많습니다. 이번에는 영산강 유역이냐, 금강 유역이냐 정도의 구별이 가능하지 않을까 라고 생각하면서 발표했는데, 제작지에 대해서 좀 더 자세한 지역성을 상정할 수 있다는 지적을 듣고, 앞으로 더 많이 공부해야 되겠다고 생각하고 있습니다.
　먼저 첫 번째 질문인 3~4세기의 西新町유적에서 나온 토기들의 해석에 대해서 답변하겠습니다. 제가 그 부분에 대해서는 글을 잘 못 쓴 것 같은데, 저도 이 시기 토기가 일본열도에서 출토한 배경으로 정치적인 관계를 생각하지 않는 입장입니다. 이 시기 토기의 이동 양상만으로 보면 정치적인 관계로 해석할 수도 있겠지만, 저는 그 이전의 彌生시대나 그 이전 단계부터 있었던 北部 九州와 한반도 남해안의 교섭관계의 연장선상에서 나타난 현상이었다고 생각하고 있습니다. 그리고 토론문에서 이러한 토기의 이동이 교섭관계가 아니라 사람의 이주 결과가 아닌가라는 지적이 있었습니다. 이 시기의 백제계 토기가 출토된 유적 가운데 西新町유적에서는 부뚜막이 만들어진 주거지가 발견되었기 때문에, 아마 토기를 들고 온 사람들이 일정 기간 동안 여기서 살았던 것은 확실하다고 할 수 있겠습니다. 이러한 점으로 西新町유적은 다른 유적과 구별할 수 있겠습니다. 다만 이 유적의 다른 지구에서는 가야계 토기를 들고 온 사람들이 생활한 흔적도 보이고, 또 일본열도 내의 山陰지방 등 다른 지역에서 온 토기도 나왔습니다. 이런 토기의 출토 상황을 보아, 한반도에서 온 사람들이 이 유적에서 생활했다고 하더라도 단순한 이주보다는 이 유적이 다른 지역 사람들과 교섭하는 것이 큰 목적이었다고 생각합니다. 다만 5세기대 近畿지방에서 출토되는 토기에 보이는, 장기간 정착했다고 생각할 수 있는 근거가 안 보이기 때문에, 일단 5세기대의 유적에서 보이는 양상과 구별하기 위해 이주라는 말은 쓰지 않았습니다. 또 단순한 이주로 생각하지 않는 또 하나의 이유는 백제(마한)계로 생각할 수 있는 이중구연호가 부산 동래패총에서도 발견되고 있기 때문입니다. 이 유적에서도 역시 일본 山陰, 北陸지방에서 만들어진 土師器가 나온 것으로 보아, 西新町 유적 같은 성격을 가지는 유적이 한반도 남해안 각지에서 발견될 것을 기대하고 있습니다. 그래서 현 단계에서는 西新町유적에서 토기가 나온 역사적인 배경을 단순히 이주로만 설명하지 않는 것이 좋겠다고 생각합니다.

그리고 두 번째 질문인 5세기대의 양이부호와 조족문토기의 제작지에 대한 문제인데, 저도 가장 고민스러운 부분입니다. 이들 토기가 금강 유역이나 영산강 유역의 토기와 관계가 있는지, 백제 중앙세력과 관계가 있는지 아직 완전히 정리되지 않은 상태이기 때문에, 구체적으로 언급하지 못했습니다. 토론자의 의견은 충분히 있을 수 있다고 생각하는데, 역시 한국 국내에서 영산강 유역과 금강 유역이 백제 중앙세력과 어떤 관계에 있었는지를 구체적으로 밝힐 필요가 있다고 생각합니다. 또 주의해야 할 점은 토기에 대한 분석만으로는 당시의 지역간 관계를 복원할 수 없다는 점입니다. 오전 중에 임기환 선생님의 발표를 통해서도 확인할 수 있었는데, 문헌자료를 통해서 생각하는 한 4, 5세기에는 백제 왕실과 왜의 왕실이 밀접한 관계에 있었음은 확실합니다. 그러한 관계를 보여주는 고고자료는 七支刀를 비롯한 金工品일 것입니다. 그런데 토기 자료의 이동 양상과 금공품이나 威勢品의 이동 양상은 맞는 부분도 있고 맞이 않은 부분도 있습니다. 이러한 상황을 앞으로 어떻게 해석해야 할지, 또 토기의 이동이 백제 왕실의 동향과 어느 정도 관련성이 있는지에 대해서는 앞으로도 계속해서 생각해 보고 싶습니다.

세 번째로 江田船山고분과 天狗山고분에서 출토된 蓋杯의 평가에 대한 문제입니다. 江田船山고분에서 출토된 개배의 평가에 대해서는 아마 저와 같은 의견일 것입니다. 天狗山고분에서 나온 개배의 평가에 대해서인데, 저도 2002년 12월에 전남대학교 박물관과 목포대학교 박물관에서 개배를 견학하고, 영산강 유역에서도 여러 가지 개배가 있다는 것을 알아 충격을 받았습니다. 이번 발표에서, 토기를 통해 일본과 영산강 유역이 깊은 관계에 있다고 말하지 않고, 다른 지역과 다양한 관계가 있었을 가능성을 제시한 이유 중의 하나가 그때의 인상 때문입니다. 天狗山고분에서 나온 개배 구연부의 형태에 대해서는 개인적인 의견을 말하기는 어렵겠습니다. 또 바닥이 평저로 된 개배가 금강 유역에서도 있다는 것은 저도 알고 있습니다. 저는 구체적으로 天狗山고분에서 나온 개배가 금강 유역에서 직접 왔는지, 금강 유역의 영향을 받은 영산강 유역의 개배가 왔는지를 알고 싶습니다. 제가 線狀 흔적이 남아 있는 것을 강조한 이유는 기형은 어느 정도 모방할 수 있겠지만, 선상 흔적 같은 토기 소성 기술에 관한 흔적은 토기만 보아도 모방하기 어렵기 때문입니다. 물론 금강 유역에 있던 토기 제작집단이 영산강에 와서 토기 제작을 지도했다고 하면 같은 토기가 제작되었을 수도 있지만, 모방하기 어려운 요소에 주목하면, 토기의 제작지와 지역성에 대해서 좀 더 구체적으로 논의할 수 있는 것이 아닐까 라고 생각하고 있습니다. 구체적인 분석에 대해서는 한국의 자료를 관찰하면서 앞으로 더욱 검토해 보려고 생각하고 있습니다. 고맙습니다.

# 物資·技術·思想의 흐름을 통해 본 百濟와 樂浪의 교섭

權五榮*

## 머리말

　백제가 고대국가의 체제를 갖춘 시점에 대한 학계의 해묵은 논의는 이제 3세기 중·후반설과 4세기 중반설로 정리되어 가고 있다. 다른 표현을 빌리자면 고이왕대와 근초고왕대로 나뉜 셈이다. 양자 모두 중국과의 활발한 교섭에 큰 의미를 두고 있는데 전자가 『晉書』馬韓條에 나타난 西晉과 馬韓의 교섭에 비중을 둔다면, 후자는 같은 책의 簡文帝紀에 나타난 동진과 百濟의 교섭에 비중을 두고 있다.

　마한의 한 구성분자에 불과하던 한강 하류역의 伯濟國이 마한의 패자로 성장하는 과정에서 중국과의 교섭이 원동력이 되었는지 그 결과물인지는 엄밀히 구분할 수 없으며 그럴 필요도 없다고 판단된다. 중국과의 교섭은 백제의 국가 성장과정에서 원인인 동시에 결과물로 작용하며 상호 상승작용을 일으켰을 것이기 때문이다.[1] 필자도 오래 전부터 이 문제에 주목하여 백제

---

* 한신대학교 국사학과 교수

와 兩晉의 교섭에 관한 일련의 견해를 피력한 바 있다(權五榮, 1988 · 2001 · 2003).

하지만 이 과정에서 상대적으로 소홀히 취급된 부분이 낙랑군과 대방군의 역할과 위상이었다. 근초고왕 대 동진과의 교섭시점을 백제의 국가형성 시점으로 간주하는 입장에서는 그럴 필요가 없겠으나, 3세기 중 · 후반을 중시하는 입장에서는 낙랑과 대방의 역할에 대한 나름의 언급이 반드시 필요한 것이다.

물론 이 단계에 오면 兩郡의 정치적 위상은 예전만 못하여서 東夷校尉府의 위상이 증대한다(임기환, 2000).[2] 하지만 古爾王 · 責稽王 · 汾西王代에 걸쳐 일어나고 있는 일련의 사건들을 고려할 때 이 부분을 소홀히 다루면 伯濟國의 百濟로의 성장, 즉 고대국가 형성시기의 다양한 교섭의 면모를 제대로 파악하지 못하게 될 것임은 분명하다.

그 동안 兩郡과 전개한 정치외교적 교섭에 대해서는 관심이 없지 않았으나, 문물교류의 양상을 토대로 기술의 전래, 경제 여건의 변화, 문화변동 등을 규명하려는 노력은 전혀 없었다고 해도 과언이 아니다.

최근 낙랑과 유관한 유적, 유물의 조사가 연이어지고 있으며 관련 논문의 발표와 심포지엄 개최도 빈발하여 2003년은 낙랑연구에서 중대한 획기가 될 만하다. 이러한 분위기에 힘입어 이 글이 작성되었으나 아직 관련 자료의 공표가 제대로 이루어지지 않았기 때문에 앞으로 수정할 부분이 적지 않을 것으로 예상된다. 따라서 이번 기회에는 구체적인 자료의 분석보다는 거시적이고 가설적인 틀을 제시하는 정도에 머물고자 한다.

---

1) 백제와 중국과의 교섭에 대한 고고학적 연구 중 최근의 성과만 정리하면 아래와 같다.
朴淳發, 1999, 「漢城百濟의 對外關係」, 『百濟研究』 30.
박순발, 2001, 「馬韓 對外交涉의 變遷과 百濟의 登場」, 『百濟研究』 33.
門田誠一, 2001, 「百濟と南北朝時代の中國との交渉」, 『古代の河內と百濟』.
2) 東夷校尉府의 역할이 강화되는 것에 반비례하여 낙랑군과 대방군의 군현 기능은 쇠락하여 중개 기능조차 상실한 것으로 이해되고 있다.

# I. 마한·백제 지역에 이입된 낙랑 유물

## 1. 낙랑 유물 전래의 地域相

낙랑군이 존속하던 기원전 108년에서 기원후 313년까지의 시기는 한반도 중부 이남에서 수많은 단위 정치체들이 성숙한 고대국가로 진화하던 단계이다. 이 과정에서 다양한 차원, 다양한 형태의 접촉이 전개되었을 터인데 이를 반영하는 물질자료가 한반도 곳곳에서 발견되고 있다.

그 내용에 대한 정리는 이미 몇 차례 이루어졌기 때문에(김길식, 2001 ; 高久健二, 2002) 구체적인 검토는 생략하고 몇 가지 주목되는 현상을 摘記해 둔다.

첫째, 낙랑 물품의 출토 빈도는 전반적으로 영남 지역이 높은 편이다. 그 배경에는 고조선계 유이민 집단의 낙동강 유역 이주라는 사실이 있기도 하지만 2세기 중엽 이후 銅鼎·銅鍑·鐵鍑 등의 금속기가 영남 지역에서 頻出하는 배경에는 이 지역의 鐵자원이 개재하며 낙랑에서 일본열도로 이어지는 고대 海路와도 연관된다.

둘째, 최근 서울-경기 지역과 강원도 동해안 지역에서 낙랑과 관련된 토기의 출토예가 증대하고 있다. 東海 松亭洞, 江陵 安仁里 등 동해안 지역에서 출토된 漢式土器들은(강릉대학교 박물관, 2000) 낙랑 토기로 여겨진다. 최근 조사가 진행된 서울 風納土城과 華城 旗安里 유적에서도 낙랑(계)[3] 토기가 출토되고 있다. 영남지방과 차이가 있으며[4] 신라·가야 지역에 비해 백제의 토기제작 환경에 낙랑 토기가 영향을 미쳤을 개연성이 높다고 하겠다.

이런 점에서 최근 발굴조사가 이루어진 加平 達田里 유적이(한림대학교 박물관·철도청·현대산업개발(주), 2003) 주목된다. 이 유적은 廣口短頸壺(배부른 단지)와 花盆形土器를 세트로 부장한 목곽묘로 구성되어 있다. 경기, 강원

---

[3] 여기서 "낙랑(계)"란 표현을 사용한 것은 낙랑군 이외에 대방군을 염두에 두었기 때문이며 기술계통에 대한 서술에서는 낙랑에서 기원하거나 낙랑을 경유한 경우에 해당한다.
[4] 물론 泗川 勒島유적처럼 낙랑 토기가 출토되는 경우도 있으며 壹岐의 原ノ辻유적에서도 낙랑 토기가 출토되고 있기 때문에 영남지방에서 앞으로 보다 많은 자료가 발견될 가능성은 높다. 하지만 상대적으로 이 지역에서는 토기보다 금속기의 비중이 높은 점은 사실이다.

일대에 상대적으로 이른 시기부터 낙랑(계) 토기가 출토되는 사실은 분명히 주목할 만한 점이다.

셋째, 낙랑, 혹은 중국제 물품은 상대적으로 이른 단계에는 영남지방에 분포하는 빈도가 높고 시기가 내려오면서 한반도 중서부 지역으로 그 중심축이 이동한다. 물론 그 이유는 마한(백제)이 서진과 활발한 교섭을 전개하였기 때문이기도 하지만 비단 서진 만이 아니라 후한 대에 제작된 것으로 추정되는 銅鏡이 公州, 扶餘, 益山 등지에서 출토된 사실은(成正鏞·南宮丞, 2001) 예사롭지 않다.

## 2. 마한·백제 지역 출토 낙랑 유물

낙랑을 비롯한 漢式文物이 영남 지역만이 아니라 중서부지방에서도 나오기 시작하는 현상은 이 지역의 정치체에 대한 낙랑 측의 대처방식에 변화가 생겼거나 지역 정치체의 성장이 본 궤도에 올랐기 때문일 것이다. 그 시점을 분명히 하기는 곤란하지만 중요한 몇 개의 획기는 잡을 수 있다.

첫 번째가 2세기 중반 무렵이다. "後漢의 桓靈之末에 韓濊가 강성하여졌지만 郡縣이 이를 능히 제압하지 못하여 백성이 많이 韓國으로 유입되었다"는 『三國志』의 기록은[5] 帶方郡의 성립 배경에 대한 설명인데 그동안 삼한의 성장 과정을 연구하는 연구자들에 의해 자주 거론되어 왔다. 하지만 한반도 중서부지방의 경우 2세기 중반 경에 정치체의 성장현상을 보여줄 물증은 부족한 형편이며 낙랑군과의 교섭내용도 분명치 않다.

다만 금박유리구슬의 존재는 주목된다. 이 유물은 유리구슬에 금박을 입힌 후 그 위에 다시 한번 유리를 녹여 덧씌운 특이한 형태로서 連珠玉의 형태를 띠는 경우가 많다. 慶山 林堂地區, 金海 良洞里와 釜山 福泉洞의 예를 제외하면 모두 마한, 혹은 백제 지역에서 출토되었는데 시기적으로는 7세

---

5) 『三國志』魏書 烏丸鮮卑東夷傳.
   桓靈之末 韓濊强盛 郡縣不能制 民多流入韓國.

대까지 내려가기도 한다(安永周平, 2002).

　마한이나 백제에서 제작하였다고 보기는 힘들고 外來旣成品으로 이해되고 있다(李仁淑, 1993 ; 함순섭, 1998). 원 제작처는 黑海 沿岸說과 泰國說이 양립된 상태인데 天安 淸堂洞과 斗井洞, 漣川 鶴谷里유적 등에서 출토된 유물들은 낙랑에서 비롯되었거나 낙랑을 경유하였을 가능성이 높다. 낙랑 지역에서는 石巖里 219호분, 貞柏洞 37·53호분, 樂浪土城 등지에서 금박유리구슬이 출토된 바 있다(국립중앙박물관, 2001).

　금박유리구슬은 군현이 주변 세력에게 내려준 印綬衣幘과 관련될 것이다. 이런 점에서 천안 청당동유적에서 출토된 曲棒形帶鉤나 영남지방에서 발견되는 水晶製 多面玉에 주목할 필요가 있다. 曲棒形帶鉤는 낙랑 지역에서 자주 발견될 뿐만 아니라 大洞江面에서 范이 출토된 적이 있으므로(朝鮮總督府, 1925) 낙랑 지역에서 제작한 후 주변으로 分與된 것으로 보인다.

　최근 호남 지역에서도 水晶製 多面玉이 출토되어 주목된다. 고창 봉덕리 만동의〔(財)湖南文化財硏究院·全羅北道, 2002〕한 무덤에서 출토된 수정제 다면옥은 이 지역에서 생산된 것이 아닌 外來旣成品으로 여겨진다. 아직 구체적인 내용을 알 수 없기 때문에 확언하기는 곤란하지만 낙랑과 관련될 가능성만을 제시해 둔다.

　두 번째로 주목할 단계는 3세기 중반 正始年間에 전개된 曹魏측과 동방 세력간의 대규모 전쟁이다. 처음에는 고구려와 사이에 전개되던 전투가 馬韓과 郡縣(낙랑군과 대방군) 사이의 전쟁으로 확대되었다.

　당시 전쟁의 마한측 주체에 대해서는 伯濟國으로 보는 견해(李賢惠, 1997 ; 김수태, 1998), 目支國으로 보는 견해(盧重國, 1990), 臣濆沽國으로 보는 견해로(末松保和, 1954 ; 武田幸男, 1990 ; 윤용구, 1998 ; 임기환, 2000 ; 尹善泰, 2001) 三分되어 있다. 필자는 이중 마지막 견해를 취하고 있는데(권오영, 2001) 보다 중요한 사실은 이 사건을 전후하여 伯濟國의 위상이 높아졌다는 점과 『三國史記』에 나타난 대로 고이왕 이후 責稽王, 汾西王代에 걸쳐 잦은 충돌이 전개되고 있다는 점이다. 예컨대 古爾王이 左將 眞忠을 보내어 낙랑의 邊民

을 습격하여 빼앗은 사건이나 責稽王이 세자시절에 帶方太守의 딸과 혼인한 사건은 낙랑문화가 직접 유입되는 중요한 계기가 되었을 것이다.

이 시점은 伯濟國의 한복판에서 風納土城이라는 거대한 기념비적 토목공사가 진행된 시기이기도 하다. 이 과정에서 낙랑이 모종의 역할을 하였을 가능성이 큰데 이 문제는 뒤에서 살펴본다.

마지막은 313년과 314년 낙랑군과 대방군이 차례로 축출되면서 이 지역의 주민들이 대거 유입되던 단계이다. 그들이 향후 백제의 외교와 문화, 종교 등의 방면에서 커다란 역할을 하였음은 주지의 사실이다. 아울러 이 단계에 다량의 낙랑 물품이 유입되었을 가능성이 크지만 아직 구체적인 증거는 확보되지 않았다.

백제의 중심부인 서울 일대에서 지금까지 확인된 낙랑 유물은 그리 많지 않다. 예컨대 풍납토성에서 출토된 수만 점의 토기 중 낙랑 토기로 규정될 만한 것은 아직 10점을 넘지 않는다. 이 유물들의 시간적 위치에 대해서는 아직 불분명한 점이 많지만 일부를 소개하면 다음과 같다.

圖 1-⑦(삼화지구): 大甕의 구연부인데 수평한 평탄면을 가지는 口脣, 넓게 퍼지는 肩部, 백색의 거친 태토 등을 고려할 때 낙랑 토기임이 분명해 보인다. 유사한 예가 낙랑토성에서 다량 출토되었다.

圖 1-⑨(경당지구 9호): 평면 타원형의 얕은 臺脚이 달린 토기로서 耳杯이거나 扁壺로 여겨진다.

圖 1-④(삼화지구 Ⅲ층): 다리가 달린 筒形의 토기인데 台城里고분 출토 有脚土器(圖 1-③)와 연결될 가능성이 있다. 최근 경기도박물관이 발굴 조사한 高陽 먹절산 백제 취락에서도(京畿道博物館, 2003) 유사한 토기가 출토된 바 있다.

圖 1-⑧(삼화지구 Ⅲ층): 짧은 臺脚이 달린 토기인데 외면에 마연이 이루어졌으며 2條 橫沈線이 돌아간다. 한성기 백제 토기에서는 유례를 찾기 힘들고 낙랑토성 출토 활석혼입 소형 용기류와 비교할 수 있다.

圖 1-⑥(삼화지구 Ⅲ층): 器種 불명의 平底 토기인데 縱方向의 깎기 整面痕

이 관찰된다. 색조와 저부의 형태 역시 일반적인 한성기 백제토기와 다르다. 九州 福岡縣 三雲番上地區 출토 筒杯(圖 1-⑤)와(谷豊信, 1984) 비교되며 낙랑 토기일 가능성이 높다.

앞으로 경당지구 출토유물에 대한 정리작업이 본격화하면 수치가 약간 증대할 가능성은 있지만 전체적으로는 미미한 정도임이 사실이다.

이밖에 경당지구 101호 출토 五銖錢이 낙랑으로부터 이입된 것으로 볼 수도 있으나(高久健二, 2002) 중국 본토와 교섭한 산물일 가능성이 보다 높다. 왜냐하면 바로 이 시기부터 西晉製 錢文陶器가 다량 발견되고 있기 때문이다(권오영, 2001·2002).

## II. 낙랑(계) 기술의 백제 전래

### 1. 製陶術

낙랑에서 제작된 유물, 특히 토기류가 백제 지역에서 출토되는 경우는 그리 많지 않으나 낙랑 토기의 器種構成, 器形, 製作術이 백제 토기의 그것에 지대한 영향을 끼쳤을 것임은 쉽게 예상된다.

예컨대 原三國期 중서부지방 木棺(槨)墓에 부장되는 토기 기종이 圓底短頸壺와 深鉢形土器를 위주로 하는 점은 동시기 영남지방과는 크게 다른 양상인데,[6] 이러한 현상은 백제 고분에서도 오래동안 지속된다. 이 현상을 圓底短頸壺와 花盆形土器 위주의 부장양상을 보이는 낙랑 목곽묘와 연관짓는 것은 타당해 보인다.

낙랑토기 중 平底有肩壺와 유사한 기형의 토기들을 추출하는 작업도 간헐

---

6) 尙州 지역은 영남지방이지만 중서부지방의 기종 구성과 매우 흡사하다. 반면 舒川 지역은 圓底短頸壺와 兩耳附壺가 세트를 이루고(公州大學校 博物館·韓國道路公社, 1996,『烏石里遺蹟』), 公州 지역은 圓底短頸壺 단일 器種이 부장되는 점(國立公州博物館, 1995,『下鳳里Ⅰ』)에서 이채롭다. 분묘 부장용 토기 器種의 선택이 각 지역정치체 단위별로 이루어졌음을 보여준다.

적으로 이루어져 왔다. 加平 馬場里, 서울 岩寺洞, 淸州 新鳳洞 등지에서 출토된 토기들이 그 예이다. 廣口短頸壺 역시 그 출현이 낙랑 지역 廣口短頸壺 (배부른 단지)와 연관되었을 것으로 추정되면서 몇몇 유적의 출토품을 대상으로 형태적 유사성이 거론되기도 하였다(김길식, 2001).

하지만 이러한 논의는 더 이상 진전되지 못하였다. 근본적인 이유는 양 지역의 토기 제작술에 대한 비교작업이 병행하지 못함으로써 육안관찰에 의한 피상적 내용을 토대로 논의가 이루어질 수밖에 없었기 때문이다.

최근에야 낙랑 토기의 제작술에 대한 專論이 발표되고(鄭仁盛, 2003) 한반도 중부지방에서 출토된 낙랑 토기의 실체(金武重, 2004), 낙랑 토기가 이 지역 원삼국-백제 토기의 기형과 제작기술에 끼친 영향에 대해(朴淳發, 2003; 金武重, 2003) 앞으로 심도 있는 논의가 이루어질 것으로 기대되는데 이 글에서는 낙랑 토기 제작기술 중 두 가지에 주목하고자 한다. 그것은 糸切痕과 정지깎기 수법이다.

糸切痕은 轆轤에서 성형한 토기를 분리시킬때 실을 사용함으로써 생긴 흔적인데 낙랑 토기에서 자주 관찰된다(谷豊信, 1984·1985; 오영찬, 2001). 백제 토기에서는 泗沘期에 들어가 盌 등의 平底 토기에서 자주 보이지만 漢城期와 熊津期에는 매우 드물다. 그 이유에 대해 한성기에는 糸切기법을 모르거나 사용하지 않았기 때문으로 추정하여 왔다.

최근 華城 花山고분군(權五榮·權度希, 2002)(圖 1-⑩)과 發安里유적에서 파수의 先端을 糸切한 흔적이 확인되었다. 풍납토성 경당지구에서 출토된 암키와 중에는 극소수이지만 粘土塊에서 粘土板을 분리해 낼 때 糸切한 흔적이 남아 있는 예(圖 2-①)가 있다(권오영, 2003). 기둥 장식이나 우물 마무리 장식으로 사용된 것으로 추정되는 環形土製品은 대부분 糸切하여 분리한 것으로 확인된다(圖 2-②).

따라서 한성기에 糸切기법을 인지하고 있었음은 분명해졌다. 하지만 여전히 그 비중은 미미하다. 그 이유로 녹로에서 분리한 후의 정면과정에서 糸切痕을 말끔히 지웠을 가능성을 상정할 수 있으나 底部 분리시에 대칼을 이용한 예가 매우 흔하게 관찰되기 때문에 絲切痕이 널리 유행되지 않았음은 인정된다.

여기에서 외래 기술의 선택적 수용이란 측면을 고려할 필요성이 생긴다. 아울러 絲切痕의 존재여부는 토기 제작술의 계통문제만이 아니라 대량생산 체제의 수립 여부와도 연관되기 때문에 한성기 토기 제작체계와 관련하여 보다 면밀한 관찰이 요망된다.

그 다음에 주목되는 기법은 胴體와 底部 경계면을 정면하는 과정에서 縱, 橫 방향으로 이루어진 깎기 整面이다. 토기를 손에 들고 사과 껍질 벗기듯이 整面하는 정지 깎기수법은(柳基正, 2002)<sup>7)</sup> 낙랑 토기의 중요한 특징 중의 하나인데(圖 1-①), 백제 토기에서는 盌이나 盤 등의 平底 토기에서 매우 흔하게 관찰되며 高杯 杯身에서 확인되는 경우도 잦다. 특히 풍납토성에서 다량 출토된 구연이 직립하는 盌(圖 1-②)은 전체적인 형태면에서나 정면기법에서 낙랑 토기와의 유사성이 매우 높다.

이 밖에 강한 회전력을 이용하여 토기 외면에 凹凸面을 만들어 突帶와 같은 효과를 내거나 그 위에 눈금(刻目)을 새기는 기법도 낙랑 토기와 연결될 가능성이 있다. 이러한 기술이 확인되는 토기들이 풍납토성을 필두로 華城 旗安里와 堂下里, 始興 烏耳島 등지에서 출토되고 있어서 서울-경기 지역 백제 토기의 제작에 낙랑 製陶術이 끼친 영향력을 짐작케 한다.

## 2. 製瓦術

그 다음으로 주목되는 것은 건축 부재로 사용된 瓦塼과 環形土製品이다.<sup>8)</sup> 환형토제품은 이미 앞에서 언급하였기 때문에 여기서는 瓦塼에 대해서만 다룬다.

---

7) 이를 돌려 깎기라고 표현하는 경우도 있다.
8) 環形土製品은 토제 礎石으로 불리운 유물이다. 풍납토성에서 자주 출토되고 있는데 평면은 둥근 고리모양이거나 外面이 多角을 이루는데 가운데에 구멍이 뚫린 점에서는 동일하기 때문에 일단 環形土製品으로 명명하였다.

百濟瓦의 제작에 樂浪瓦가 어느 정도의 영향을 미쳤는지는 아직 분명치 않다. 최대의 원인은 한성기 百濟瓦의 발견례가 드물 뿐만 아니라 樂浪瓦에 대한 이해가 미흡하였던 데 있다. 하지만 최근 몇 년 사이에 한성기 百濟瓦의 출토예가 급증하고 있으며 樂浪瓦에 대한 소개도 부분적으로 이루어지면서 (藤原隆夫, 2002) 양자의 관계를 규명할 가능성이 열리고 있다. 한성기 百濟瓦 의 기술계통은 단일하지 않아서 통쪽 模骨이나 원통을 사용한 부류와 토기 를 성형하듯이 점토띠를 쌓아 올리는 식이 공존하고 있다(권오영, 2002).

이중 후자는 낙랑과 직접 연결지을 만 하다. 다만 打捺板과 內拍子를 사용 하여 점토띠를 쌓아 올라간다는 점은 동일하지만 樂浪瓦는 배면에 縱方向으 로 繩文이 타날되고 內拍子에 감은 노끈으로 인해 내면에 橫方向의 繩文이 잔존하는 점에서 배면 格子文, 內面 無文의 內拍子로 특징되는 한성기 百濟 瓦와 다르다.

하지만 최근 華城 旗安里에서(畿甸文化財硏究院, 2002·2003) 양자의 간격 을 메워줄 유물이 다량 출토되었다. 기안리는 청동기시대부터 한성기 백제 에 걸친 생활유적인 古琴山유적과 4~5세기 경의 고분군인 花山유적 사이에 펼쳐진 저평한 구릉에 위치하는 제철 유적이다.

이 곳에서 출토된 送風管은 형태 및 제작방식이 樂浪瓦의 그것과 동일하다 (圖 3). 반면 인접한 화산고분군에서는 封土에 葺瓦한 경우가 확인되는데(권 오영, 2001) 채집된 수십 점의 百濟瓦는 기안리의 기와와 전혀 다른 양상을 보 인다. 양 유적은 약간의 시간차가 있을 것으로 보이는데 기안리가 앞서는 것 으로 보인다. 기안리유적에서는 낙랑(계) 토기도 다량 출토되고 있는데 그 성격에 대해서는 後述한다.

한성기 백제와가 낙랑와에 계보를 대고 있을 가능성은 와당의 문양에서도 뒷받침된다. 한성기 백제 와당의 문양은 無文, 草花文, 四區劃文 등으로 나 뉘어지는데 그 중에서도 四區劃文이 주류이다. 구획된 내부에는 圓文이나 錢文(혹은 十字圓文)이 배치되는데 낙랑, 올라가서는 山東省의 齊國故城 출 토품과 비교된다(圖 4). 비단 문양만이 아니라 瓦當面과 圓筒部의 접합방법에서도 瓦當面을 틀에 의해 周緣部까지 함께 제작한 후 裏面에 원통형의 수키와를 통째로 부착하고 일부를 잘라내는 방식도(戶田有二, 2001) 동일하다.

한편 풍납토성을 비롯한 한성기 백제유적에서 塼의 출토예가 점증하고 있으나 樂浪塼과의 비교연구는 아직 이루어지지 못하고 있다. 단순한 형태적 비교만이 아니라 제작기법을 아우른 비교연구가 요망된다.

아울러 塼의 용도에 대한 고려도 필요하다. 낙랑토성에서 출토된 塼은 건물 자재용과 鋪石用이 섞여 있을 것이다. 현재 한성기 백제유적에서 발견된 塼은 유구와 유리된 채 출토된 것이 대부분이어서 정확한 용도를 파악하지 못하고 있다.

### 3. 土木建築技術

한성기 백제의 성곽이 어떠한 과정을 거쳐 발전하였으며 구체적인 실상이 어떤지에 대해서는 아직 충분한 연구가 이루어지지 못하고 있다. 학계 일각에서는 版築工法이 마치 백제 고유의 축성기술인 듯 오해하고 版築城=百濟城이란 등식까지 성립시키고 있지만 한성기 축성기술에서 版築은 극히 예외적이었을 것으로 이해된다.

왜냐하면 版築에는 막대한 노동력이 동원되어야 한다는 점, 한성기 백제의 것이 분명한 성곽은 대개 자연 지형을 최대로 이용하여 削土와 盛土를 번갈아 가면서 만들었기 때문이다. 서울 夢村土城과 儀旺 慕洛山土城, 利川 孝養山土城, 華城 吉城里土城 등이 그 예이다.

이런 점에서 長方形의 평면을 지니며 평지에 판축으로 축조된 풍납토성은 분명히 예외적인 경우이다. 이 점에서 중국 동북지방과 한반도 서북지방에서 확인된 郡縣城에 주목할 필요가 있다. 방형의 평면, 둘레 1~2km, 토축 등을 특징으로 하는 郡縣城의 일부에서 版築이 확인되고 있기 때문이다. 대표적인 예가 帶方郡治로 추정되는 鳳山 智塔里土城과 溫泉 城峴里(於乙洞)土城이다(全浩天, 1998).

풍납토성 축조기술의 또 하나의 특징은 敷葉工法이다(申熙權, 2002). 郡縣

城에서 敷葉工法이 실시되었는지는 확인되지 않지만 그 가능성을 부정하기는 힘들다.

왜냐하면 王景이란 인물의 존재 때문이다. 盧江太守 王景은 後漢 建初 8(83)년 댐식 저수지인 芍陂塘(安徽省 壽縣 安豊塘)을 수리하면서 敷葉工法(散草法)을 활용하였다(殷滌非, 1960 ; 工樂善通, 1995 ; 小山田宏一, 2002). 그는 본래 낙랑 출신으로서 天文, 算術, 水理에 능하였다. 王景 본인만이 아니라 8代祖인 王仲 역시 "好道術 明天文"하였다는 기사를[9] 볼 때 집안 대대로 과학적인 지식이 높았던 것 같다. 그렇다면 낙랑 지역에도 敷葉工法이 알려져 있었을 가능성이 높아진다.

전술한 지탑리토성(圖 5-①)과 성현리토성(圖 5-②)에서는 版築은 확인되었지만 敷葉工法(圖 5-③)은 확인되지 않았다. 하지만 발굴조사 당시에 敷葉工法에 대한 인식이 없었다면 설사 그 흔적이 남아 있었더라도 이를 단순한 植物炭化層으로 인식할 가능성이 높다. 이 점을 유념한다면 백제의 敷葉工法이 낙랑을 경유하였을 가능성을 부정하기 어려워진다.

이상의 이유로 풍납토성의 축조에 발휘된 版築工法과 敷葉工法은 낙랑을 경유하였을 가능성을 제기해 둔다.

낙랑의 건축기술이 백제에 영향을 끼쳤을 가능성을 높여주는 자료는 풍납토성 경당지구 44호 건물지(圖 6-①)이다. 이 건물지는 시간적으로 한성 1기에 해당되는데 외부와 차단된 공간연출, 출입의 통제, 정선된 목탄의 사용, 심한 화재로 폐기된 점, 깨끗이 청소된 내부 등의 특징을 근거로 일종의 神殿으로 추정되는데(권오영, 2001) 유사한 형태의 건물이 일본에서 자주 발견되고 있다.

여기서 주목하고자 하는 것은 이 건물을 감싸고 있는 溝, 혹은 暗渠의 축조방식이다. 그것은 얇게 가공한 화강암 판석을 溝의 바닥면에 깔고 그 위에 좌우로 2매의 판석을 올려서 내부를 暗渠처럼 만든 형태이다(圖 6-②).

한성기 백제유적에서는 이와 비교할 만한 시설물이 전혀 확인되지 않지만

---

9) 『後漢書』 列傳76 循吏列傳66 王景.

낙랑토성에서 이미 1930년대에 유사한 유구가 조사된 바 있다(駒井和愛, 1964). 낙랑토성의 東北區는 상대적으로 比高가 높은 臺地로서 중요한 건축물이 집중되어 있었던 것으로 추정된다. D구역이라 명명된 지점에서는 鋪塼遺構의 주변에서 2줄의 暗渠가 발견되었다(圖 7-①). A호와 B호(圖 7-②)로 각기 명명된 이 유구의 규모는 殘長 4.5m, 폭 33cm, 깊이 20cm(A호)와 殘長 8m, 폭 40cm(B호)이다.

구조와 성격에 대한 서술은 매우 소략한데 A호에 대해서는 "溝의 兩壁은 평탄한 자연석을 4층 혹은 5층으로 쌓아 올리고 있고 바닥에는 方塼을 나란히 깐 곳도 있었다. 溝의 벽과 바닥에 약간의 煤痕이 보이고 또 溝底의 下方 20cm 지점에서도 木炭이 출토하고 있는 것은 이 장소에서 炕(구들, 온돌)이 몇 차례인가 修理改造되었던 것으로 생각되는데 반드시 그렇다고 말할 만한 증거는 없었다."라고 서술하고 있다.

G구역에서는 보다 명확한 형태의 유구가 확인되었다. 커다란 판석을 초석으로 이용한 건물지의 외곽을 감싸고, 혹은 중앙부에 연접한 형태로 앞과 동일한 형태의 暗渠가 돌려져 있다(圖 8-①②).

暗渠라고 서술하였지만 그 기능은 온돌일 가능성에 무게를 두고 있는데(谷豊信, 1983) 아마도 그 이유는 그을린 흔적과 목탄의 존재 때문일 것이다. 경당 44호 건물지 溝의 내부에 목탄이 빽빽이 充塡되어 있었던 점을 연상시킨다.

이렇듯 낙랑토성의 暗渠와 풍납토성 경당 44호 건물지의 溝는 형태적으로나 기술면에서 연결될 가능성이 높다. 그렇다면 한성기 백제의 건축술에 낙랑의 영향이 개재되었음을 보여줄 하나의 자료가 될 수 있을 것이다.

### 4. 기타

최근 발굴조사가 진행된 華城 旗安里유적은 백제와 낙랑의 관계를 규명하는 데에 많은 시사점을 주었다. 낙랑계 製陶術과 製瓦術이 발휘된 다량의 유물은 단순히 물자의 유입을 넘어서 인간집단, 특히 工人의 이주를 연상케 한다.

이 유적의 중심연대는 3세기대, 성격은 제철유적이다. 3세기대 서울 남쪽

화성 일대에 製鐵工人을 중심으로 한 낙랑(계) 주민이 정착하였던 배경이 문제가 된다.

이 점에서 서울 강남에 자리잡았던 백제 중앙, 혹은 伯濟國의 역할문제가 대두된다. 韓族社會가 낙랑주민을 襲取하여 노역에 종사시킨 것은 廉斯鑡 설화를 볼 때 이미 1세기 전반부터 나타난다. 古爾王代에는 樂浪邊民을 襲取하였다가 다시 돌려준 사건이 『三國史記』에 기록되어 있다.[10] 이렇게 획득된 낙랑주민들은 집단적으로 徙民되어 각종 노역에 동원되었을 터인데 그 중에서도 工人들이 가장 중요시 되었을 것이다.

기안리 일대에 낙랑(계) 주민들이 정착하게 된 배경은 아직 불분명한 점이 많으며 그 주체가 伯濟國(백제 중앙)인지 화성 지역의 정치체인지도 앞으로 해명할 과제이지만 일단 백제의 製鐵技術 발달에 낙랑(계) 工人의 비중이 컸음을 보여줌은 분명하다. 이러한 자료는 앞으로 증대될 것으로 예상되며 백제의 철기문화에 미친 낙랑의 영향에 관한 정보가 축적될 것으로 예상된다.

낙랑에서 기원하였거나 낙랑을 경유한 중국 문화가 백제에 끼친 영향은 철제 農工具와 무기, 금속과 비금속을 망라한 각종 장신구, 목관묘와 목곽묘 등 분묘의 구조 등 다양한 방면에 걸쳐 있을 것으로 예상되는데 이 부분에 대한 정리는 앞으로의 과제로 넘긴다.

## III. 종교와 사상에서의 영향

풍납토성 경당지구 44호 건물지는 구조면에서 그 類例를 찾아보기 힘들었는데 낙랑토성에서 조사된 건물지와 구조적으로 상통함을 확인하였다. 문제는 낙랑토성의 이 건물지 역시 제의와 관련되었을 가능성이 높다는 점이다.

1922년 平壤 大洞江面 船橋里에서 발견된 孝文廟銅鐘의 존재는 孝文廟가

---

10) 『三國史記』 卷24 百濟本紀 古爾王 13年條.

원래 낙랑토성 내에 있었을 가능성을 높여 주었다(中村春壽, 1990). 낙랑토성 내 건물지의 구조는 불분명한 점이 많아서 그 성격을 밝히기가 어렵지만 발굴조사에 참가하였던 駒井和愛는 臺地의 동측 경사면에서 출토된 "樂浪禮官" 瓦當과 孝文廟銅鐘의 연결을 시도하였다. 그는 禮官을 禮儀, 祭祀, 音樂, 貢擧, 學問, 太卜 및 土木事業에 관여한 것으로 이해하면서 孝文廟의 제사를 담당한 禮官의 위치가 臺地 주변이었을 가능성을 제기하고 있다(駒井和愛, 1964).

早乙女雅博 역시 "樂浪禮官" 瓦當을 근거로 이곳에 太守의 아래에서 漢의 天子에 관련된 제사를 담당한 禮官의 건물이 있었을 것으로 추정하고 있다(早乙女雅博, 2000). 그렇다면 낙랑토성의 건물지와 경당 44호 건물지는 구조적인 측면에서나 기능적 측면에서 강한 공통성을 보이는 셈이다.

44호 건물지가 폐기된 후 바로 동남편에 9호 유구가 축조되면서 입구부가 일부 파괴되는데 9호 유구 역시 제의관련 시설로 여겨진다. 동일한 지점에 동일한 기능을 지닌 2개의 유구가 시기를 달리하며 축조되는데 구조면에서 완전히 상치하는 점이 주목된다. 9호 유구는 길이 13.25m, 폭 5.5m, 깊이 2.4m의 평면 장타원형의 수혈이므로 呂字形 평면에 지상식인 44호와 대비된다.

44호 유구에서 출토된 유물이 거의 없었던 것과 달리 9호 유구에서는 高杯·三足器·直口短頸壺·뚜껑 등의 소형 제사용 기종을 위주로 한 2000여 점의 토기, 유리구슬, 원형 金板, 雲母, 梅實, 馬頭, 생선뼈 등 대량의 유물이 출토되었다. 여기서 주목되는 점은 9호 유구에서 이루어진 제의의 중심을 이루는 행위가 고의적인 土器毁損과(權五榮·韓志仙, 2003)[11] 投棄, 그리고 馬頭供養이란 점이다. 44호 건물지와 9호 유구의 제의 내용이 판이하게 달랐음은 분명한데 그 이유로서 제의의 종류, 시기차 등과 함께 계통적 차이를 제기하고자 한다.

낙랑 지역의 종교, 사상은 주변 지역에 널리 영향을 미쳤는데 대표적인 예는 沃沮의 喪葬禮이다. 길이 10여 丈의 木槨, 橫口(穴)式의 入口部, 洗骨葬과

---

11) 백제유적에서 토기의 일부분을 고의적으로 훼손하는 예는 매우 많은데 모종의 儀禮와 관련된 행위로 여겨진다.

家族葬, "又有瓦鬲 置米其中 編縣之於椰戶邊"이란 구절로 구성되어 있는데 이 중 마지막 부분은 중국식 喪禮가 수용된 모습을 보여준다. 屍身을 殮할 때 飯含하고 남은 米를 끓여 鬲에 담아 길이가 3尺인 나무(重)에 메달아 두는 중국식 喪禮의(장인성, 2001) 沃沮式 變容으로 보이기 때문이다.

이렇듯 낙랑을 통한 중국식 종교와 사상이 백제에도 많은 영향을 끼쳤을 것임은 분명해 보이지만 고고학적 유물과는 달리 그 흔적을 찾기 어렵다.

毗有王代에 宋에 易林과 式占을 요청한 점에서[12] 알 수 있듯이 백제 지배층은 중국 術數에 관심이 많았다. 式占은 중국에서 戰國時代부터 시작되었으며 점을 칠 때 사용하는 것이 式盤이다. 石巖里 205호분(王旴墓)에서 式盤이 출토되었기 때문에(原田淑人 · 田澤金吾, 1930) 낙랑 지역에서 式占이 행하여졌음은 분명하며 백제에도 전래되었을 가능성이 높다.

術數는 博士와 밀접한 관련이 있는데(장인성, 2001) 훗날 武寧王 · 聖王代에 활동하는 博士들은 대부분 중국계 인물들이다. 이 점에서 『書記』를 편찬한 博士 高興이 중국계일 가능성은 매우 높다.

낙랑군이 한반도에서 퇴축된 후 많은 수의 중국계 주민들이 이주하였을 것이며 이들은 종교, 사상, 외교 등의 방면에서 중용되었을 것으로 추정된다. 근초고왕 대에 고구려와 전투를 치르면서 백제 장군 莫古解는 "일찍이 道家의 말을 들으니 족한 줄 알면 욕되지 않고 그칠 줄 알면 위태롭지 않다고 하였습니다."라고 하면서 近仇首를 자제시키고 있다.[13] 백제인이 老子를 알게 된 배경에는 중국 본토보다 낙랑계 이주민의 역할이 클 것으로 이해된다.

중국문화에 익숙한 낙랑계 이주민들로 인해 백제는 東晋과 대외교섭을 원활히 전개해 나갈 수 있었을 것이며 중국 문물의 수입에서 주변의 어떤 나라보다도 개방적이고 적극적인 자세를 취할 수 있었을 것이다. 한 예로 유례가 없을 정도로 많은 양의 중국제 도자기를 수입한 백제 귀족층의 사상적 지형은 낙랑계 이주민의 정착과 무관할 수 없는 것이다.

---

12) 『宋書』 卷97 夷蠻 百濟國條.
13) 『三國史記』 卷24 百濟本紀 2 近仇首王 卽位年條.

## 맺음말

필자는 백제와 중국의 문물교류가 물질 그 자체의 유입에 머무는 초기 단계에서 점차로 교섭의 농도가 짙어지면서 물질의 이면에 숨어 있는 정신적 측면까지 확대되는 과정에 대해 시론적인 글을(권오영, 2003) 발표한 적이 있다. 당시 우선적으로 보완할 필요성을 절감한 부분이 낙랑문화의 영향이었으며 이 글은 당시의 문제의식을 토대로 이루어진 측면이 강하다.

따라서 이 글의 최초 목적은 백제 지역에서 발견된 낙랑(계) 유물의 집성을 넘어서서 기술의 유입 및 그것을 가능케 한 인간의 이주, 그리고 정신적 측면으로의 확산 과정을 입체적으로 조망하는 것이었으며, 양 지역 간 문물교류가 물품의 유입에서 시작하여 인간과 기술의 전래, 사상·종교·관념 등으로 확산된다는 단계론을 취하였다.

하지만 결과적으로는 그리 만족할 만한 설명에 이르지 못한 것 같다. 자료의 부족에 더하여 유물에 대한 구체적 연구가 거의 없다는 한계를 여전히 넘어서지 못하였던 것이다.

관련 사료의 부족을 이유로 대외관계의 진전 양상을 토대로 하여 국가적 성장 과정을 추적하는 방법론이 주종을 이루는 백제사 연구의 특성상 對中國 관계에 대한 연구는 앞으로도 계속될 것이다. 그동안 兩晉과 南朝에 집중되었던 관심이 이제는 낙랑군과 대방군으로도 확대되어야 한다는 당위성을 다시금 확인하면서 글을 맺는다.

〈後 記〉

이 글을 작성하는 과정에서 자료의 견학을 도와주고 여러 유익한 도움말을 주신 김무중(기전문화재연구원), 정인성(동경대), 이영덕(호남문화재연구원), 도면의 제작을 도와준 권도희(한신대학교 박물관) 등 여러분께 감사드린다.

〈참고문헌〉

강릉대학교 박물관, 2000, 『발굴유적유물도록』.
駒井和愛, 1964, 『樂浪郡治址』, 東京大學文學部 考古學硏究室.
국립중앙박물관, 2001, 『낙랑』.
權五榮·權度希, 2002, 『花山古墳群』, 한신大學校 博物館.
李仁淑, 1993, 『한국의 古代유리』.
장인성, 2001, 『백제의 종교와 사회』.
朝鮮總督府, 1925, 『樂浪郡時代の遺蹟』.
中村春壽, 1990, 『樂浪文化』.

京畿道博物館, 2003, 「고양 멱절산 유적 발굴조사」(지도위원회 자료).
高久健二, 2002, 「樂浪郡と三韓」, 『韓半島考古學論叢』.
工樂善通, 1995, 「古代築堤における'敷葉工法'-日本古代の一土木技術に關しての豫察-」, 『文化財論叢』, 奈良國立文化財硏究所 創立四十周年記念論文集.
權五榮, 1988, 「4世紀 百濟의 地方統制方式 一例 -東晋靑磁의 流入經緯를 中心으로-」, 『韓國史論』 18, 서울대 국사학과.
權五榮, 1988, 「考古資料를 중심으로 본 百濟와 中國의 文物交流」, 『震檀學報』 66.
권오영, 2001, 「伯濟國에서 百濟로의 전환」, 『역사와 현실』 40.
권오영, 2001, 「백제 전기 기와에 대한 신지견」, 『百濟硏究』 33.
권오영, 2001, 「풍납토성 경당지구 발굴조사의 성과」, 『風納土城의 發掘과 그 成果』, 한밭대학교.
권오영, 2002, 「경당지구 발굴조사에서 드러난 풍납토성의 풍경」, 『풍납토성』, 서울역사박물관.
권오영, 2003, 「백제의 對中交涉의 진전과 문화변동」, 『강좌 한국고대사』 4.
권오영, 2003, 「漢城期 百濟 기와의 製作傳統과 發展의 劃期」, 『百濟硏究』 38, 충남대학교 백제연구소.

權五榮・韓志仙, 2003,「儀旺市 一括出土 百濟土器에 대한 관찰」,『吉城里土城』, 한신大學校 博物館.

畿甸文化財硏究院, 2002,「華城 旗安里 豊盛아파트 新築工事敷地內 發掘調査 第1次 指導委員會)議 資料」.

畿甸文化財硏究院, 2003,「華城 發安里 마을遺蹟・旗安里 製鐵遺蹟 發掘調査」(現場說明會資料 14).

김길식, 2001,「삼한지역 출토 낙랑계 문물」,『낙랑』, 국립중앙박물관.

金武重, 2003,「華城 旗安里 製鐵遺蹟 出土 樂浪系土器에 대하여」,『百濟와 樂浪』(충남대 백제연구소2003년도 학술대회 발표요지).

金武重, 2004,「考古資料를 통해 본 百濟와 樂浪의 交涉」,『백제시대의 대외관계』(제9회 호서고고학회 발표요지).

김수태, 1998,「3세기 중・후반 백제의 발전과 馬韓」,『馬韓史硏究』, 충남대학교.

盧重國, 1990,「目支國에 대한 一考察」,『百濟論叢』2, 百濟文化開發硏究院.

藤原隆夫, 2002,「百濟漢城時代 平瓦의 起源에 대하여 -낙랑토성 출토 평기와를 중심으로-」(유인물).

末松保和, 1954,「新羅建國考」,『新羅史の諸問題』.

武田幸男, 1990,「魏志東夷傳における馬韓」,『馬韓・百濟文化』12.

門田誠一, 2001,「百濟と南北朝時代の中國との交涉」,『古代の河內と百濟』.

朴淳發, 1999,「漢城百濟의 對外關係」,『百濟硏究』30.

박순발, 2001,「馬韓 對外交涉의 變遷과 百濟의 登場」,『百濟硏究』33.

朴淳發, 2003,「百濟土器 形成期에 보이는 樂浪土器의 影響」,『百濟와 樂浪』(충남대 백제연구소2003년도 학술대회 발표요지).

成正鏞・南宮丞, 2001,「益山 蓮洞里 盤龍鏡과 馬韓의 對外交涉」,『考古學誌』12, 韓國考古美術硏究所.

小山田宏一, 2002,「百濟の土木技術」,『古代 東亞細亞와 百濟』(충남대학교 개교 50주년 기념 국제학술회의 자료집).

申熙權, 2002,「百濟 漢城期 都城制에 대한 考古學的 考察」,『백제도성의 변천과 연구상의 문제점』(국립부여문화재연구소 제3회 학술대회 자료집).

安永周平, 2002,「朝鮮半島における象嵌琉璃玉・金層琉璃玉」,『朝鮮古代硏究』3.

오영찬, 2001, 「낙랑토기의 제작기법」, 『낙랑』, 국립중앙박물관.

谷豊信, 1983, 「樂浪土城址の發掘とその遺構」, 『東京大學文學部 考古學研究室 研究紀要』2.

谷豊信, 1984, 「樂浪土城址出土の土器(上)」, 『東京大學文學部考古學研究室研究紀要』3.

谷豊信, 1985, 「樂浪土城址出土の土器(中)」, 『東京大學文學部考古學研究室研究紀要』4.

原田淑人・田澤金吾, 1930, 『樂浪 -五官掾王旴の墳墓-』, 東京帝國大學文學部.

柳基正, 2002, 「鎭川 三龍里・山水里窯 土器의 流通에 관한 研究(上)」, 『崇實史學』15.

尹善泰, 2001, 「馬韓의 辰王과 臣濆沽國」, 『百濟研究』34.

윤용구, 1998, 「"三國志" 韓傳 對外關係記事에 대한 一檢討」, 『馬韓史研究』, 충남대학교.

殷滌非, 1960, 「安徽省壽縣安豊塘發現漢代閘壩工程遺址」, 『文物』1960-1.

李賢惠, 1997, 「3세기 馬韓과 伯濟國」, 『百濟의 中央과 地方』, 충남대학교.

임기환, 2000, 「3세기~4세기 초의 위・진의 동방정책-낙랑군・대방군을 중심으로-」, 『역사와 현실』36.

(財)湖南文化財研究院・全羅北道, 2002, 「아산-고창간 도로공사구간내 만동유적 발굴조사 현장설명회자료」(유인물).

全浩天, 1998, 「平壤一帶の樂浪土城に對する最近の發掘調査と新知見」, 『樂浪文化と古代日本』.

鄭仁盛, 2003, 「樂浪文化の考古學的研究」(東京大學 博士學位論文).

鄭仁盛, 2003, 「樂浪土城 出土 土器」, 『동아시아에서의 낙랑』(제5회 한국고대사학회 하계세미나).

鄭仁盛, 2003, 「樂浪土城 出土 토기의 編年的 位置」, 『百濟와 樂浪』, 충남대 백제연구소 2003년도 학술대회 발표요지.

早乙女雅博, 2000, 「原三國時代と樂浪郡」, 『朝鮮半島の考古學』(世界の考古學①).

한림대학교박물관·철도청·현대산업개발(주), 2003, 「경춘선 복선전철 제6
    공구 가평역사부지내 문화유적 발굴조사 지도위원회의 자료」.
함순섭, 1998, 「天安 淸堂洞遺蹟을 통해 본 馬韓의 對外交涉」, 『馬韓史硏究』,
    충남대 백제연구소.
戶田有二, 2001, 「百濟 熊津時代の鐙瓦技法について」, 『百濟文化』 30, 公州大
    百濟文化硏究所.

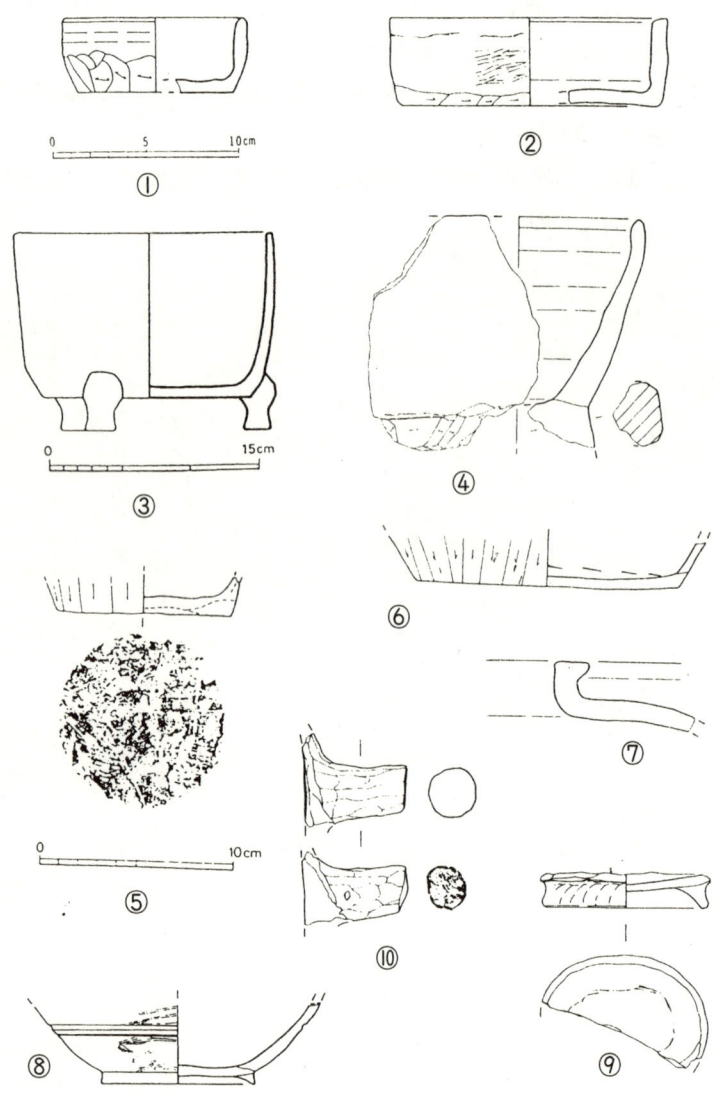

圖 1. 樂浪(系) 토기(②④⑥~⑨: 1/3)
① 樂浪土城 ② 風納土城(삼화) ③ 台城里고분 ④ 風納土城(삼화)
⑤ 九州 福岡縣 ⑥ 風納土城(삼화) ⑦ 風納土城(삼화)
⑧ 風納土城(삼화) ⑨ 風納土城(경당) ⑩ 花山고분군

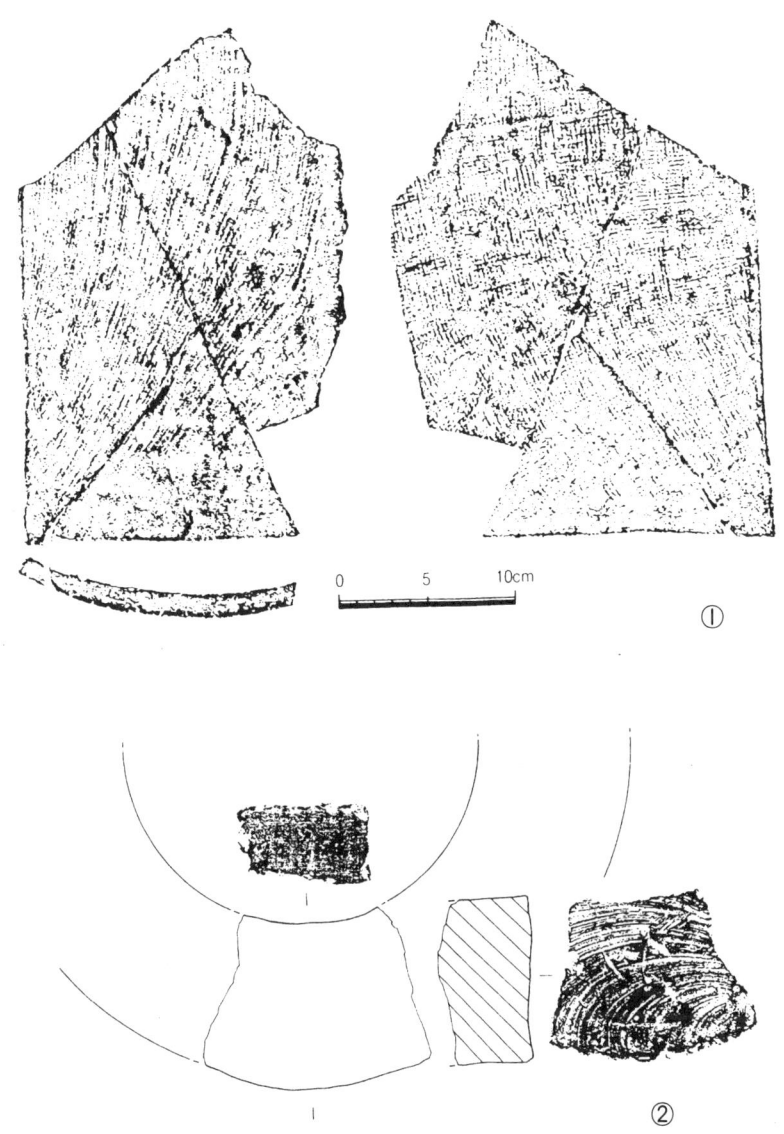

圖 2. 風納土城 출토 유물의 糸切痕
① 암키와(경당) ② 環形土製品(삼화)

圖 3. 旗安里유적 출토 낙랑(계) 기와・송풍관

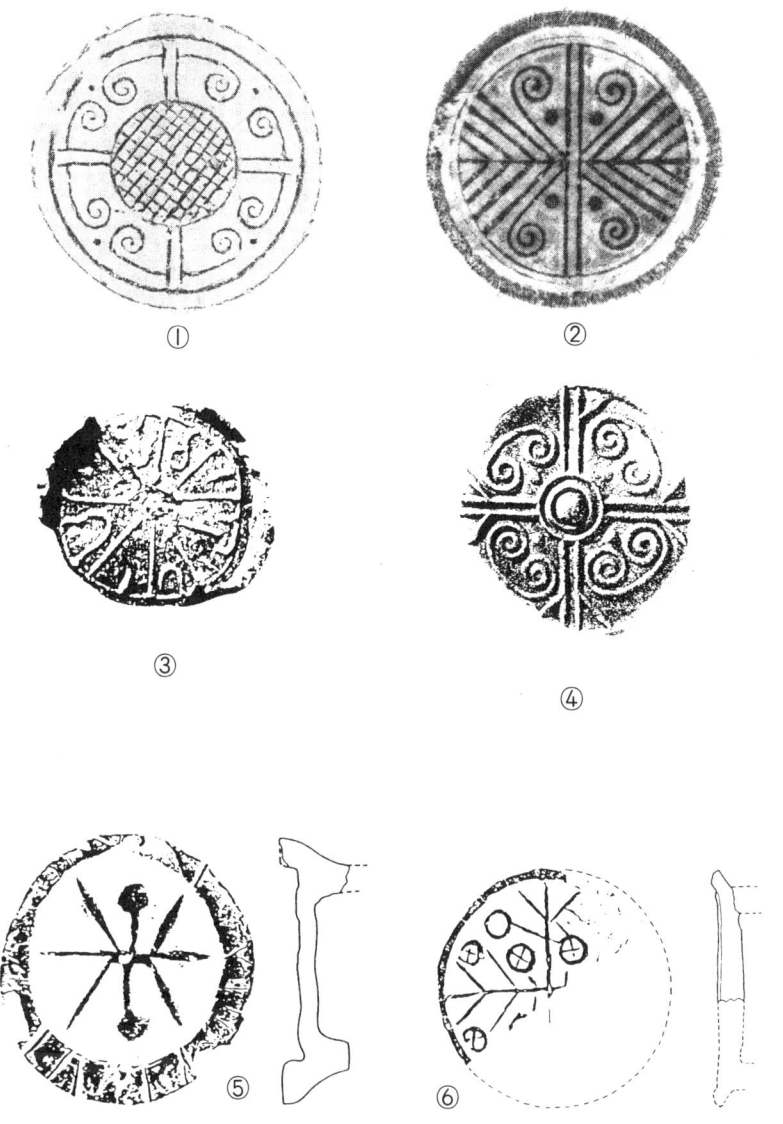

圖 4. 四區劃文系 瓦當
①② 齊國故城 ③④ 樂浪土城 ⑤⑥ 風納土城

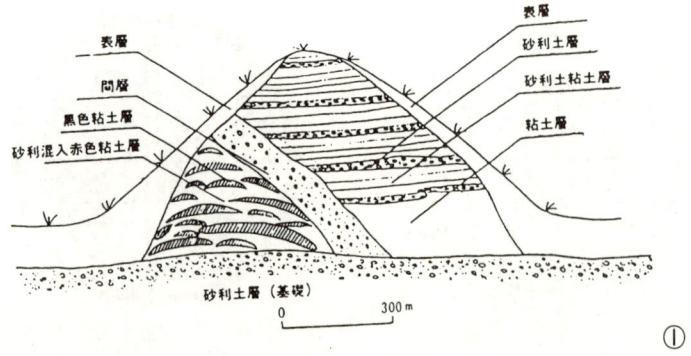

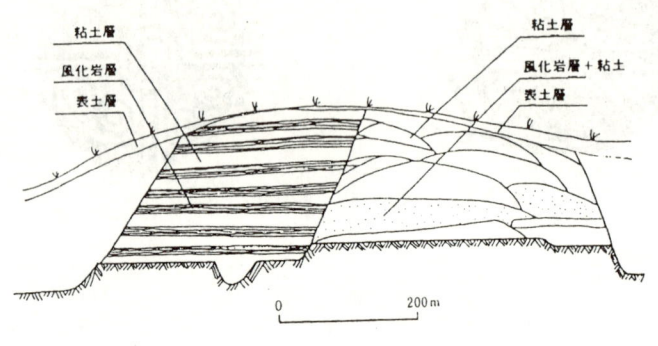

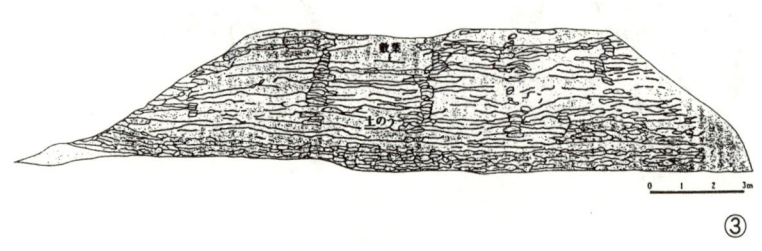

圖 5. 版築工法과 敷葉工法
① 智塔里土城 ② 城峴里土城 ③ 狹山池

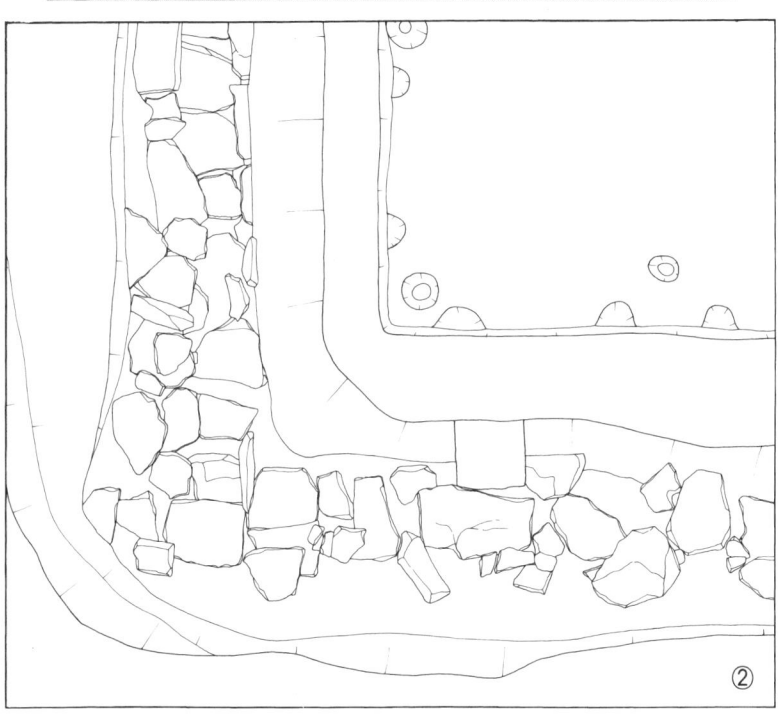

圖 6. 風納土城 경당지구 44호 유구 전경(①) 및 세부(②)

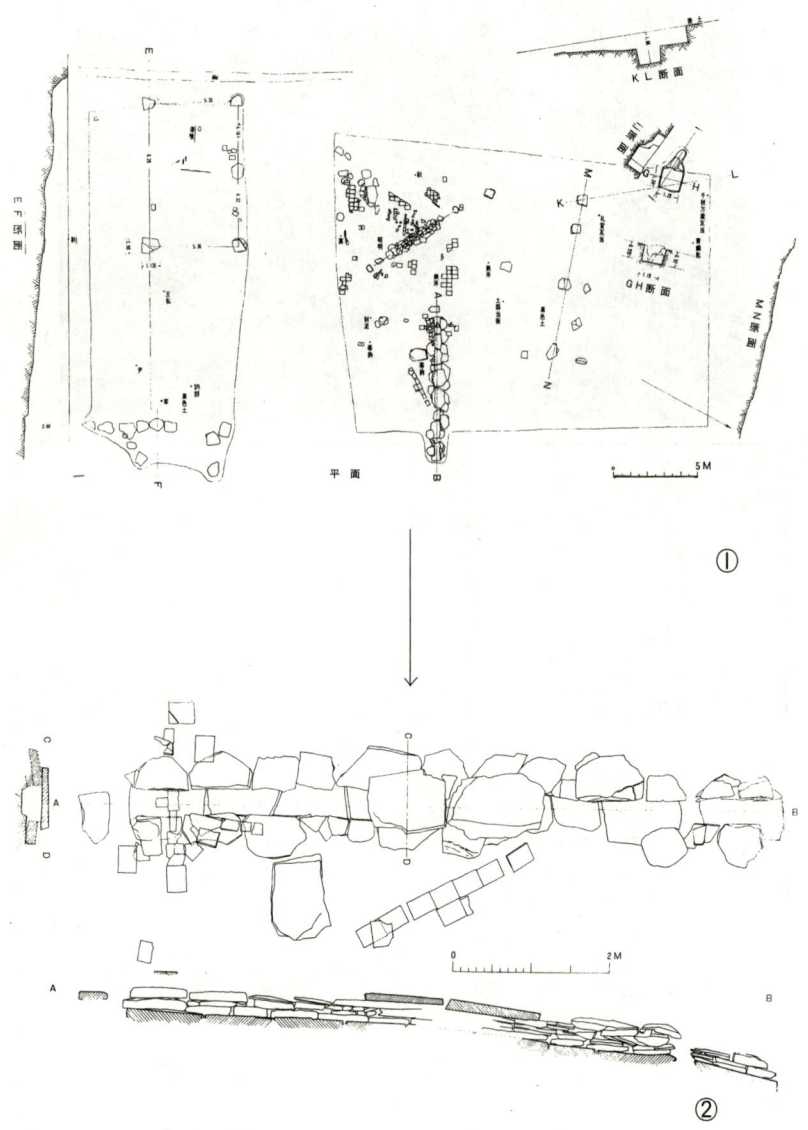

圖 7. 樂浪土城 D구역 溝(①) 및 세부(②)

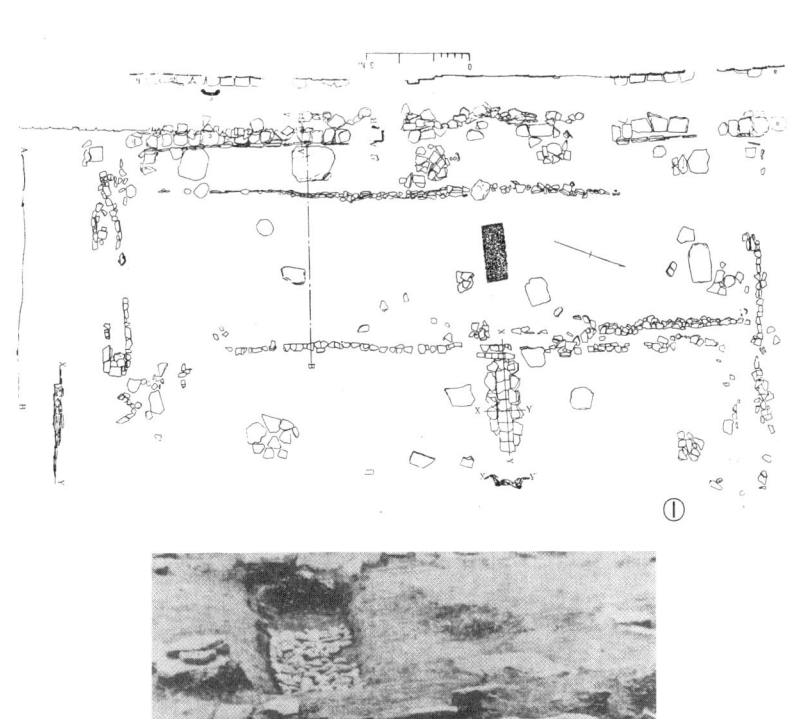

圖 8. 樂浪土城 G구역 건물지(①) 및 溝(②)

〔토론문〕

# 物資・技術・思想의 흐름을 통해 본 百濟와 樂浪의 교섭

金武重*

발표자는 기존의 백제가 고대국가의 체제를 갖춘 시점에 대한 논의 중, 3세기 중·후반설을 중시하는 입장이나, 『晉書』馬韓條에 나타난 西晉과 馬韓의 교섭에 비중을 두었던 과정에서 낙랑군과 대방군의 역할과 위상이 소홀히 다루어져 왔음을 지적하고 樂浪·帶方과의 관계에 대한 시론적인 논지를 전개하고 있다.

樂浪을 비롯한 漢式遺物이 중서부지방에서 출토되기 시작하는 현상을 馬韓社會에 대한 樂浪의 대처방식 변화 또는 지역정치체의 성장을 들고, 그 획기를 ① 2세기 중반(桓靈之末), ② 3세기 중반(正始年間), ③ 313년과 314년 낙랑·대방의 축출을 들고 있다. 각 획기의 내용으로 유민의 이입, 전쟁에 의한 접촉, 주민의 대거 유입으로 상정하고 있다. 또한 이와 관련된 製陶·製瓦·土木建築 등의 技術의 傳來, 祭儀·宗敎·思想의 변화는 이후 백제가 중국과의 활발한 교섭을 이루게 된 배경으로 설명하고 있다.

결국 樂浪과 馬韓·百濟 地域間의 文物交流가 物品의 流入을 필두로 인간의 이주와 그에 따른 技術의 傳來, 그리고 思想·宗敎·觀念 등으로 확산된다는 것이고, 향후 對中國 관계에 대한 연구는 兩晉과 南朝는 물론 樂浪郡과 帶方郡으로 확대되어야 한다는 것이다.

---

* 기전문화재연구원 선임연구원

지금까지 상황으로 볼 때 문헌기록 만으로는 그러한 정황을 적출하기 어렵고, 최근의 새롭게 발견된 고고학적 성과를 더하고 있으므로, 금번 발표자의 논지에 유의한다면 향후 연구에 많은 도움이 될 것으로 판단된다. 이에 대하여 몇 가지 의문점에 대하여 질의하고자 한다.

1. 상충부분 문제
현재의 고대사학계와 고고학계의 많은 연구자들은 낙랑군 설치 이후 중서부(韓) 지역의 발전을 저해한 것으로 보고 있다. 이러한 상황은 韓社會의 낙후성을 말하는 것으로, 단적인 예로 기원전 2세기~기원후 1세기 단계의 유적과 유물이 극히 희소하다는 점이다.

아울러 발표자는 백제의 국가 성장 과정 중 중국과의 교섭, 특히 상승작용을 일으켜 준 낙랑·대방과의 교섭 내용을 중시하고 있다. 최근 중서부지방에서 頻出하고 있는 樂浪(系)遺物의 출토 맥락을 이 지역 정치체에 대한 낙랑의 대처방식 변화, 지역 정치체의 성장이 본격화되었기 때문으로 상정하고 있다. 그러나 한반도 중서부지방의 경우 2세기 중반경에 정치체의 성장 과정을 보여주는 物證이 부족한 편이라고 한다.

2. 현재까지의 자료로 보는 한 風納土城을 비롯한 백제의 중심지역에서 확인되는 '樂浪(系)遺物'은 많지 않고, 오히려 지방으로 판단되는 지역에 그것도 백제가 고대국가로 성립하기 이전에 해당되는 유물이 많다. 이러한 양상은 백제가 樂浪·帶方의 문물을 본격적으로 수용하였다기보다는 이전단계부터 지속된 것으로 보여지며, 향후 획기별 구체적인 문화 양상이 계기적으로 설정되어야 할 것이다.

3. 제도술과 관련하여
현재까지 판단 가능한 樂浪(系)土器의 특징을 糸切痕과 정지깎기, 강하게 회전한 調整痕으로 보고 있다. 이점에 대하여 중서부지방에서 출토되는 樂浪

(系)土器를 판별하는 일부의 기준으로 삼는데는 토론자도 동의하는 바이다. 그러나 絲切技法을 絲切에 의한 分離라는 측면만 강조하고 있다. 먼저 토기 제작 공정상 성형이 완성된 후 회전대에서 분리하는 것은 이후 추가적인 정면의 단계도 상정될 수 있다. 樂浪土城 출토 토기 중 특히 筒杯나 平底의 기형을 살펴보면 絲切後 저부와 연결되는 동체부를 깎아 조정하는 것과 底面 외곽을 깎아 조정하는 것, 그리고 사절한 후 그대로 소성하는 것 등이 있어 단순히 轆轤에서 분리한다는 것이 아니다. 또한 발표자가 제시한 경당지구 출토 암키와(圖 2-①)와 우물 마무리 장식으로 추정되는 環形土製品(圖 2-②)의 絲切痕의 경우도 분리의 흔적이라기보다는 整面의 흔적으로 판단된다.

### 4. 향후 연구방향에 대하여

오늘의 학술대회의 주제와 관련하여 물질자료를 통한 문화변동의 양상을 파악하고자 할 때, 기초적으로 유물에 대한 정밀한 관찰(확인)이 필요하다. 물론 옥, 철기, 동기, 칠기 및 각종 장신구류도 중요하다. 그러나 우선적으로 日常容器로서 토기에 대한 연구기반 조성이 필요하다. 比較硏究의 障碍要因으로 각종 報告書에서 유적 및 유물의 성격을 명확하게 확인하기 곤란한 부분이 많다. 지금까지 제시된 자료의 재검토와 향후 발굴되는 자료의 충실한 보고가 필요한 시점에 이르렀다. 또 현재 '樂浪土城'출토 토기류의 시간성이 설정되지 않은 점은 결국 중부지방의 편년체계를 통한 역추적으로 해결될 가능성이 있기 때문이다.

[답 변]

사회자 : 예, 뒤에 말씀해 주신 부분은 앞으로 연구 방향에 대한 제언이라고 생각이 되고요. 앞의 질의 사항은 세 가지인 것 같습니다. 첫 번째는 2세기, 환령지말에 해당하는 시기인데, 그 때에 사료상에 나타나는 것 하고 유물의 출토상이 약간 다르게 나타나고 있고 발표자도 그렇게 발표를 하셨는데 서로 상치되는 것이 아닌가 그런 부분이고요. 두 번째는 낙랑이나 전한 계통의 문화유적이 나타나는 것이 풍납토성을 비롯한 백제 중앙보다는 오히려 화성 지역이나 외곽 지역, 지방 지역에서 나타나기 때문에 그것을 어떻게 풀어야 할 것인지 하는 것이 되겠습니다. 세 번째는 사절흔이나 정면 깎기 같은 그런 제도술이 꼭 하나의 기능만 있는 것이 아니고 다양한 용도로 사용될 수가 있는 것이기 때문에 신중하게 판단하는 것이 좋지 않겠느냐 하는 것입니다.

권오영 : 예, 고맙습니다. 사실은 김무중 선생님이 요즘에 낙랑 유물이 출토되는 유적 조사를 많이 하고 있어 사실 자료에 있어서 저보다 몇 배 더 많이 알고 계시기 때문에 지적, 감사하게 받겠습니다.

첫 번째 지적하신 부분은 역시 2세기 중반경 이전에 중서부 지방의 자료가 앞으로 채워질 수 밖에 없다고 생각합니다. 생각해 보면 1970년대, 1979년인가요? 경주 조양동 분묘가 발굴되기 전만 하더라도 진한의 문화는 전혀 몰랐던 것이고, 1980년대 후반에 창원 다호리가 나오므로 인해서 변한의 문화를 알게 된 것이고, 그리고 1990년이죠, 1990년부터 천안 청당동 조사에서 마한 지역의 분묘를 우리가 알 수 있게 됐는데, 아직도 문제는 중서부 지방의 1~2세기는 자료의 공백기입니다. 특히 목관묘 내지는 목곽묘 자료의 증대가 기대가 됩니다. 따라서 지금은 자료의 증대를 기다릴 수 밖에 없다고 생각합니다.

두 번째 지적하신 부분은 저도 그런 생각을 합니다. 인정을 하고요, 일단 구체적인 작업을 해 봐야 알겠지만, 몇 가지 가설을 세운다면 역시 초창기에 백제의 고대 국가 성장이 아직 미진한 단계만 하더라도 각 지역 단위의 정치체들이 낙랑과, 이런 식으로 일 대 다의 교섭을 했겠죠. 그래서 인수 인책을 주기도 하고 받아가는 자가 수십 명, 수백 명이 되고 이런 단계가 있을 것이면서 점차 그것이 백제 중앙, 아니면 한강 하류의 백제국 중심으로 귀결되는 단계가 있었다고 생각됩니다. 또 마찬가지로 그와 함께 이제 더 나아가서는 백제국 대 낙랑의 단계, 또 나아가 백제와 낙랑이 아니라 중국 본토와 교섭한 상태, 이렇게 몇 단계를 설정할 수 있을 것으로 생각됩니다. 앞으로 그런 작업을 해 보겠습니다.

　마지막으로 사절흔의, 제가 분리라는 측면만 강조한 것은 수정을 해야 되겠네요. 분리만이 아니라 정면, 예컨대 지금 분명히 확인되는 백제 토기에서의 사절흔은 둘 다, 화산 고분군 출토 파수나 화성 발안리 출토 파수나 둘 다 분리라기보다는 면을 정면한 것으로 보이기 때문에 일단 분리, 정면을 다 한다는 점으로 저도 수용을 하겠습니다. 다만 환형토제품은 여전히 사절흔으로 생각을 합니다. 왜냐하면 제작기법에서 정확하게는 모르겠지만 일단 내면에 포목흔이 남아 있거든요. 그래서 기와 만들 듯이 와통을 만들고 포를 돌리고 점토괴를 넣고서 한 것 같은데 분명히 대칼로 정면한 흔적도 있어요. 그건 측면에 있습니다. 그래서 바닥면은 대칼 흔적이 안 보이기 때문에 사절하여 분리하고 측면은 대칼로 계속 깎아낸 흔적들이 보이기 때문에 양자가 같이 사용된 것으로 보입니다. 그래서 일단 사절흔 자체는 분리를 위할 수도 있고 정면을 위할 수도 있을 것이고 많은 경우를 포용할 수 있을 것 같습니다. 일단 환형토제품의 경우는 정면보다는 분리흔이 아닌가 하는 생각이 들고 저 또한 부탁드리고 싶은 것은 역시 자료를 가지고 얘기해야 하는데 낙랑 관련 자료를 우리가 인식하기 시작한 것이 극히 최근입니다. 그 전만 하더라도 백제 것도 아니고 후대 것도 아니고 뭐냐 하고 애매하게 봤던 것들이 이제 와서 보니까 낙랑 토기가 되어 버리는 상황인데 그런 면에서 기존에 조사된 자료들도 다시 봐야 할 것 같고 앞으로 유의해서 낙랑 토기 제작기법들을 꼼꼼히 봐야 할 것으로 생각합니다.

[종합토론]

司會者 : 그러면 이어서 종합토론을 진행하도록 하겠습니다. 발표자, 토론자 여러분들 단상으로 이동해 주시기 바랍니다.

아침 9시, 이른 시간부터 지금까지 줄곧 이석을 하지 않고 계속 경청해 주신 여러 선생님들에게 감사의 말씀을 드리도록 하겠습니다. 저희가 예정한 시간은 5시 반까지 되어 있으니까 실제 토론 시간은 80분 남짓 되겠습니다. 그러나 주제가 모두 7개 정도 되고, 각 주제별 발표자 및 토론자 1인씩에 저를 포함하면 모두 15분 정도 되니까 한 사람이 5분씩만 발언해도 시간이 거의 되는 짧은 시간입니다. 그렇지만 한성기의 백제 물류시스템이라는 주제, 오늘 토론 혹은 발표자들께서도 언급하셨습니다만, 고고학계에서는 대단히 새로운 주제가 되겠습니다. 사실 고고학이라는 것은, 잘 아시다시피 고고학자료만 남아 있는 것을 대상으로 하여 결국 인간의 행위를 추정하는 것인데, 구체적으로 오늘의 주제와 관련해서 보면 특정 고고학자료가 어떤 과정을 통해서 현재 우리가 확인할 수 있는 장소에 왔는가에 대한 추정이라 할 수 있겠죠. 이러한 류의 추정은 흔히 유물의 계보론이라 하여 어떤 유물이나 구조물의 문화적 계통, 기원 등의 문제에 대한 관심에서부터 오늘의 주제와 같이, 어떤 문물이 이동된 것은 분명하지만 그러한 문물이 스스로 걸어오지는 못하므로, 문물의 이동 거기에 수반된 인간 행위가 무엇인가를 해석하는 것에 이르기까지 다양합니다. 아마도 이러한 문제는 고고학 주제들 중에서도 오래된 단골 주제 가운데 하나라고 생각합니다.

그렇지만 한 차원 높게 물류 시스템 즉, 대내적으로는 물류 시스템이라는 용어가 적합하겠지만 대외적으로는 정치체간의 관계, 대외 교류, 교섭, 이런 대내외적인 것을 다 포괄하여 다루려고 하다 보면 뭔가 고고학적으로 합의된 모델이 필요하지 않을까 하는 생각도 하시게 됐을 것이라 생각합니다. 그런 점에서 살펴보면 이번 주제들도 대개 총론격인 이남규 선생님의 기조발제가 있었고, 다음으로는 그러한 시스템을 고고학적 자료를 통해서 어떻게 접근해 볼수 있을까 하는 것, 즉 고고학 자료만 남아 있지만 거기에 관여했던 인간의 행위, 그것을 어떻게 유추해 볼 것인가 하는 모델과 관련하여 김장석 선생님께서 발표해 주셨고, 세 번째로는 특정 모델에의 적용과 관계없이 기본적으로 고고학 자료가 어디에서 어떻게 만들어졌는가 하는 원산지 추정 문제와 관련한 주제가 하나 있습니다. 그리고 임기환 선생님께서 발표하신 내용은 우리가 상정한 모델 가운데 하나라고 할 수 있는 국가간 혹은 정치체간의 공식적인 관계를 문헌자료를 통해 접근하는 것인데, 이것 역시 고고학 자료를 이해하는데 중요한 참고사항 내지는 어쩌면 거기에서 모델을 만들어야 할지도 모르는 부분일 것입니다. 이러한 것들이 전반적인 상황에 대한 것이라면 나머지 5, 6, 7 주제 등은 구체적으로 당시 백제에 인접했던 이웃 정치체들로서 중국의 남조, 일본열도, 그리고 한반도 내에 있었지만 문화적으로나 사회정치 단계상 상당히 선진 지역이라고 볼 수 있는 낙랑지역 등과의 관계에 대한 구체적인 접근이라 하겠습니다. 발표 내용은 대략 그런 식으로 구성이 되어 있습니다. 그래서 구성된 내용들을 개별 발표 토론을 하시면서 조금 미진했다는 부분과 개별 토론시 종합토론으로 넘기겠다고 한 부분들에 대한 사항을 먼저 진행하고, 이어서 구체적으로 물건의 이동, 고고학 자료의 이동이라는 것에 내재된, 그것이 의미하는 과정을 우리가 어떻게 고고학적으로 이해하는 것이 좋겠는가하는 관점에서 짚어보고, 마지막으로 지금 문제가 되고 있는 일본열도의 관계, 낙랑과의 관계 등에 대해 시간이 되면 짚어보는 순서로 하도록 하겠습니다.

그러면 첫 번째 기조발표는 지정토론이 없으니까 생략을 하기로 하고, 두 번째 발표한 김장석 선생님 발표와 관련해서 입니다만, 한 차례 이성주 선생의 토론이 있었는데 거기에 대해서 추가로 좀더 했으면 하는 부분이 남아 있으리라고 생각됩니다. 그 부분에 대해서 이성주 선생님이 좀더 말씀하실 부분이 있으면 해주시죠.

李盛周 : 잘 아시겠지만 김장석 선생님의 발표문은 고대 물류시스템에 관

한 이론적 모델과 그것을 자료에 대입시켜 분석하고 해석하기 위한 방법론과 분석기법의 문제, 이 세 가지 주제를 논의하셨습니다. 그래서 그에 대한 토론도 역시 이론적 모델과 방법론적인 문제, 그리고 분석 기법으로 나누어 진행하려고 했습니다. 먼저 지정토론 중에 앞의 두 가지는 질문을 드렸고 그에 대한 흡족한 답변을 들었습니다. 마지막 세 번째 분석기법에 대한 것과 데이터 해석에 대한 문제점에 대해서는 제가 토론을 진행시키지 못 했습니다. 사실 이 문제는 뒤에 발표하신 조대현 선생님의 발표 내용과 상당히 관련이 있는 내용입니다. 그래서 두 분 선생님께 함께 질문을 드리도록 하겠습니다.

두 분 선생님 발표 내용이 주로 토기 분석, 그 중에도 원산지 추정에 대한 문제를 다루고 계신데 제가 분석했던 경험을 한가지 말씀드리고 싶습니다. 제가 원산지 분석을 통해 알고 싶었던 것은 과연 삼국시대 토기요지에서 출토된 시료들이 과연 요지에 따라 화학적으로도 잘 분류되는가 하는 문제였습니다. 그래서 경주 지역에서 조사된 몇 개의 토기요지와 경산과 고령 등지에서 발견된 토지요지에서 시료를 모아 조사해 보았습니다. 그래서 각 토지 요지에서 추출한 시료들을 하나의 참조군으로 해서 화학적 분석과 통계적 해석을 해보았습니다. 그 결과를 놓고 분류해 보았더니 경주-경산-고령 등 지역간의 구분에서는 99.8%라는 높은 확률로 산지간의 분군이 가능했습니다. 그 다음으로 경주 시내 안에서 확인된 토기 요지 세 군데에서 출토된 시료만을 따로 분류해 보았더니 85%의 시료만이 요지에 따라 분류되는 정도였습니다. 이러한 분석 결과를 놓고 보면 토기의 화학적 분석과 통계적 해석 그 자체만으로는 문제 해결의 능력이 그다지 많지 않다는 것입니다. 토기를 분석하는 작업, 그 자체도 기계적으로 분석하고 통계처리 한다고 되는 것이 아니라 충분한 경험적인 지식과 자료가 축적된 뒤에 그것을 토대로 분석이나 통계적인 방법이 선택되고 절차가 진행되어야 할 일이라고 느꼈습니다.

두 분 선생님께서 소개하고 계시는 내용들을 보면 주로 NAA 분석을 통해서 미량 성분을 분석하고 그 결과를 다변량통계로 해석한다는 것이죠. 그런데 다변량해석은 통계적인 절차상으로 연역적인 논증의 도구가 아니고 귀납적인 절차로 보여집니다. 어떻게 보면 연구자가 미리 예측하고 생각하고 있는 Grouping을 수리적으로 잘 요약해서 보여주는 기법처럼 보입니다. 그런데 우리가 산지를 전혀 모른 채 소비지에서 출토된 토기를 대상으로 분석할 경우 토기 원료점토의 화학적인 성분에 대한 이해라든가 또는 토기의 제작 기술의 특징이나 토기가 가지고 있는 여러 가지 양식적인 특성 등에 대한 철저한 경험적인 지식의 축적이 없이는 검증해 볼만한, 가설적인 분군을 제안할 수도 없을 것입니다. 결국 타당성이 없는 분군을 하게되거나 아니면 분군은 되지만 의미를 부여하기 어려운 분류를 하게 되는 것이지요.

그래서 김장석 선생님께는 과연 우리가 미량성분 분석에 의해서 다변량해석만이 절대적인 절차인가. 아니면 산지 추정에 있어서 또 다른 절차와 방법론에 대한 제안이 혹시 있으신가, 아니면 화학적 분석과 다변량통계에 대한 보완의 방법은 없는가? 이 점에 대해서 질문을 드리고 싶습니다. 그리고 조대현 선생님께는 분석사례에 대한 세부적인 문제를 질문드리려고 합니다. 죄송합니다만 제가 당하리유적 보고서를 접하지 못했습니다. 그래서 과연 그것이 토기 요지인지? 토기 요지라면 생산의 양이라든가 규모라든가 혹은 얼마만큼의 범위로 분배했었는지에 대한 기본적인 지식도 없습니다. 그런데 당하리유적과 마하리고분군이 얼마나 가까운 거리에 있는지 모르겠습니다만 당하리 주거지에서 마하리고분군에 토기를 공급했다고 추론하셨습니다. 그러나 거리가 문제가 아니라 과연 당하리 토기제작소가 마하리고분군에 지속적으로 토기를 생산 공급할 수 있는 생산의 규모와 수준을 갖추고 있었는지가 먼저 검토되어야 할 것이 아닌가 생각합니다. 그리고 미사리유적의 토기를 원산지 추정하셨는데 동일한 지역, 동일한 유적에서 나오는 토기들을 분석해서 통계적으로 분류하신 것입니다. 그런데 왜 원산지가 다르다고 가정되느냐 하는 문제에 대해서는 사전 검토가 없어서 드리는 질문입니다. 제 생각으로는 동일한 유적에서 출토된 토기의 원산지를 추정할 때는 아까 말씀드린 것처럼 제작기술이나 양식적 속성 등 다양한 변수에 의해서 추정되는 원산지에 따라서 먼저 분류해 보아야 한다는 것이죠. 그런 작업이 전제되고 난 다음 화학적 성분분석이나 통계분석을 통해 검증을 해볼 수 있다는 얘기가 되겠습니다. 여기에서는 단순히 위신재와 실용토기를 구분했는데 그런 구분이 어떻게 가능한지 그리고 그런 구분이 원산지 추정과 어떻게 연결되는지에 대해서도 거의 논의가 없는 것 같습니다. 그래서 저는 그러한 부분에 대해서 발표자의 설명이 필요하다고 생각합니다. 마하리 고분군의 경우에 편년적인 위치를 말하자면, 진천 산수리요지의 늦은 단계와 병행기라고 추정이 됩니다. 그런데 진천 산수리요지의 경우에 타날문단경호만 집중적으로 생산하고 다른 기종은 생산하지도 않았습니다. 집중적으로 생산한 타날문단경호를 넓은 지역에 공급했던 토기요지가 아니었을까 추측해봅니다. 마하리 고분군에도 물론 타날문단경호가 많이 출토됩니다. 진천 산수리요지가 공급처는 아니더라도 타날문단경호는 그와 같은 성격의 요지에서 생산하지 않았을까요. 조대현 선생님께서는 이런 문제를 고려해 보셨는지 고려해 보셨다면 이 점에 대해서 설명이 필요할 것 같습니다.

司會者 : 사실은 아까 토론할 때보다 근본적인 문제를 제기하신 것 같은데 질문 내용이 요구하는 것이 만만치 않습니다만, 김장석 선생께서는 미량원소들의 분포 패턴을 통계적으로 군을 설정하고 군에 포함되는지 여부를 산지 추정…… 내가 이해하기로 그렇습니다만 그런 것이 절대적인가 하는 것을 질문하신 것 같고, 조대현 선생님께서는 당하리유적이 과연 토기요지인가부터 문제가 되는 것 같습니다. 토지요지라면 공급능력은 얼마나 됐는가 하는 문제를 포함해서 미사리 같은 데는 직접 말씀은 안 하셨는데 사실 미사리에 있는 것들을 분기별로 샘플링 했겠지만 같은 유적이라 하더라도 문제가 있는 거죠. 같은 유적이라 하더라도 시간적으로 동질성이 없는 것을 가지고 하나는 위신재라고 하고 또 다른 것은 실용이라고 하기도 곤란하고요. 그래서 샘플링 과정에 대한 고려, 왜 그렇게 되는지에 대한 보완 설명을 요구하신 것 같습니다. 그러면 차례로 김장석 선생님부터 답변해주시고 이어서 조대현 선생님께서 답변해 주시죠. 참고로 여기 플로어에는 당하리유적을 직

접 발굴조사했던 김성남 선생이 와 있으니까 필요하면 보충설명을 요청할 수도 있겠습니다. 준비해 주시면 고맙겠습니다.

金壯錫 : 이성주 선생님이 저에게 던지신 질문이 한 가지인 것 같지만 사실은 두 가지라고 생각됩니다. 하나는 다변량분석기법의 허와 실, 두 번째는 다변량분석 결과를 가지고 귀납적으로 얘기를 해나가는 것이 오히려 타당한 것이 아니냐, 기초자료 분석이 먼저 선행되어야 하는 것이 아니냐 하는 두 가지라고 생각합니다. 첫 번째 다변량분석에 대해서는 아마 제가 쓴 글에 대해서 약간 오해를 하신 것 같습니다. 저는 여러 가지 변수들이 포함되어야 하기 때문에 다변량분석이 흔히 사용된다고 한 것 뿐입니다. 오히려 저도 다변량분석을 무조건 사용하는 것을 반대하는 편입니다. 그 이유는 이성주 선생님의 토론문에도 나왔지만 다변량분석은 각 변수들과의 관계를 의도적으로 패턴화하기 위해서 사용되는 것이므로, 이 방법을 사용할 경우 변수들간의 직접적인 관계를 파악하는 데에는 오히려 해가 되기 때문이죠. 제 경험을 통해서 말씀드리면 저는 미국에서 공부할 때 아리조나의 토기분석을 몇 번 해봤습니다만, 거기에서 먼저 기술적 요인을 뽑아내는 것이 가장 중요하다고 생각합니다. 대체적으로 토기와 같은 경우에 기술적인 요인이라면 실리콘이라면 철이라든가 소위 말하는 미량원소가 아닌 원소들을 먼저 연구를 해서 그것이 기술적으로 어떻게 조합이 됐는가를 파악하는 것이 선행되어야 한다고 봅니다. 적어도 미량원소분석이라면 저는 원소 기호에서 적어도 30 이상, 적어도 게르마늄 이상의 무거운 중금속을 가지고 파악하는 것이 좋다고 봅니다. 즉, 일단 무조건으로 다변량 통계를 돌리는 것이 아니라, 미량원소가 아닌 원소들을 제하고 나서 미량원소들을 가지고 그것들간의 관계를 위해서 다변량 통계기법을 사용할 수는 있다고 봅니다. 그렇지만 제가 했던 연구 결과에 의하면 다변량분석을 여러 가지 요소를 써서 한꺼번에 통계분석을 해버리는 것보다 산지 추정을 하는데 가장 핵심이 된다고 하는 원소를 적어도 너덧 개 정도만 뽑아서, 영어로는 타겟 엘리먼트(target elements)라고

합니다만, 이들을 집중적으로 파악하는 것이 좋다고 생각합니다. 이 경우, 대상으로 하는 원소의 개수가 많지 않을 것이기 때문에, 반드시 다변량분석을 쓸 필요도 없고 아마 기초적인 비교만 하더라도 좀더 확실한 산지 추정을 하는데 도움이 될 것이라고 생각합니다. 문제는 타겟 엘리먼트를 어떻게 고르느냐 하는 것인데요. 거기에 대해서는 많은 분석과 검토가 필요하리라고 생각합니다. 상황에 따라 다를 수 있고, 이 엘리먼트가 다른 지역에 가서는 전혀 상관이 없을 수도 있기 때문입니다. 한편 타겟 엘리먼트를 정할 때 또 한가지 문제라면 너무나 많은 돈이 든다는 것입니다. 가령 서울대학교라든가 국립지질연구원 같은 데서 분석비 단가를 매기는 것을 보면 각 원소마다 한 편에 5백원인가 6백원인가를 매기게 됩니다. 그렇게 되면 전체 분석 비용이 굉장히 높아지게 되고, 타겟 엘리먼트를 정할 때까지의 비용이 너무 많아지기 때문에, 원론적으로는 할 필요가 있지만, 이들을 선정하는 작업은 실질적으로는 쉬운 작업만은 아니라고 말씀드리겠습니다. 어찌됐건, 여러 가지 요소들을 골라서 그 중에서 먼저 몇 가지 타겟 엘리먼트를 추출해낸 다음에 그것만 가지고 비교한다면 다변량분석에서 나오는 그런 문제는 해결될 수 있을 것이라고 생각합니다.

그 다음에 귀납적인 방법을 통해서 여러 가지 자료를 모은 다음에 그것을 가지고 종합적인 결론을 내려야 하지 않겠느냐 하고 말씀을 하셨는데 저도 거기에 동의를 합니다. 다만 제가 연역적인 방법이라고 했던 것은 기초자료를 얻는 과정이 이미 충분히 섭렵된 다음에 거기에서 만들어낸 가설을 가지고 문제 지향적으로 그 가설들을 하나하나 검토해 나가는 과정을 말합니다. 아마 이성주 선생님이 말씀하셨던 귀납적 방법과 이 방법이 그렇게 배치되는 방법은 아니라고 생각합니다. 다만 기초자료를 얻는 것이 어쩌면 굉장히 힘든 작업일 수 있습니다. 가령 지질도가 완전히 완성되고, 지질도 내에서 세밀한 부분까지 어떤 원소가 어떻게 되어 있는지 완성이 되어야 하는데, 사실 백수십 개가 되는 미량원소를 하나하나 지질적으로 파악하는 것은 불가능하다고 볼 수 있겠습니다. 아마 전세계적으로 이런 지질도가 완성된 것은 없다고 봅니다. 그리고 이것이 고고학자의 몫은 아니라고 봅니다. 이러한 작업이 중요하기는 하지만, 우리가 알 수 없는 이런 변수 하나하나에 다 신경을 쓴다면 아마 산지 추정이라는 것은 영원히 불가능할지도 모릅니다. 그래서 우리가 알 수 있는 변수만을 가지고 확률적으로 접근하는 것이 필요하다고 생각합니다. 이러한 일련의 과정을 통해 연구를 하는 데 있어서 가장 중요한 것은 일단 이런 문제들이 하나의 프로젝트에서 집중적으로 논의가 되어야 한다는 것입니다. 한국고고학에서도 여러 가지 산지 추정과 관련된 성분분석이 시도되었던 적이 있습니다. 물론 상당수는 보고서의 뒷부분에 부록으로 실렸던 것들입니다. 그런데 제가 알고 있는 한 그것이 실질적으로 우리 기초자료서 활용된 적은 한번도 없다고 생각합니다. 만약에 제가 어떤 토기분석을 한다 하더라도 그 자료를 가지고 내가 다시 그 분석결과를 내 것에 포함시킬 수 있느냐? 저는 그것이 불가능하다고 봅니다. 왜냐하면 미량원소를 추출해내는 데 있어서 어떤 방법을 썼는가, 동일한 방법을 쓴다 하더라도 어떤 조건을 주는가가 핵심이기 때문입니다. 조대연 선생님은 NAA라는 방법을 썼는데, 동일하게 그 방법을 쓴다 하더라도 이전의 성분분석시 빛을 쏘인 양이 얼마인가, 그 빛을 쏘일 때의 각도는 어떻게 되는가, 가벼운 원소와 무거운 원소를 어떤 방법으로 결합시켰느냐하는 각종 조건들을 누군가가 다시 연구를 할 때 완전하게 재현하고 컨트롤해내지 못하는 한 그 결과는 절대 다시 이용될 수 없습니다. 따라서 저는 이런 학진 프로젝트와 같은 좋은 프로젝트를 통해서 한꺼번에 문제지향점을 놓고 여러 가지 가설을 세운 다음에 한꺼번에 진행하는 것이 훨씬 바람직하다고 생각합니다. 다만 그것이 단순히 귀납적이다, 연역적이다 하는 양자로 규정되는 것은 아니라고 생각합니다. 이상입니다.

趙大衍 : 그 전에 아까 제가 발표를 하면서 최종택 선생님의 마지막 질문에 대해서 종합토론에서 답변하겠다고 했는데 그것도 겸해서 해도 되겠습니까?

司會者 : 그것도 겸해서 해주십시오.

趙大衍 : 제가 오전에 발표 드린 내용이 아까도 말씀드렸지만 아직 분석이 완료되지 않습니다. 물론 제가 발표한 것 이외에는 상당히 분석 내용이 진행됐지만 아직 완료된 것이 아니라서 잠정적인 측면, 상당히 개괄적인 분석 결과를 이번에 발표하게 되었습니다. 따라서 그 점을 양해해 주시기를 바라면서 답변을 드리겠습니다.

우선 화성 일대에 제가 분석한 결과에 의거해서 여러 가지…… 최 선생님께서 너무 미시적인 부분에 집중하지 않았느냐 라고 의견을 피력하셨는데요. 주로 화성과 관련해서는 최근에 중도식토기를 반출하는 주변 유적들에 대한 검토를 통해서 문제가 해결될 수 있지 않을까? 연대에 관련된 것은 조금 이따가 더 보충설명을 해드리겠습니다만 어쨌든 그렇고요. 그 다음에 이성주 선생님 두 번째 질문과도 결부된 것이라서 미사리유적은 조금 이따가 바로 말씀 드리겠습니다. 우선 질문의 첫 번째 내용이 당하리유적이 과연 토기 소성용으로 기능을 했는가? 즉 토기 생산을 했을까 하는 질문입니다. 사실 본격적인 구도를 갖춘 가마가 나오기 이전에 과연 신석기 시대, 혹은 청동기시대에 선사시대 사람들이 과연 어떻게 토기를 제작하였을까? 이것은 단지 한반도뿐만 아니라 전세계적인 논점 중의 하나입니다. 즉 정형화된 구조를 갖춘 생산유적이 실제로 남아 있을 이유가 없겠죠. 그래서 어떤 한 유적 내에서 토기 소성과 관련된 혹은 있음직한 징후가 나왔을 때 그것을 어떻게 규명할 것인가. 항상 논의는 이런 식으로 진행되어 왔습니다. 즉 노천요 혹은 여기에서 설명한 반지하식 가마, 그 외에도 우리가 잘 알지 못하는, 예를 들면 포터블 퀼른이라고 해서 이동용 가마의 희귀한 사례도 나타나고 있습니다. 물론 저도 발굴에도 참여하고 보고서는 쓰지 않았지만 당하리 사례를 일반적인 입장에서 정리를 해본다면 그 정도는 충분하게 가마로서 기능을 했다고 말씀을 드릴 수 있겠습니다. 자세한 것은 아까 프리젠테이션을 통해서 설명했지만 우선 가마로 성립할 수 있는 세가지 조건이 있습니다. 첫째는 구조와 관련된 것인데, 문제는 반지하식 가마는 우리가 지붕구조를 전혀 알 수 없고, 그래서 이것이 소성을 어떻게 했는가, 구조적 표면에 대한 설명이 상당히 부실할 수 밖에 없습니다. 그래서 구조와 관련해서 그런 난점이 있습니다. 그리고 소성 온도와 관련해서는 아까 제가 잠시 설명을 드렸지만 대체로 반지하식 가마가 갖고 있는 구조적 장점이 소성 온도 구간을 나름대로 통제할 수 있어서 상대적으로 노천요보다 안정된 제품을 생산할 수 있는 측면이 있다는 것을 말씀드렸고요. 그 다음에 소성 분위기 조절에 있어서도 지붕구조와 관련된 연료의 배치, 이런 것을 통해서 최소한 노천요보다는 진전된 소성 분위기 통제가 이루어지지 않았을까. 그런 세 가지 측면에서 당하리는 사실 어느 정도의 조건을 충족시킨다고 볼 수 있습니다. 구체적인 발굴 사례와 관계해서는 제가 어떤 팩트를 이야기하는 것보다는 오히려 소성 온도와 분위기와 관계된 말씀을 드리는 것이 더 나을 것 같습니다. 우선 소성 온도와 관계해서는 아까 프리젠테이션 화면에 소토 덩어리층과 사실 토층이 나와 있죠. 이것은 분명히 열처리 기술의 가장 직접적인 증거라고 할 수 있습니다. 그렇다면 당하리 발굴 보고서에도 SRD분석 결과가 나와 있고, 토기 자료에 대한 분석 결과도 나와 있지만 대체로 소토라든가 토기편에 관련된 자료들이 대개는 9백도 내외에서 구워졌다는 증거를 보이고 있습니다. 사실 가마에서 9백도 이상을 넘기기는 힘듭니다. 그렇지만 일부의 사례에서 그것을 넘어서는 예들도 확인이 되고 있습니다. 그리고 발굴 내용에서도 알 수 있듯이 1, 2기와 3기의 구조적인 차이가 있다. 그리고 3기의 단계로 다가가면 아까 소성 온도의 차이가 나타난다고 말씀드렸는데, 3기 이후에는 발굴자의 판단에 의하면 소성 유구가 폐기되고 더 이상 사용되지 않는 것으로 나오고 다른 가능성에 대해서 논합니다. 따라서 3기에 나오는 고온 소성의 가능성은 실제로 반지하식 기마와는 해당되지 않는 내용입니다. 하여튼 소성 온도는 그렇습니다.

그 다음에 소성 분위기와 관련해서는 굳이 여기에서는 명시하지 않았지만 이미 후기 무문토기에서 단계에서 우리는 반지하식 가마와 관계된 여러 가지 발굴의 성과들을 가지고 있습니다. 기본적인 산화와 환원에 대한 기본적인 통제는 개인적인 판단입니다만 청동기시대에 이미 어느 정도의 수준으로 이루어졌다고 볼 수 있습니다. 그리고 제가 오늘 준비하지는 않지만 산화와 환원에 관계된 기본적인 콘트롤도 역시 이 유적에서 보이고 있습니다. 상당히 기술적인 내용이지만 그 정도로 하는 것이 좋을 것 같습니다.

그리고 어쨌든 이런 논점들 자체를 앞으로 어떻게 해결해 나갈 것인가, 이것은 여전히 신석기시대 이후에 토기 생산시설에 대한 연구에 있어서 중요한 논점으로 남으리라 생각합니다.

그 다음에 미사리 쪽과 관계해서는 제가 아까도 말씀드렸지만 미사리유적 출토 유물에 대해서는 광물학적인 분석 결과가 생략되어 있고 잠정적으로 단지 화학적 성분분석 결과만을 가지고 말씀드렸습니다. 그래서 제가 상당히 개괄적인 말씀밖에 못 드렸는데 여기에 대해서는 제가 더 진전시켜서 말씀드릴 내용이 없을 것 같습니다. 따라서 위신재와 실용토기의 구분과 관계된 얘기는 너무나 잠정적인 설명이기 때문에 분석결과가 완료되어야 제가 좀더 책임 있는 입장에서 말씀드릴 수 있습니다. 이 점 양해해 주시기 바랍니다.

司會者 : 사실은 이성주 선생님께서 질문하시면서 이런 문제에 대한 나름의 견해를 밝히고도 있습니다. 가령 산수리 같은 경우에 특정 기종만을 생산하는 것이 있다. 이렇게 되면 미사리에서도 위신재다 아니다 하는 것보다는 기종별로 전문생산체제가 성립됐다면 그건 그 나름의 별도 문제이니까 꼭 위신재, 실용토기 구분이라는 것이 의미가 있겠느냐 하는 문제가 포함되어 있다고 보고 있습니다. 그런데 아까 이성주 선생이 얘기하면서 경주의 지역 간 산지 구분은 98% 되어 있고, 경주 안에서 다시 보니까 85%로 떨어지더라 하는 얘기를 하셨죠? 그리고 김장석 선생님도 우리가 엄밀히 하려면 굉장히 돈도 많이 들고 여러 가지 어려운 점도 있지만 그래도 결국은 그 자체로는 확정을 못 짓는다고 하셨는데, 그렇다면 우리가 현 단계에서 할 수 있는, 그럼에도 불구하고 물자 이동을 파악하는 데 산지 추정이라는 것이 중요하기 때문에 우리가 어떤 것을 해나갔으면 좋겠는가 하는 개인의 분석 경험 같

은 것을 동원해서……, 기왕에 학진에서 이 프로젝트를 진행하고 있으니까, 우리가 좀더 보완해서 어떻게 해줬으면 좀더 좋은 결론에 도달할 수 있지 않을까 하는데에 대한 좋은 조언이 있으시면 말씀해 주시기 바랍니다. 국내에서는 이성주 선생님이 분석을 많이 했고, 김장석 선생님은 아리조나에서 했던 경험을 들었고, 최종택 선생님도 고구려 토기와 관련해서 상당히 많은 관찰을 하고 계시니까, 꼭 세 분만은 아니겠습니다만, 분석과 관련해서 여러 가지 해줬으면 좋겠다는 바람을 담아주시기 바랍니다.

　李盛周 : 토기의 생산지와 소비지를 연결시키기 위해서, 소비지의 토기를 원산지에 따라 통계적으로 분류하기 위해서는 생산지 자체가 참고그룹이 되어야 합니다. 참고 그룹의 화학적인 특성화가 이루어지면 소비지에서 출토된 유물을 화학적으로 분석해서 이미 화학적으로 특성화된 산지 그룹에 동정을 할 수가 있는 것입니다. 그런데 어떤 소비지에서 출토되는 토기들은 피상적인 관찰로도 원산지가 다를 것이라고 예상되는 토기들이 함께 나오고는 합니다. 가령 중도식무문토기가 나오는 지역의 주거지들을 보면 중도식무문토기와 타날문단경호가 같이 나오고 박순발 선생님이 흑색 무문양토기라고 정의했던 토기들이 가끔 출토되어 세 종류의 토기가 함께 출토됩니다. 그런데 세 종류의 기술적인 특징이 너무 판이하기 때문에 원산지가 각각 다르다는 추정이 어느 정도 가능합니다. 이 경우에 토기요지는 모르지만 소비지에서 나온 토기를 추정되는 원산지에 따라 분류하여 참고그룹을 삼을 수 있습니다. 과연 토기들이 추정되는 원산지에 따라 잘 분류되는지, 분군이 된다면 얼마의 정확성으로 분류될 수 있는지를 검토해 볼 수 있습니다. 토기라는 물질 자체가 워낙 복잡한 물질이고 제작공정을 통해 인간행위가 아주 복잡하게 작용하였기 때문에 물적 특성을 측정하여 간단하게 원산지를 추정한다는 것은 거의 불가능에 가까운 문제라고 생각합니다. 다양한 방식으로 원산지를 추정하여 분군해 보는 작업, 아까 말씀드린 것처럼 동일한 유적에서 출토된 토기들을 서로 다른 산지에 따라 분류해보고 확인하는 작업을 거쳐서, 그 분군이 타당

한지를 검증해 보는 작업이 필요합니다. 결국 검증 단계에 가서는 결국 화학적인 미량성분분석과 통계적인 절차가 필요할 수밖에 없다고 생각합니다.

司會者 : 예. 최종택 선생님 그것과 관련해서 말씀을 해주시죠.

崔鍾澤 : 질문이라기보다는 아까 이성주 선생님 말씀과 관련해서, 그리고 조대연 선생 발표에 제가 추가 질문하고 싶었던 것과 결합을 해서 말씀드리겠습니다. 저도 한성기 백제 물류 시스템과 대외교섭이라는 연구에 공동으로 참여하고 있기 때문에 사실 시료의 선정 과정에 상당부분 참여를 했었고, 그래서 아까 이성주 선생님이 말씀하신 시료 선정에 있어서의 절차상의 문제에 상당히 관여했습니다. 예를 들면 한성기 백제 중앙과 지방이라는 기존에 설정해 놓은 지역에 따른 구분, 그리고 백제 토기 안에서의 기종에 따른 구분, 그래서 우리가 통상 생활용이라고 생각했던 기종과 고분에 주로 부장되는 기종, 그리고 한성기 백제 중앙에만 주로 나오는 기종과 지방에서 보이지만 주류를 이루지 못하는 한성기 백제 중앙에서 보이는 기종들, 그 밖에 각 기종별 제작기술 등을 고려해서 시료를 선정했습니다. 그리고 아마 그 중에 풍납토성과 미사리 유적, 그리고 당하리, 마하리유적 그룹이 가장 먼저 분석 결과가 나왔기 때문에 그 두 사례만을 발표한 것이 아닌가 싶고, 오늘 발표가 이런 전체 연구의 일차적인 결과 발표로서 아마 조대연 선생이 전반적인 상황을 설명을 잘 안해서 약간의 오해가 있었던듯 합니다. 그리고 이 발표문을 제가 9월 중에 받은 것으로 기억을 하는데 그때까지의 결과를 요약한 내용이라고 생각하고 접근했습니다. 아까 마지막으로도 그런 질문을 했는데, 저희가 애초 해보고 싶어 했던 비교적 넓은 지역간 관계, 예를 들어 당하리에 생산된 토기가 마하리 주거지에서 쓰였느냐 하는 것도 중요하겠지만 한성기 백제 중앙에서 만들어진 토기와 지방에 있는 토기 간에 차별성이 있고 또 유사성이 보이는 요소들이 있는가, 저는 이런 것이 기본적인 질문이었다고 생각하는데 오늘 혹시 자료로는 소개하지 못했지만 추가로 된 분석 결과 중에 넓은 지역을 놓고 봤을 때 얘기

할 만한 결과가 없을까, 그런 질문을 하나 드리고 싶습니다.

司會者 : 추가로 질문이 생겼는데 아마 분석이 다 되면 좋은 결과가 나오리라는 희망 섞인 전제 하에서 조금 더 보탤 것이 있느냐 하는 질문인 것 같습니다. 간단히 말씀해 주시죠.

趙大衍 : 사실 별로 없는데요. 아까 처음 오전 발표에서도 말씀드렸지만 위신재와 실용재의 구분은 아직까지 유통망에 대해서 본격적으로 연구한 논문이 사실 별로 없기 때문에 임의적으로 설정한 것임을 말씀드립니다. 물론 구체적으로 들어가면 코멘트할 얘기도 굉장히 많고, 이를테면 단경호 문제에 있어서도 제지적 생산의 가능성이라든가 그것에 대해서 얘기할 것이 많지만 오늘 이 자리에서 그런 것까지 일일이 얘기하기에는 아직 준비가 덜 된 것 같습니다. 그리고 또 하나 간단히 말씀드리자면, 아까 풍납동과 미사리유적에서 소위 흑색마연토기라든가 고급기종에 대해서 얘기를 했는데 미사리에서 나온 토기들이 집중적으로 나오는데 왜 그것에 대해서는 강조를 하지 않았는가 하셨는데 사실은 그 이후에 풍납토성 자료들 분석을 다시 하고 있는데 미사리 것들과 그렇게 겹치지 않고 있습니다. 그래서 이것을 어느 하나의 지역에서 독점적으로 나왔다고 얘기하기가 상당히 난처한 지점이 있어서 그냥 넘어가고 말았습니다만 어쨌든 지금 진행중인 결과인 점을 널리 양해하시고 개괄적인 측면에 대해서 이해를 하셨으면 좋겠습니다. 이상입니다.

司會者 : 한 차례 돌고 나니까 시간이 그냥 흘러버렸는데 이 문제는 미진하지만 이 정도로 해두기로 하고요. 아까 진행하면서 필요하면 당하리를 발굴하신 김성남 선생님께도 질문하겠다고 했는데 시간상 그것은 나중에 하기로 하겠습니다. 그간의 문제는 역시 발제격인 김장석 선생님 논문에 그런 것도 있고 전체 기조발표를 해주신 이남규 교수님의 내용도 있습니다. 결국 한성기 백제 대내적인 문제도 있고 정치체 문제도 있는데 결국 고고학은 물질

자료를 가지고 인식을 하니까…… 잠깐 30쪽을 봐주시면 좋겠습니다. 김장석 선생님 내용 중에서 물자가 직접 이동하는 경우, 기술만이 이동하는 경우, 원재료만이 이동하는 경우, 양식만이 전이되는 경우 등이 있지만 사실 이 부분은 우리가 이러한 주제를 다루는데 있어서 고고학자들의 기본인식이 전제가 되어야 하는 것이죠. 그것 없이는 다른 것을 할 수 없는 기초와 같은 것인데 이와 관련해서 구체적인 사례라고 할까요? 가령 서현주 선생이 키타큐슈 지역에 니시진마찌(西新町)에서 보이는 3~4세기대의 토기, 그것이 이주의 결과냐? 사람이 직접 옮겨간 이주냐? 교역이라고 하는데 교역도 사람이 가야 하는 것이고 이주도 장단기의 체류 기간이라는 차이는 있겠지만 실제로 영산강 유역이 됐든 금강 유역이 됐든 한반도에 있던 사람이 체류한 것과 그렇지 않은 것들을 가려낼 수 있는 방법들이 있을까 하는 것도 이와 관련되리라고 봅니다. 그래서 많은 문제 중에 시간이 없기 때문에 하나만 설정하겠습니다. 사람의 이동이라고 할 수 있는 것, 말하자면 마이그레이션(Migration)일 수도 있고 교역을 위해서 상사가 주재할 수도 있는데 사람이 직접 갔을 때 인지되는 고고학 패턴, 그것이 어떤 것이 있을까? 그 문제와 관련해서 지금까지 발언을 해주셨던 선생님들을 중심으로 말씀해주시는데, 우선 문제제기를 해주셨던 서현주 선생께서 한 말씀 해주시고, 이어서 그 문제를 똑같이 논문에서 다루고 있는 요시이(吉井秀夫) 선생, 그리고 성정용 선생, 다들 오늘 이 주제와 관련해서 생각을 해보셨을 테니까 그 문제를 중심으로 말씀해 주시기 바랍니다. 그러면 서현주 선생님부터 말씀해 주시겠습니까?

徐賢珠 : 선생님, 구체적인 자료를 말씀하시는 건가요?

司會者 : 사람의 이동이라면 고고학적으로 어떤 증거가 있어야 그렇게 볼 수 있겠느냐 하는 것이죠.

徐賢珠 : 오늘 요시이 선생의 논문 자료를 중심으로 볼 때, 사람의 이주라

고 좀더 분명하게 말할 수 있고 다른 이유보다 이주라는 것에 비중을 두었던 것은 생활용 토기 중 좀더 다양한 기종이 합쳐져서 출토되는 경우 등을 생각했었습니다. 그리고 주거지도 유사한 형태의 것들이 확인되기도 하구요. 그리고 주거지 내부시설 중 부뚜막이라고 하기도 하고 그냥 노라고 하기도 하는데 그런 것들도 이동해서 나타난 예들이 있습니다. 그래서 다른 지역의 자료가 고고학 유적에서 확인될 때 생활유적에서 개별 토기 한 점이 출토된다든지, 고분에서 토기가 출토되는 경우보다는 생활유적에서 좀더 다양한 기종의 토기들이 한꺼번에 출토되었을 때 사람의 이동을 인정할 수 있지 않겠는가 하는 초보적인 이해입니다만, 그런 생각을 했습니다.

司會者 : 그러니까 생활용기 중에서 한 두 가지가 아니고 다양한 기종 구성이 있어야 하고, 그것과 수반되는 가령 부뚜막과 같은 것이 있어야 한다, 부동산과 동산, 두 측면에서 뭔가 맞아야 한다는 것이죠. 아마 이것에 대해서는 부인할 수 있을것 같지는 않습니다. 그러면 이와 더불어서 그렇지 않은 케이스도 있을 수 있는데, 지금 말씀하신 것은 사람이 이동한 것이라 할 수 있지만 사람이 이동하지 않은 경우는 어떤 것이 있을지요? 좀더 하실 말씀이 있으시면 하셔도 좋고 아니면 요시이 선생에게 넘겨도 좋고요.

吉井秀夫 : 너무 어려운 질문 받았습니다.

司會者 : 우리가 늘 하고 있는 것이잖습니까?

吉井秀夫 : 사람의 이동에 대한 문제인데, 발표시에 답변했듯이 西新町유적에서 사람들이 일정 기간 생활했다는 것은 인정하겠습니다. 그 근거로는 부뚜막을 가지는 주거지가 있고, 여러 가지 기종의 토기가 나온 것을 들 수 있습니다. 그런데 5세기대의 近畿지방의 유적에서는 넓은 지역 내에서 더 장기적으로 사람의 이동이 보이기 때문에, 4세기의 西新町유적과의 차이를

강조하려고 하는 의도가 있었습니다. 다만 백제나 마한과의 관계 뿐만 아니라 5, 6세기 일본으로의 사람 이동문제에 대해서는 여러 가지 어려운 부분이 있습니다. 문헌자료를 보면 이 시기에 한반도의 여러 지역에서 다양한 사람들이 일본으로 이동했음을 알 수 있습니다. 예를 들며, 9세기에 만들어진 "新撰姓氏錄"에 의하면 近畿지방의 氏族 가운데 약 30%가 한국이나 중국에서 일본으로 이주해 온 소위 渡來人의 후손이었다고 합니다. 이러한 기록이 남아 있음에도 불구하고, 오늘 소개한 西新町유적이나 長原유적은 오히려 특별한 예이며, 고고학적으로 일본으로 이주한 사람들이 생활했다고 말할 수 있는 예는 의외로 많지 않은 것이 실상입니다. 이 시기의 사람의 이동 문제에 대해서는 문헌자료를 활용해서 적극적으로 사람의 이동을 인정하는 것이 좋은지 고고학적인 관점에서 어떤 모델을 세워서 그 원칙에 따라 신중히 사람의 이동을 인정하는 것이 좋은지 일본고고학 쪽에서도 잘 생각해야 할 문제입니다. 또 오늘 발표하면서 백제에서 일본으로의 이동뿐만 아니라 한반도내의 사람 이동문제, 특히 오늘 발표가 없는 백제와 신라, 가야 사이의 사람 이동 문제와 비교하면서 양자의 관련성에 대해서 앞으로 비교해 볼 필요가 있다고 생각했습니다.

반면 유물만이 이동했을 가능성에 대해서인데, 위세품에 대해서는 어느 정도 그러한 가능성을 제기할 수 있겠습니다. 토기의 경우, 鳥足文토기가 고분에 많이 부장되는 시기는 대부분이 6세기대이지만, 그 이전의 4, 5세기대의 일본 고분에서도 한반도 토기가 나오는 경우가 있습니다. 이러한 토기의 경우, 특히 일본에서 須惠器가 본격적으로 생산되기 전 단계의 자료에 대해서는 위세품이 아니더라도 귀한 물건으로 여겨져, 首長級 인물이 토기를 입수해서 그것이 무덤에 부장되었을 가능성이 있다고 생각합니다. 또 이번에 보고한 5세기 후엽부터 6세기 전반의 고분에서 출토된 조족문토기의 경우 일본제 부장품 중에서 단독으로 나왔기 때문에, 이러한 토기가 출토된 것을 근거로 사람의 이동, 특히 고분의 被葬者가 한반도에서 이주한 사람이라고는 단정하기 어렵다고 생각합니다. 그런데 이 시기에 일본 각지의 고분에 조족문토기가 부장되는 구체적인 이유에 대해서는 앞으로 계속해서 생각해 볼 필요가 있겠습니다.

司會者 : 사실 시간이 너무 없다는 것이 참 문제입니다만, 그러면서 제가 자꾸 중간에 끼어들면 시간이 더 가기 때문에 빨리 진행하도록 하겠습니다. 물자가 직접 이동한 경우인데, 낙랑과의 문제도 그렇고 결국 일본열도도 마찬가지인데 이시마 지역 같은 경우는 처음에는 신발이니 돈이니 부뚜막이니 다 있습니다만 1세대라고 할까요? 처음 갔던 사람들이 계속해서 장기체류하면서 한반도에서 필요했던 것들이 점차 잊혀지면서 없어지는 경우도 있고, 혹은 현지 적응성이 뛰어나서 역으로 일본 내에 확산되는 경우도 있단 말이죠. 예를 들면 5세기대 이래로 일본의 시루들이 완전히 보편화되는 것과 그때그때 소멸되는 과정과, 이때 조족문도 마찬가지고 양이부호도 마찬가지인데 어느 시점에 건너간 물건을 토대로 해서 그 사람들이 현지에서 만들고 그 기술이 확산됐을 때 최초 단계가 보이지 않아 기술만 이동하는 케이스로도 보일 수 있을 겁니다. 이랬을 때 이 기술이 현지에서…… 한반도는 계속 기술이 바뀌었겠죠만, 현지에서는 건너갔을 때 그 시점 그대로 고수되면서 상당히 장기적으로 지속되지 않는가 하는 생각을 하는데, 왜냐하면 양이부호 같은 것이 한반도에서는 그렇게 오래 가지 않았는데 그쪽에서는 길게 간다든지 조족문 같은 것도 금강과 영산강으로 나뉘어서 시대적으로 차이가 있다고 했음에도 불구하고 일본과는 시간이 맞지 않는 부분, 그래서 기술의 이동이라는 것은 우리가 쉽게 기술의 이동이라고 했지만 이것은 물자 이동에 수반되는 제2단계일 수도 있고 혹은 일본에서 기술자가 와서 배워갈 수도 있죠. 이것은 낙랑도 마찬가지겠습니다.

이런 부분과 관련해서 권오영 선생님이 여러 가지 이념적인 부분까지도 언급을 해주셨습니다. 그리고 최근에 낙랑에 대한 자료를 많이 발굴한 김무중 선생님 역시 이와 관련한 생각이 각별하리라고 봅니다. 두 분이 소위 물건의 이동은 최초에 수반되는 것이겠지만 그 이후에 어떻게 기술이 이전되어 가고 심지어 양식 문제가 어떻게 현지화되는가에 대한 과정, 나름대로 복안이 있으면 말씀해 주시면 고맙겠습니다. 권오영 선생님부터 먼저 해주시죠.

權五榮 : 갈수록 자꾸 어려워지는 것 같습니다. 저도 여러 가지 생각들이 파편처럼 존재하지 그것이 잘 엮어지지 않는데요. 복안이라기보다는 몇 가지 생각이 있습니다. 이를테면 낙랑과 백제와의 교섭, 사람의 이동, 기술의 이동을 볼 때 역시 참조할 수 있는 것이 중국 본토와 백제와의 관계도 그렇고 백제와 왜의 관계도 마찬가지로 볼 수 있지 않을까요? 좀더 유리한 측면이 백제와 왜의 관계는 문헌기록에서도 도움받을 수 있는 부분들이 있죠. 예컨대 '手末才伎'라고 해서 기술자 집단들의 부분들, 그와 함께 분명히 사람이 이동한 부분은 고급 학문, 사상을 가지고 들어가는 경우죠. 불교도 그렇고 오경박사, 역박사, 이런 사람들이 들어갈 경우, 그리고 또 하나 재미있는 것은 지식만이 아니라 기술을 갖고 들어가는 경우로서 기와의 와박사 전래 문제, 그래서 역시 그런 것을 가지고 백제와 왜와의 관계에서 참고할 수 있는 것들이 많아서 역으로 그것을 가지고 백제와 낙랑의 관계는 어떨까를 생각해 보는데요. 그럴 때 역시 위세품의 이동 같은 경우에는 물건 자체로 당대에 끝나는 경우로, 지금 발굴 조사가 되고 있는 기안리 같은 경우는 역시 기와제작 기술, 토기 제작 기술, 제철기술이 함께 들어가기 때문에 그것은 도저히 물건만, 혹은 기술만으로는 불가능하고 그런 경우는 역시 사람이…… 다량의 무거운 토기와 기와를 가지고 갈 수는 없기 때문에 그런 경우에는 분명히 사람의 이동을 생각해 볼 수밖에 없지 않겠느냐 하는 생각을 해보죠.

반대로 영남지방 같은 경우에 일본열도의 하지끼가 나오는 경우에 그런 경우도 보면 동래의 내성유적에는 왜계 인물들이 와서 살았다고 보기도 하죠. 그런 경우에도 하지끼가 나오는 주거지가 오히려 왜계 인물들이 와서 살았다는 것을 입증해 주느냐, 아니면 하지끼를 모방한 토기들을 만들던 사람들이 살던 주거지가 오히려 사람의 이동을 뒷받침해주는 것이냐? 어떻게 보면 반대일 수도 있을 것 같습니다. 유물 자체가 온 것보다도 그 유물을 모방해서 만들거나 아니면 방금 사회자가 말씀하신 대로 그 기술 자체가 1세대에서는 아주 충실한 그 자체겠지만 2세대로 가면서 좀더 재지화되어 가고 변형되고 이런 모습을 보여주는 경우가 반대로 사람의 이동을 보여주는 것이 아니냐 하는 생각도 들고요.

그 다음에 묘제라든지 장제, 이런 부분도 5~6세기 단계의 일본 긴키 지역의 백제계 석실분의 등장, 부장품의 경우도 그런 것 같지만 반대로 생각하면 영산강유역의 전방후원분 같은 경우에 분명히 장제나 묘제나 일부 부장품, 하니와를 수립하는 관념들, 이런 것들은 분명히 일본적이지만 거기에 피장자의 생각은 달라질 수 있기 때문에 저는 지금 정리가 안 되고 많은 경우의 수가 차원을 달리하면서 왔다 갔다 하기 때문에 그냥 무질서하게 말씀만 드리고 말겠습니다.

司會者 : 그러면 이어서 김무중 선생님께서 그런 관점에서 말씀해 주시죠.

金武重 : 사실 제가 말씀드릴 내용을 권오영 선생님께서 다 말씀하셔서 저는 마지막에 거의 말씀드릴 것은 거의 없을 것 같습니다. 사실 저 역시 기안리의 문제에 있어서는 단순히 낙랑계 토기가 많다, 기와가 많다. 물론 기와는 아니고 송풍관이겠지만 기술자체는 낙랑토기 제작수법과 거의 동일하다고 생각하고 있습니다. 그러나 아직은 전면적인 발굴을 한 것도 아니고 30만평 중에서 만 평 정도만 발굴한 것이기 때문에 구체적인 실상을 파악하기에는 어려운 점이 많이 있습니다. 그렇지만 대체적으로 방금 서현주 선생님 말씀처럼 저는 생활토기의 조합성 문제도 중요하기도 하고 그것의 구체적인 자료는 찾아봐야겠지만 기안리 같은 경우는 낙랑 계통이라고 볼 수 있는 것이 50% 이상 되고요. 또 하나는 재지계 토기가 10~20% 사이, 그 다음에 그 사이가 절충되어 있는 양상이 아닌가 파악이 됩니다. 나중에 기회가 되면 소개할 기회가 있을 것이라고 생각합니다만, 그것만 가지고도 일단 주민이 왔지 않겠는가…… 기와도 마찬가지겠지만 그런 생각을 하고요. 또 하나는 낙랑이나 대방과의 관계에 있어서 물건만 왔을 것이라고 연상되는 것은 역시

유적의 상황에 따라 상당히 다르겠지만 지금 남아 있는 고고학적 자료로 봐서는 영동지방의 안인리유적 이라든가 송정동 같은 경우는 평저단경호만 확인되고 있고, 또 교항리의 경우도 일부 확인이 되고 있고요. 그것에 비해서 최근에 보고서를 다시 확인해 보니까 양양 가평리 같은 경우는 생활토기들 중 거의 80% 이상이 낙랑계 토기로 보이는 것 같습니다. 그래서 그것이 기안리에만 있는 것이 아니고 영동지방에도 시기적으로 낙랑의 영향이 조금씩 나타나다가 어느 시점에서 큰 변화가 있었던 것이 아닌가 하는 생각을 하고 있습니다. 그것이 그 다음에 어떻게 변화하는지에 대해서는 좀더 공부를 더 해봐야 할 것 같습니다.

司會者 : 김장석 선생님의 발제문에서는 기술만 이동한 경우, 물자가 이동한 경우, 양식만 전이되는 경우 등 3가지 경우로 봤는데, 이것과 관련해서 우리가 흔히 보고서 또는 논문에서 기술의 선택적 수용이라는 얘기를 많이 합니다. 권오영 선생님도 오늘 그런 말을 했습니다. 가령 토기 성형시 실로 자르는 기술이라든지……. 과연 기술의 선택적 수용이라는 것의 실체가 어떤 것일까요? 우리가 논의하는 이런 선상에서 어떤 경우를 선택적 수용이라 할 수 있을 런 지요. 결과론적으로 선택적 수용이 될 수도 있겠지만, 과연 그것이 어떤 메카니즘의 결과였을까 하는 문제도 생각해 볼 수 있을 것 같은데…… 어떻습니까? 권오영 선생님은 그렇게 썼는데 그 부분에 대해서 직접 권오영 선생님께서 해명하기 이전에 도대체 이 개념이 타당한지 아닌지, 토론을 맡아줬던 김무중 선생님이 지적을 안 해주셨기 때문에 성정용 선생님이나 서현주 선생님, 두 분 중에 말씀을 해주시기 바랍니다.

成正鏞 : 그 자체에 대해 깊게 생각해 본 적은 없습니다만 지금 사회자로부터 얘기를 들으면서 잠깐 생각해 보았습니다. 아마도 기술의 선택적 수용이란 개념은 대개 고고학적으로 어느 사회에서 외부에 기원을 두고 있는 것으로 보이는 기술이 그 원향이 되는 곳의 기술체계의 일부만 채용하였거나

또는 부분적인 유사성이 보일 경우 사용할 수 있을 것 같습니다. 다만 이 개념은 수용자의 입장을 강조하는 것이기 때문에 한 사회에서 기술을 받아들이고 그것이 그 사회에 고착화되어 남게 되기까지의 과정도 해명하지 않으면 안될 것으로 생각합니다. 권오영 선생님이 쓴 글 가운데도 기술자나 공인들이 여러 과정을 거쳐 이 지역에 와서 살게되었을 것이라는 가정이 있습니다. 이때 이입된 공인 집단이 생산한 것은 원지역의 기술체계 전체를 거의 그대로 보여주게 될 것입니다. 그런데 그러한 사람이나 집단들이 한곳에 거주하던가 아니면 공인들끼리의 접촉을 통해 기술이 2차, 3차로 확산되고, 그런 확산 과정 속에서 한 두 가지 요소만 남게 되었을 때 그것을 주변 지역에서의 선택적 수용이라고 할 수도 있을 것입니다.

司會者 : 서현주 선생님 견해가 있으시면 말씀해 주시죠. 아까 말씀하실 기회가 너무 적어서…… 그러면 생략하시겠습니까? 사실 백제 토기뿐만 아니라 진·변한계 토기도 마찬가지로서 따지고 보면 결국 타날 기법 같은 것은 전국계 토기라고 보는 분들도 있지만, 그것은 계통의 문제이고 실제로 그 출현 시기로 보면 전부 낙랑과 병행되는 원삼국시대에 해당됩니다. 그럼에도 불구하고 분명히 낙랑 토기와 똑같지는 않습니다. 김장석 선생님의 기술만 이동한 경우에서 보면 전문 장인집단의 이동, 파견, 이런 것이 있고, 또 지방 세력의 기술 모방 등이 상정될 수 있을 것인데, 아무튼 백제가 낙랑의 기술을 모방하였다든지 하는 식이 될 수 있겠죠. 설사 낙랑의 전문 장인집단이 백제에 들어왔다고 할 때…… 이랬을 때 실제 기술집단 1세대들이 직접 왔다고 하더라도, 그리고 그들이 높은 기술적 숙련도를 갖고 있다 하더라도 현지에서, 즉 마한 지역이나 백제 지역에서 과연 그들의 기술이 그대로 발휘될 것인가 하는 문제도 있습니다. 이 점은 이 단계뿐만 아니라 청자가 들어오는 단계에도 마찬가지였으리라 생각됩니다. 가령 해무리굽 같은 것이 들어올 때 그대로 들어오느냐, 아니면 뭔가 달라지느냐 하는 여러 가지 측면이 있을 수 있는데, 이러한 점들이 종합적으로 검토되면서 결국 기술의 선택적 수용

이라는 것의 실체에 접근할 수 있지 않을까 하는 것이죠. 단순히 기술적 측면에서 선택적 수용이 있었다하는 것을 넘어서서 이러한 맥락에서 이해할 수 있지 않겠는가 하는 생각이 드는데, 그런 의미에서 백제 토기 제작에 낙랑 제도술이 끼친 영향이 크다고 했습니다. 그렇다면 권오영 선생님의 얘기와 관련하여 구체적으로 어떤 것이 있을까 해당 아이템을 찾아보는 것도 향후 이 문제를 보는 학계의 시각에 좀더 도움이 되지 않을까 해서입니다. 어느 분이든 좋은데 이성주 선생님, 최종택 선생님이 토기를 많이 연구 하셨는데, 특히 현장에서 많은 조사를 하신 분들을 중심으로 해서 나는 이런 아이템이 영향을 받은 것 같다라는 식으로 제언을 해주셨으면 좋겠습니다.

權五榮 : 그 전에 한 말씀만 더 드리고 듣는 것이 나을 것 같습니다. 용어 선택을 잘 해야 한다는 것을 또 느끼는데, 별 뜻없이……(웃음) 별 뜻없이 그랬던 것은 아니지만, 그런 생각을 해보았습니다. 외래 기술이 들어왔을 때 아무도 기술을 가지고 들어온 사람들이 아닐 경우에는 실험 과정을 거치면서 그 중에서는 실패하는 경우도 있고 그럴텐데요. 지금 문제가 되는 화성 기안리유적 같은 경우를 보면 분명히 기와도 그렇고 토기도 그렇고 낙랑식 기술에 가까운 형태로 제작이 되고 있는데 바로 기안리유적과 붙어 있습니다. 같은 지역인데 화산고분의 경우 물론 시기적으로 조금 차이가 나지만 거기에서도 수백 점의 기와가 발견되지만 기안리의 기와와는 아주 다르거든요. 그러면서 표현에 좀 문제가 있겠지만 거의 백제화되어 간다고 할까요? 그런 모습을 보이는데 그런 과정을 보면서 풍납토성에서 나온 기와들을 구분을 해보았습니다. 그러면서 개중에는 실험적인 상태에서 하다가 아주 짧게 끝나버리고 더 이상 연속적으로 이어지지 못하는 유형도 있었고, 재미 있었던 것은 기본적으로는 낙랑 기와 만드는 기술과 비슷하지만 차이점이 내면의 내박자가 무문이고 암기와 배면의 타날문은 격자타날인 경우가 주류를 이루는데 이런 점에서 기안리에서 나온 것들처럼 내면도 승문, 외면도 승문, 이런 것과 풍납토성에서 나온 내면 무문 외면 격자문, 이런 것을 봤을 때 확

실히 이것은 낙랑 계통의 기와 만드는 기술을 수용한다 하더라도 기존의 백제 토기 제작 전통이 있기 때문에 역시 격자타날이 주류를 점하는…… 승문이 거의 없지 않습니까? 그래서 격자타날로 갈 수밖에 없는 것은 물론 와공 자체가 도공과 겸업했을 가능성도 크지만 그런 면에서 기존의 토기 제작 전통이 새로운 토기 제작 기술이 들어왔을 때 같이 영향을 끼치면서 그런 식으로 변형되는 것이 아니냐 하는 생각이었습니다.

司會者 : 구체적으로 어떤 기종과 관련해서 생각해보신 적은 없고요? 그러면 다른 분이 그런 쪽으로 말씀을 해주시죠. 사실은 기술의 문제도 있고 새로운 그릇 종류도 있을 겁니다만, 생활문화가 낙랑으로부터 영향을 받아서 조리기법이 달라진다든지 여러 가지…… 단순하게 기술 그 자체가 아니라 크게 보면 아이템 자체가 낙랑의 영향을 받았다고 할 수 있는 이런 것도 있을 수 있지 않겠는가 하는 생각이 듭니다. 이러한 경우는 비단 낙랑만이 아니겠습니다만 일본열도 같으면 한반도 쪽이 그에 해당되겠지요. 지금은 문제를 낙랑과 백제로만 좁혔습니다만 그런 점을 감안하여 말씀을 해주시죠.

吉井秀夫 : 선택적 수용이라는 문제는 일본고고학의 도래인 문제를 생각할 때도 가장 크게 문제시되는 것입니다. 오늘의 발표로 소개한 양이부호나 조족문토기와 같은 유물은 실은 일본에서는 선택적으로 수용되지 못했던 자료들입니다. 백제와 일본의 교섭관계를 생각할 때, 횡혈식석실분과 須惠器 같은 것은 일본으로 선택적으로 수용되었기 때문에, 일본고고학에서는 이들 고고자료를 백제계 유물로 보는 사람은 거의 없습니다. 왜냐하면 이들 유물은 일본에서 정착되어 일본국내 각지로 확산되었기 때문입니다. 이러한 고고자료의 수용도 백제와의 교섭관계에 있어서 어떻게 평가되어야 하는지를 생각해야 하겠습니다. 그런데 문제는 백제적인 요소의 수용 가운데, 완전히 받아들인 경우를 제외한 나머지 예가 '선택적 수용'이라는 개념에 들어가 버릴 수 있다는 점입니다. 그러므로 선택적 수용의 실태에 대해서 몇 가지 모

델을 생각해 볼 필요가 있을 것입니다. 유물의 이동에 따라 사람의 이동이 있었는지, 사람이 이동했을 경우에도 몇 명 정도의 사람들이 이동했는지, 그리고 그 결과가 고고학적으로 어떻게 나타나는지를 생각해 볼 필요가 있겠습니다. 이러한 의미에서 오늘 賀云翺 선생님이 "梁官瓦"銘에 대한 해석에서 기와의 모형만을 가져왔을 가능성과 기술자가 백제로 왔을 가능성을 제시하신 것은 재미있는 이야기였습니다. 일본에서 백제의 기술을 수용해서 기와의 제작이 시작되었을 때에도, 백제에서 왔다고 기록된" 瓦博士"는 4명에 불과했습니다. 그러므로 실제로 기와를 만들기 위해서는 일본의 토기 제작 장인이 많이 참여했을 것이며, 그 결과 일본에 정착된 기와기술에는 일본의 토기 제작기술에서 영향을 받지 않을 수가 없었을 것입니다. 백제의 기술을 받아들인 예는 아니지만, 이러한 문제를 생각하기 위해서 흥미로운 예가 일본 최고의 須惠器 가마인 TG231, 232호 가마를 포함한 大庭寺유적에서 나온 초기 須惠器의 분석 결과입니다. 이 유적에서 발견된 초기 須惠器 가운데 기대와 같은 크고 복잡한 문양이 있는 토기는 기본적으로 가야토기의 제작기술을 유지하고 있는 반면, 고배와 같은 소형 기종의 경우, 형태는 가야토기와 비슷하지만 일본 土師器의 기술로 제작된 예가 많음이 확인되었습니다. 이러한 현상에 대해서 보고자는, 大庭寺유적에서는 가야에서 온 소수의 토기제작 기술자가 일본의 土師器 장인을 지도하면서 須惠器 생산을 했다고 해석했습니다. 즉 기대와 같은 대형 기종은 가야에서 온 제1세대의 장인이 직접 만들었고, 고배와 같은 소형이면서 土師器에도 비슷한 기종이 있는 것은 가야에서 온 기술자에게서 지도를 받으면서 제작된 결과 선택적인 수용 양상에 차이가 나타났다고 보는 것입니다. 백제적인 요소가 일본에서 선택적으로 수용된 예도 고고자료에 보이는 제작기술 의 구체적인 분석을 통해서 자세한 모델을 만들려는 노력이 필요하다고 생각하고 있습니다.

司會者 : 사실 그 문제가 중요한 한 부분이죠. 아까 제가 이른바 자연과학적인 방법으로 해서 인지하는 능력이 있다면 지금 말씀하신 이 부분, 고고학

적인 관점, 기술이 양식화되어서 패턴화된 것을 찾아내는 문제일텐데 결국 그 문제는 특정 생산 시스템에 대한 이해가 없으면 아무런 의미를 가질 수 없고 또 그런 생산 시스템을 복원하려니 유물에 대한 철저한 관찰이 선행되어야 하는 것이죠. 그런데 지금 현재 우리가 인식하는 수준에서는 아마도 어렵지 않은가 하는 생각이 듭니다. 그래서 자연과학적인 분석, 그런 것도 당연히 중요하고 필요하지만 그것과 아울러서 현재 우리가 관찰하고 있는 수준을 좀더 획기적으로 높여서 기술이나 공정에 대한 복원을 목표로 하여야 하지 아닐까요?

개별 유물을 통해서 복원이 된다면 전체 생산 시스템, 그리고 기술의 전수과정, 누가 와서 가르쳤느냐 혹은 누구로부터 배웠느냐 하는 문제까지도 꼼꼼하게 짚어야 하는 문제가 아닌가. 물자가 이동한 경우, 기술이 이동한 경우, 사람이 이동한 경우 등 쭉 나열했지만 우리가 내실 있는 목표에 도달하기 위해서는 아마 많은 중간 과정이 있어야 한다는 것에 공감할 줄로 알고요.

마지막으로 시간이 얼마 안 남았습니다만 중국과의 관련 속에서 최근에 전문 도기다 혹은 중국의 각종 도자기다 하는 것이 백제에는 유독 많이 나오는 것은 잘 알고 있는 바와 같습니다. 고구려, 신라 등과는 게임이 안 될 정도로 많은데 그러다 보니까 무역한 것이 아니냐 하면서 무역 도자의 개념도 나오기도 하는데, 이것과 관련해서 우리가 살펴볼 일은, 아마도 오늘 문헌사학자로서 유일하게 외로움을 느끼고 계실 임기환 선생님께서 발표해 주신 공적 관계와의 관련성입니다. 우리가 흔히 조공무역이라고 하는데 그런 조공무역의 실체가 고대사회에서 과연 어느 정도였는지 그런 점을 구체적으로 살펴봤으면 합니다. 이 부분과 관련해서는 아마도 성정용 선생께서 하실 말씀이 있을 것이고, 임기환 선생님께서 문헌과 관련해서 쭉 정리를 해주셨지만 그 중에서 조공과 관련해서 공적인 이동, 그것이 있다면 어느 정도 수준이겠는가에 대한 점에 대하여 좀 생각을 해주시고, 아울러서 토론자로 참여하신 문동석 선생님께서도 마찬가지로 그런 데에 초점을 맞춰서 말씀해 주시면 고맙겠습니다. 시간이 없기 때문에 이것을 오늘의 마지막 주제로 하겠습니다.

成正鏞 : 갑자기 그런 데까지 주제가 갈 줄은 생각 못했습니다. 제가 최근 백제 지역에서 출토된 중국 도자를 정리해 보니 방금 사회자께서 지적하신 것과 같이 다른 지역과는 비교가 안 될 정도로 출토량이 많았습니다. 예를 들어 일본의 경우는 5세기대에 南朝에 여러 차례 사신을 파견한 기록이 있음에도 불구하고 중국 물건이 나온 예가 없고, 고구려나 신라·가야에서는 중국자기가 각기 한 점 정도씩 밖에 없는데 비해, 백제 지역에서는 백 몇십 점이 출토되어 있습니다. 이처럼 다른 지역과 현격한 차이가 있는 백제의 중국 도자를 어떤 측면에서 보아야 백제 사회를 이해하는데 도움이 될까 고심한 적이 있습니다. 일단 이처럼 다량으로 들어오게 된 배경에는 백제 사람들이 중국 물건에 대해 갖고 있는 동경이랄까 욕구 등 사회 내적으로 이를 요구하는 분위기가 무척 강했고, 백제 왕실이나 지배계층이 이러한 욕구를 충족시키면서 지배력도 강화하기 위해 그 수입을 주도하였던 것으로 보입니다. 그런데 일본의 경우에는 8세기 이후 중국의 도자기들이 다량으로 수입되어 귀족들에게 분배되고 있는데, 이를 일종의 무역적인 성격으로 규정하고 있습니다. 백제 지역에 들어온 중국 도자의 경우 후대의 일반적인 무역과 동일시 하는 것은 아닙니다만, 단순히 조공에 대한 보답 차원에서 받아온 것으로 보기에는 너무 양이 많습니다. 이러한 대량 수입과 유통을 위해서는 당시 백제와 중국과의 교섭에서 무언가 백제지역 특산물과의 교환 행위 즉 무역적 성격이 깊게 내재되어 있는 것이 아닐까 생각되어 무역도자라는 개념을 시안적으로 제안하였었는데. 흔히 사용하는 조공무역이라는 개념과도 통할지 모르겠습니다. 이것이 백제 도자의 성격을 표현하는데 적절한 용어일지 여부는 좀더 검토될 필요도 있지 않을까 생각합니다만, 그런 점에서 임기환 선생님께서 문헌적으로 봤을 때 어떤 개념이 좋을지 말씀해 주시면 좋겠습니다.

林起煥 : 제가 한 발표는, 2백년이 넘는 기간 동안에 중국, 백제, 고구려, 가야, 신라, 일본을 넘나드는 발표를 했습니다. 지금 고고학을 하시는 분들의 정치하고 미시적인 분석과 그것을 과학적으로 정확하게 분석을 하려는

발표들을 보면서 문헌자료가 갖는 장점이면서 한계가 될 수밖에 없는 것들을 동시에 느끼게 됐습니다. 따지고 보면 굉장히 광범위한, 좋게 보면 거시적이고 큰 틀이라고 할 수 있겠습니다만 한꺼풀 뒤집어보면 아주 벙벙하고 알맹이가 없는 내용이 될 수도 있겠습니다. 다만 이렇게 문헌 자료를 가지고 짚어보는 것에도 적어도 큰 흐름이라든가 기본적인 관계들은 나타난다는 것이죠. 그래서 사실 제가 문헌사를 공부하고 있습니다만, 문헌 사료에 나타나지 않는 공백을 메우려는 지나친 해석은 경계해야 한다고 스스로 생각합니다. 고고학에서 자료들을 엄밀하게 비판적으로 검토하는 것과 마찬가지로 사료 검토가 이루어져야 하기 때문에 그런 측면에서 보자면 더더욱이나 없는 자료가 더욱 모자라게 됩니다. 그래서 지금 사회자께서 저에게 주문했던 것에 대해서 대답하기 어려운 것이 많습니다만, 일단 주어져 있는 자료를 가지고 표로 만들어서 본 것인데, 실제 중국과의 조공 책봉이라는 나타난 현상을 보면 중국 남조와 고구려 관계가 훨씬 밀도가 높습니다. 자료의 누락을 설혹 상정한다 하더라도, 백제와 남조의 관계와 고구려와 남조의 관계에서 현존 자료에 나타나는 현상을 보면 비교가 안 될 정도로 고구려 쪽이 높습니다. 그것은 그만큼 당시 국제적인 환경에서 고구려 쪽이 훨씬 정치적인 입장일 수밖에 없다는 생각이 듭니다. 그런데 고고학적 유물 물질 자료를 보면 지금 지적해주신 바와 같이 다수의 남조 물질이 백제에서만 독특하게 나타난다는 현상입니다. 따라서 정치적 관계로 맺어지는 조공 책봉의 내용과 실질적으로 이루어지는 인적인 교류, 문화적인 교류, 물자의 교류, 이런 것들은 상당히 차이가 날 수밖에 없다는 것이죠. 그런 차이가 나타나는 중요한 요인 중의 하나는 이러한 조공 책봉이라는 것이 중국의 입장에서 하나의 형식을 만들어놓고 조공을 하고 책봉을 할 때는 이런 것을 준다는 기준을 만들어놓은 것만이 아니라, 실제로는 조공 책봉 관계를 유지하는 상대국의 입장에서도 요구하는 것과 받아들이는 것들 역시 국가간에 상당히 차별적이라는 생각이 듭니다. 따라서 하나의 기준이 만들어진 것이 아니라, 파트너에 따라서 다양한 내용들을 갖는 것이 이 시기 조공 책봉의 내용이 될 것입니다. 제가 백제에서 나타나는 여러 가지 물질자료들에 해석은 잘 모르겠습니다만, 바로 그것도 따지고 보면 백제와 남조가 갖는 교섭관계의 특징이고, 또 그런 것들이 나타나지 않는 주로 정치적인 관계에서 이루어지는 남조와 고구려의 관계는 그것대로 특성일 것입니다. 이렇게 각 국가별로 맺어지는 특성들을 파악하는 것이, 이 시기 전반적인 조공 책봉제에 대한 이해를 심화시키는 연구태도가 아닌가 생각합니다. 원래 주문하신 대로 답변을 하지 못해서 죄송합니다만, 저로서는 아직 별다른 해석을 갖고 있지 못합니다.

司會者 : 결과론적으로 백제 사람은 도자기를 좋아했다……(일동 웃음)

司會者 : 그러면 마지막으로 중국에서 오신 하운고 선생님께 제가 임의로 질문을 드리겠습니다. 도자기도 많이 나오지만 청동초두라든가 전문도기 등도 있는데 과연 중국에서는 어느 정도의 레벨에 해당되는 물건인가? 백제에서는 우리가 흔하게 보는데 과연 중국에서도 그처럼 흔한 것인가 하는 질문을 드리겠습니다. 답변을 부탁드립니다.

賀云翺 : 본인이 알기에도 백제 초기에 전문도기가 발견되었다는 사실을 알고 있는데 중국 같은 경우는 상당히 많은 수량의 전문도기가 발견되고 있습니다. 그리고 지역적으로는 주로 江蘇省과 浙江省 지역을 중심으로 해서 이 도기들이 출토되고 있습니다. 시기적으로는 주로 東吳시기에서 西晉시기에 걸쳐서 나타납니다. 대개 출토되는 형식은 세 개 유형의 유적에서 출토되는데 첫 번째 생활유적에서 출토되는 것들이 있습니다. 지금 남경대학에서 발굴하는 곳에 전문도기가 발견되고 있는데 이것은 東吳시기의 왕궁 부근의 생활유적입니다. 東吳시기의 같은 생활유적입니다만, 월나라의 유적 중에서도 그런 것들이 출토된 사례들이 있습니다.

두 번째 경우는 중국에서 말하는 교장이라고 하는 형식의 저장용인데, 교장이라는 성격 자체가 폭넓은데 교장이라는 곳에서 출토되는 경우들이 있습니다. 이 교장에서 출토되는 경우는 전문도기가 있는 그릇 안에 東吳시기의 돈들이 담겨져서 발견되는 예가 있습니다. 그래서 일부 중국의 학자들이 주장하기에는 전문도기 같은 경우 그 기능이 전문적으로 돈을 저장하는 용도로 사용된 것이 아닌가. 시기적으로는 서진 시기 이후에 나타나는 것이 아니라 동진 시기에는 거의 나타나지 않는데 동오 시기에서 서진 시기 사이에, 이 기간 동안에 돈을 저장하는 형태의 기능을 하지 않았는가, 그렇게 추측하는 학자들이 일부 있습니다. 다른 의견을 가진 사람들도 있습니다.

세 번째 경우는 무덤에서 나오는 경우인데 安徽省의 경우는 무덤에서 전문도기가 발견되었습니다. 절강성 지역에서도 동오에서 서진 시기의 무덤들에서 전문도기가 발견된 사례들이 있습니다. 그래서 백제에서 발견된 전문도기 같은 경우도 東吳시기에 속하는 것인지 서진 시기에 속하는 것인지 편년적인 연구가 진행되어야 할 것이라는 생각을 가지고 있습니다. 초두 같은 경우는 남경 지역에서 출토된 사례가 많습니다. 대개 출토되는 경우는 중형 이상 수준의 무덤에서만 발견이 됩니다. 일반 평민묘에서는 아직 발견된 사례가 없습니다. 최근에 남경성 안에 있는 유적들에서 굉장히 규모가 큰 초두가 발견된 사례가 있습니다. 그리고 출토지점은 당시의 황궁에서 가까운 지점으로 추정되는 곳에서 출토가 됐습니다. 이 기물의 경우는 기본적으로 술을 마시기 전에 술을 데우는 기능을 수행하는 기물입니다. 그래서인지 그러한 기물적인 성격과 함께 이 기물 자체가 귀족생활과 밀접한 관계를 가지고 있는 기물입니다. 본인이 듣기에도 백제 지역에서 이런 기물들이 발견되었다는 얘기를 들은 적이 있습니다. 초도의 연대폭이 굉장히 크기 때문에 본인이 생각하기에 연대적인 폭을 설정하기가 굉장히 어려운 부분이 있습니다. 본인의 경우는 동진 정도로 보고 있습니다.

司會者 : 갑자기 발표문집 표지에 있는 청동초두는 어느 시대 것이냐고 했더니 동진 것이라고 말씀하셨는데, 사실 초두만 하더라도 고구려에는 알려진 것이 하나 있을 뿐이지만 백제에서는 그보다 더 많으며, 백제는 원주

법천리 같은 지방 고분에서도 출토되고 있지만 초두의 위상은 굉장히 높은 것이라는 점을 새삼 확인했습니다. 과연 그런 것이 그 당시 백제의 귀족생활, 문화생활의 수준인지 앞으로 물류와 관련해서 여러 가지 검토를 해야 할 사항입니다. 예정된 시간이 5분이나 흘러 버렸습니다. 그래서 저희가 단상에서 말씀드리는 것은 이 정도로 그치고 혹시 아침에 진행하는 사회자 선생님도 말씀을 하셨듯이 질문사항이 있으면 적어주시라고 했는데 아직까지 저에게 온 것은 없습니다. 그러나 질문하실 분이 있으면 질문을 받아보도록 하겠습니다.

하실 말씀은 많지만 우선은 여기에서 벗어나는 것이 좋은 일이라고 생각하는 것 같아서…… 다음에 저녁 시간이 있습니다. 그때 못다 한 말씀들을 나누시기 바라고 이것으로 마칠까 합니다. 한성기백제 물류시스템과 대외교섭, 아주 좋은 주제였고, 그리고 오늘 많은 성과들이 있었다고 자평하고 싶습니다. 이것을 기회로 해서 앞으로 더욱더 심화발전시켜 연차적으로 진행될 이 프로젝트가 좋은 성과를 거두기를 기대하면서 장시간 경청해 주신 여러분들께 다시 한번 감사 드립니다. 아울러 단상에 계신 발표, 토론자 여러분 대단히 감사합니다. 이상으로 마치겠습니다.

# 집필자 소개

**李南珪** (한신대학교 국사학과)
    주요 논저로는 『東アジア初期鐵器文化の研究』(1992), 「漢城百濟期 鐵器文化의 特性」(2002), 「1~3세기 낙랑지역의 금속기 문화」(1993), 「中國 鐵使用開始期의 諸問題」(1990) 등

**金壯錫** (전남대학교 인류학과)
    주요 논문으로는 2003 The Spread of Land-Use Strategy and the Rate and Scale of the Transition to Agricultural Economy ; 2003 Proton-induced X-ray Emission Analysis of Turquoise Artefacts from Salado Platform Mound Sites in the Tonto Basin of Central Arizona ; 2001 Elite Strategy and the Spread of Technological Innovation 등

**Peter M. Day** (Senior Lecturer, Department of Archaeology, University of Sheffield, UK)
    주요 논문으로는 Day, P.M., E. Kiriatzi, A. Tsolakidou and V. Kilikoglou, 1999. Group therapy: a comparison between analyses by NAA and thin section petrography of Early Bronze Age pottery from Central and East Crete ; Day, P.M. and D.E. Wilson 1998, 'Consuming Power: Kamares Ware in Protopalatial Knossos' 등

**Vassilis Kilikoglou** (Senior Research Scientist at the Laboratory of Archaeometry, Institute of Materials Science, National Center for Scientific Research Demokritos, Greece)
    주요 논문으로는 Kilikoglou, V., G. Vekinis, Y. Maniatis and P.M. Day 1998, 'Mechanical performance of quartz-tempered ceramics. Part I: Strength and Toughness' ; Kilikoglou V 1994, "Scanning Electron Microscopy" In Day, P., Wilson, D. "Ceramic Regionalism in Prepalatial Central Crete" 등

**趙大衍** (PhD student, Department of Archaeology, University of Sheffield, UK)
    대표 논문으로는 「서울 풍납토성 발굴조사 성과」(2000) 등

**林起煥** (고구려연구재단)
    주요 논저로는 『고구려 정치사 연구』(2004), 「南北朝期 韓中 册封-朝貢 관계의 성격」(2003), 「고구려 정치사의 연구 현황과 과제」(2003), 「고구려 都城制의 변천」(2003), 「고구려 王號의 변천과 성격」(2002) 등

**賀云翱** (중국 난징대학교 역사학과)
    주요 논저로는 『南京出土六朝瓦當初探』, 『東南文化』(2003), 『佛敎初傳南方之路文物圖錄』(1993) 등

**吉井秀夫** (일본 교토대학교 대학원 문학연구과)

주요 논문으로는 「대가야계 수혈식석곽분의 "목관" 구조와 그 성격 -못 꺾쇠의 분석을 중심으로-」(2000), 「횡혈식석실분의 수용양상으로 본 백제의 중앙과 지방」(1997), 「금동제 신발의 제작기술」(1996) 등

**權五榮** (한신대학교 국사학과)

주요 논문으로는 「한성기 百濟 기와의 製作傳統과 發展의 劃期」(2003), 「풍납토성 출토 외래유물에 대한 검토」(2002), 「伯濟國에서 百濟로의 전환」(2001) 등

## 漢城期 百濟의 물류시스템과 對外交涉

2004년 7월 27일 초판 1쇄

지은이 · 한신대학교 학술원
펴낸이 · 권혁재
책임 편집 · 최정애
관리 · 최도영, 김보연

펴낸곳 · 학연문화사
등록 · 1988년 2월 26일 제2-501호
주소 · 서울시 관악구 신림8동 1651-7 명성B/D 3층
전화 · 02-865-5072 / 858-7891
팩스 · 02-853-3679
E-mail · hak7891@chollian.net
Homepage · www.hakyoun.co.kr

ⓒ 이남규 외, 2004

저작권자와 맺은 협약에 따라 인지를 생략합니다.

ISBN  89-5508-054-9  93900

잘못 만들어진 책은 바꾸어 드립니다.
책값은 뒤표지에 적혀 있습니다.